Éthique et démocratie

L'exemple de Pierre Mendès France

AU CHERCHE MIDI ÉDITEUR

Pierre Mendès France et l'esprit républicain.
Actes des colloques de Tel-Aviv et de l'Assemblée nationale

Éthique et démocratie

L'exemple de Pierre Mendès France

Actes du Colloque
organisé à Grenoble les 17 et 18 octobre 1997
par
l'Institut Pierre-Mendès-France,
la mairie de Grenoble
et l'université Pierre-Mendès-France de Grenoble

éditès et annotés par
Dominique Franche

Préface de
Lionel Jospin

le cherche midi éditeur / Edition°1

Institut Pierre-Mendès-France

Créé en 1985 par Marie-Claire Mendès France, l'Institut est un centre de conservation des archives de l'ancien président du Conseil et de ses collaborateurs, ainsi qu'un centre de recherches et d'accueil pour tous ceux qui s'intéressent à Pierre Mendès France, à son œuvre et à l'histoire contemporaine. L'accès y est libre.

Vous avez la possibilité de soutenir l'Institut en y adhérant, et vous pouvez l'aider à enrichir ses collections et à préserver le patrimoine historique de la gauche en lui donnant livres, journaux, tracts et tous autres documents relatifs à l'histoire de la gauche depuis le Front populaire. Merci d'avance.

52, rue du Cardinal-Lemoine, 75005 Paris

Ouvert du lundi au vendredi,
de 9h30 à 12h30 et de 13h30 à 17h30

Tél. : 01 44 27 18 80 - Fax : 01 44 27 18 82
e-mail : ipmf@wanadoo.fr

« Il faut que soit admis partout que l'intégrité dans la vie publique est au moins aussi nécessaire que dans la vie privée. C'est bien ce qu'entendait Montesquieu lorsqu'il disait que la vertu est le principe, le ressort de la République. »

Pierre Mendès France

(*La crise de la démocratie,* discours d'Évreux, 1955.)

Remerciements

La pensée et l'action de Pierre Mendès France demeurent exemplaires, seize ans après sa disparition, le 18 octobre 1982. À dire vrai, elles le sont de plus en plus, en cette période où resurgissent de vieux ennemis de la démocratie.

Ce livre entend à la fois rendre hommage à Pierre Mendès France et montrer de quelles manières son éthique et sa vision de la politique influencent toujours des hommes, en France et de par le monde. Sont reproduites ici des communications prononcées lors du colloque qui s'est tenu, les 17 et 18 octobre 1997, à Grenoble, ville dont Pierre Mendès France fut député.

Pour l'organisation de ce colloque, je tiens à remercier Monsieur François Petit, président de l'université Pierre-Mendès-France de Grenoble, sa collègue, Madame Janine Chêne, qui a porté ce projet pendant des mois, ainsi que, bien sûr, Monsieur Michel Destot, député maire de Grenoble, et ses collaborateurs, Monsieur Jérôme Safar et Madame Françoise Dessertine, ainsi que l'équipe de l'Institut Pierre-Mendès-France. Merci aux régulateurs des tables rondes – Paul Leroy, Jacqueline Domenach, François Stasse et Bernard Pouyet –, aux nombreux participants et aux intervenants.

Enfin, j'exprime ma gratitude à Monsieur Lionel Jospin, Premier ministre, qui a accepté de préfacer cet ouvrage.

Marie-Claire Mendès France

Préface
de
Lionel Jospin

« À tous les moments importants de l'histoire contemporaine, son engagement a été celui du courage, de la justice et de la liberté. 1936, la Résistance, la reconstruction économique du pays, la décolonisation et l'action permanente pour la paix au Proche-Orient, autant d'étapes et de combats qu'il a marqués de sa présence. »
Ces mots d'hommage et de reconnaissance sont venus spontanément à mon esprit lorsque j'appris, avec beaucoup de peine, la disparition de Pierre Mendès France, le 18 octobre 1982.
Seize ans plus tard, son action publique – dont le point d'orgue fut une trop brève expérience du pouvoir, entre juin 1954 et février 1955 –, trouve dans la profondeur de la réflexion qu'elle suscite une pérennité peu commune. Elle conserve, encore aujourd'hui, la modernité dont elle irradiait, du vivant de Pierre Mendès France, la vie politique française.
Le principe en est l'unité que sut forger Pierre Mendès France entre éthique et politique. Unité fondamentale, et pourtant si souvent méconnue, que Pierre Mendès France éclairait par la réflexion autant qu'il la concrétisait par l'expérience. Unité qui lui semblait essentielle car elle réhabilitait, dans toute son exigence, l'idée de démocratie.

« Un homme d'État est toujours sincèrement persuadé que sa politique est la meilleure », écrivait-il, en 1962, dans *La République moderne.* Mais c'était pour mieux battre en brèche la figure hégélienne des « grands hommes historiques », ces héros qui croient pouvoir puiser en eux-mêmes, et seulement en eux-mêmes, « la vérité de leur monde et de leur temps », selon l'auteur de *La raison dans l'Histoire.*
Car c'est à l'opposé de cette figure – dont Charles de Gaulle était alors l'incarnation – que s'est placé, avec lucidité et obstination, Pierre Mendès France. Au mythe de l'homme politique dépositaire d'une vérité qui légitimerait la concentration du pouvoir entre ses mains, Pierre

Mendès France substitua la vision du responsable politique associant le plus grand nombre d'individus au devenir de leur collectivité : « La démocratie ne se localise pas au sommet. » Bien au contraire, « la démocratie n'est efficace que si elle existe partout et en tout temps ». Elle est « action continuelle du citoyen, non seulement sur les affaires de l'État, mais sur celles de la région, de la commune, de la coopérative, de l'association, de la profession ».
Pierre Mendès France réconciliait ainsi les deux notions d'éthique de conviction et d'éthique de responsabilité dessinées en 1919 par Max Weber dans *Le savant et le politique.* Pour le conseiller financier de Léon Blum, pour le ministre de l'Économie de la Libération, pour le président du Conseil de la quatrième République, pour le radical réformateur, pour le socialiste minoritaire, pour le compagnon de la gauche dans sa marche vers l'alternance de 1981, la nature exigeante de la démocratie ne pouvait constituer un obstacle à l'impératif d'efficacité qui pèse sur le détenteur du pouvoir. La première peut bel et bien être le combustible du second, et le second être le moteur de la première, en un cycle intime sans cesse à renouveler. Morale et responsabilité ne sont pas incompatibles – elles s'épaulent l'une l'autre.

Telle était l'éthique de Pierre Mendès France. Telle était sa conception du pouvoir démocratique. Qui pourrait prétendre qu'elles ne furent qu'académiques ? En quelques mois, le président du Conseil mettait fin au drame indochinois en négociant les accords de Genève, engageait la France et la Tunisie dans un processus apaisé de décolonisation, surmontait la question – prématurée et mal posée – de la Communauté Européenne de Défense, relançait la modernisation de la France, incarnait la possibilité d'une réforme des institutions de la République.
Ces défis, devant lesquels tant de personnalités de talent avaient pourtant reculé, Pierre Mendès France les a relevés tout en mettant en œuvre un style nouveau de gouvernement, traduction fidèle de ses conceptions. Prendre la Nation à témoin de son action, en l'informant régulièrement ; se placer sous son contrôle, en fixant devant elle une échéance au règlement de chaque question ; respecter les engagements pris devant elle. Pierre Mendès France montra ainsi « qu'il n'est pas vrai que les Français sont plus difficiles à gouverner que d'autres – à condi-

tion qu'ils soient loyalement informés, qu'on les associe à l'action et que leur volonté ne soit pas continuellement ignorée ou bafouée par ceux qui les gouvernent ».

Exigence de respect de la parole donnée et des engagements pris ; exigence d'écoute des corps intermédiaires et d'information de nos concitoyens ; exigence de changement et d'efficacité dans la durée : nous sommes là au cœur de la pensée politique de Pierre Mendès France. Redonner à « la part du citoyen » – cet homme « qui ne laisse pas à d'autres le soin de décider de son sort et du sort commun » – la place que lui réservait Pierre Mendès France : cette pensée reste vivante et féconde.

Organisé à l'initiative de l'Institut Pierre-Mendès-France, avec la mairie et l'université Pierre-Mendès-France de Grenoble, ce colloque analyse l'action de Pierre Mendès France avec une intelligence conciliant la rigueur scientifique des chercheurs et la sensibilité amicale de ceux qui ont connu l'homme. Son réalisme volontaire, sa compréhension éclairée des mécanismes économiques, son action internationale, son attachement à Grenoble : les participants au colloque dressent un portrait exceptionnellement riche de Pierre Mendès France. Qu'ils en soient remerciés, ainsi que les animateurs de l'Institut présidé par Marie-Claire Mendès France.

Ouverture du colloque

«Parce qu'elle n'est jamais pleinement acquise, la démocratie est toujours menacée. Par ses adversaires, sans aucun doute. Mais bien plus encore par la négligence ou l'inertie des citoyens. Eux seuls peuvent la faire vivre, en la portant jour après jour, dans une action incessante de solidarité.»

Pierre Mendès France
(*La République moderne*)

Vivre en citoyens

Allocution de Monsieur François Petit
président de l'université
Pierre-Mendès-France de Grenoble

Quel est le sens de ce colloque pour notre communauté universitaire ? Lorsque, le 14 décembre 1990, le conseil d'administration de notre établissement a décidé de donner le nom de Pierre Mendès France à notre université, j'étais membre de l'équipe présidentielle de Bernard Pouyet. Je peux donc ainsi attester que notre communauté n'a pas cherché à réaliser un « coup de communication » en se plaçant, de manière un peu facile, sous l'égide d'une personnalité historique au prestige international.

Pierre Mendès France avait su tisser des liens intellectuels très forts avec les universitaires et les scientifiques grenoblois. En choisissant le nom de Pierre Mendès France, notre université des Sciences sociales a décidé de fonder son développement sur les valeurs incarnées par Pierre Mendès France. Au cours de ces deux journées, nous délaisserons donc la commémoration pour ressourcer notre action collective à ces valeurs. Ce colloque prend place au début d'une nouvelle année universitaire, au début de mon mandat de président, alors que tous ensemble, étudiants, enseignants, chercheurs et personnels administratifs nous allons élaborer notre projet d'établissement pour les premières années du troisième millénaire.

La vie et l'œuvre de Pierre Mendès France nous invitent à vivre en citoyens dans la société comme à l'université. Pour Pierre Mendès France,

« le citoyen est un homme qui ne laisse pas à d'autres le soin de décider de son sort et du sort commun[1] ». Université des Sciences sociales, l'université Pierre-Mendès-France a plus que toute autre une responsabilité citoyenne. Citoyenne par les analyses qu'elle a pour mission d'élaborer et de diffuser afin d'éclairer les grands problèmes de la société planétaire à laquelle elle appartient. Citoyenne par les formations initiales et continues que notre université dispense – dans *La République moderne,* Pierre Mendès France appelait de ses vœux le développement d'une solide formation économique et sociale. Citoyenne, car notre université voudrait être un lieu d'exercice et d'apprentissage de la démocratie. Aujourd'hui, Pierre Mendès France nous invite à réaliser ce qu'en 1962, il appelle la démocratie de participation. Il écrit :

> *À ce nouveau stade, la démocratie ne se limite plus à des bulletins de vote, à des motions ni même à la critique; elle se répand à travers d'innombrables activités professionnelles, culturelles, syndicales, politiques aussi. Ces activités doivent être à l'échelle humaine, c'est-à-dire correspondre à des «unités de vie sociale» telles qu'elles peuvent être expérimentées par tous; et elles doivent donner prise à chacun sur des réalités concrètes, afin que chacun puisse suivre le développement et le succès de son effort personnel*[2].

Quelques pages plus loin, Pierre Mendès France insiste sur la dynamique personnelle et collective que suppose la démocratie :

> *Parce qu'elle dépend essentiellement de la volonté des citoyens, parce qu'elle suppose un effort permanent, la démocratie n'est jamais acquise. On ne peut jamais se reposer sur elle, s'endormir en elle.*
>
> *Pas plus qu'elle ne peut être acquise, elle ne peut être parfaite. Il n'existe pas de démocratie atteinte et accomplie une fois pour toutes. Elle est ce vers quoi on tend, ce qui demeure à l'horizon.*
>
> *Mais aussi parce qu'elle n'est jamais pleinement acquise, la démocratie est toujours menacée. Par ses adversaires, sans aucun doute. Mais bien plus encore par la négligence ou l'iner-*

> *tie des citoyens. Eux seuls peuvent la faire vivre, en la portant jour après jour, dans une action incessante de solidarité*[3].

Aux étudiants, aux enseignants, aux chercheurs, aux personnels administratifs de l'université Pierre-Mendès-France, à nous tous ici présents de nous impliquer individuellement et institutionnellement dans cet « effort permanent ».

1. Mendès France, P., *La République moderne* (Paris, Gallimard, 1962, 2è éd. 1966), p. 235 (p. 296 dans la 2è ed.). [Notes de D.F.]
2. *Ibid.*, p. 217 (pp. 273-274 dans la 2è éd.).
3. *Ibid.*, p. 235 (p. 297 dans la 2è éd.).

Grenoble, terrain d'expérimentation de la « République moderne »

Allocution de Monsieur Michel Destot, député de l'Isère, maire de Grenoble

Il y a trente ans, l'élection de Pierre Mendès France comme député de Grenoble et de l'Isère a été pour notre ville une grande fierté. Quinze ans après sa mort, nous avons voulu témoigner du profond attachement de beaucoup d'entre nous à cet homme d'État hors du commun, pour rappeler et approfondir les idées qu'il a défendues, les principes sur lesquels il a fondé son action politique, pour dire et redire, ici, à Grenoble, sa conception de la démocratie et de la morale publique, pour montrer l'étonnante actualité de son approche de l'action économique indissociable du progrès social, pour exprimer une fois encore sa vision pénétrante des relations entre les nations et son infatigable combat pour la paix. Car Pierre Mendès France fut un pionnier. Un pionnier et un visionnaire. Merci donc à Marie-Claire Mendès France d'avoir accepté que se tienne un tel colloque. Je veux lui dire mon estime, ma reconnaissance et, si elle me le permet, mon amitié pour son action, son engagement de mémoire à la tête de l'Institut Pierre-Mendès-France. Merci à l'université Pierre-Mendès-France de Grenoble et à mes collaborateurs municipaux. Et merci à vous tous d'être venus souvent de loin, si nombreux, si présents, pour cette rencontre entre Pierre Mendès France et Grenoble, cette belle histoire qui mériterait d'être contée et qu'on ne peut résumer en des termes de gloire éphémère pour notre ville, encore moins réduire au grand débat médiatique qui l'opposa à Georges Pompidou, le 27 février 1967[1].

Grenoble, terrain d'expérimentation de la «République moderne»

Mais pourquoi Pierre Mendès France est-il donc venu à Grenoble? D'abord par occasion. Grenoble ne fut-elle pas la ville de sa liberté retrouvée, celle de son premier café noir avalé au zinc d'un bistrot de la place de la Bastille (aujourd'hui place Hubert-Dubedout), le matin du 22 juin 1941, le lendemain de son évasion de la prison de Clermont-Ferrand où le régime de Vichy l'avait fait enfermer à la suite d'un procès inique?
Puis ce sont des relations universitaires qui le conduisent à Grenoble, notamment le colloque pour la promotion de la recherche scientifique animé par André Lichnerowicz et par le doyen Louis Weill[2]. D'autres contacts se nouent dans une deuxième série de colloques consacrés à la promotion de la paix en Algérie[3].
Mais ce qui retient surtout l'attention de Pierre Mendès France à Grenoble, c'est tout ce qui s'y déroule et s'y expérimente, et plus particulièrement depuis 1965 avec l'équipe d'Hubert Dubedout. Grenoble lui apparaît d'une certaine façon comme le terrain d'expérimentation de la *République moderne* à laquelle il aspire. Grenoble est une ville jeune et dynamique, ouverte aux changements technologiques et à la promotion sociale. C'est le bond en avant scientifique et universitaire avec la construction d'un nouveau campus et la coopération des laboratoires du CEA, du CNRS et de l'université avec l'industrie. Et c'est aussi l'arrivée à la mairie d'une équipe de gauche, issue du GAM[4], du PSU et de la SFIO, qui développe des idées très proches des siennes, avec une approche concrète et non dogmatique des problèmes économiques et sociaux, des problèmes de société induits par la rapidité de la modernisation.
Les premiers contacts grenoblois entre Pierre Mendès France, Hubert Dubedout, Jean Verlhac et les membres de leur équipe eurent lieu au colloque socialiste du printemps 1966, organisé par Citoyens 60 de Pierre Lavau[5]. Le courant passe bien entre les hommes. Cela débouchera sur sa candidature dans la deuxième circonscription de l'Isère. Une candidature d'espoir pour Grenoble, en symbiose avec la municipalité Dubedout. Un élan nouveau tourné vers l'avenir, d'un avenir qu'il a toujours voulu construire avec les jeunes. C'est dire que tout convergeait: Pierre Mendès France, Grenoble, la jeunesse…

« En vérité, disait-il, la question des rapports entre la jeunesse et l'État n'est pas, pour l'homme qui a une responsabilité politique, une question parmi d'autres, j'oserais dire que c'est la question, presque la seule, en tout cas, la plus grave, la question décisive, car elle comprend toutes les autres[6]. » C'est dire que les événements de mai 68 suscitèrent chez lui un jugement plus affûté que chez beaucoup d'hommes politiques du moment. Il pensait la crise profonde, il savait que la contestation de la jeunesse remettait en cause non seulement l'enseignement et l'université, mais aussi l'ensemble de la société. Et c'est en fin de compte ce regard ouvert sur le mouvement étudiant qu'on ne pardonnera pas à Pierre Mendès France et qui lui vaudra d'être battu aux législatives de 1968. La rencontre politique entre Grenoble et Pierre Mendès France sera malheureusement trop brève, même s'il maintiendra ses liens avec notre ville jusqu'à sa mort...

Des enseignements pour l'avenir

Vous aurez compris à quel point le colloque qui s'ouvre aujourd'hui s'inscrit dans l'histoire grenobloise, non pas une histoire passéiste, bercée de nostalgie, mais une histoire qui tire de l'expérience, des enseignements pour l'avenir, par et pour sa jeunesse, justement. Et que certains d'entre nous essaient modestement, à leur place, de tirer profit, au plan national ou à Grenoble, de « la méthode Mendès », n'est-ce pas aussi une façon de rendre hommage à l'homme autour de la pensée et de l'action duquel nous consacrons ces deux journées ? De lui rendre hommage en éclairant le présent et le futur, en rappelant que nulle part et jamais, l'action de l'homme public ne peut se réduire à une génération, à une classe sociale, à un pays, à une race, à une culture, mais doit viser à l'universel, c'est-à-dire « au local sans les murs ». Bref, une éthique qui englobe une morale internationale, et qui conduit à des exigences démocratiques permanentes. Déjà en 1962 – cela fait trente-cinq ans ! – Pierre Mendès France déclarait dans *La République moderne* :

> *La démocratie ne consiste pas à mettre épisodiquement un bulletin dans une urne, à déléguer les pouvoirs à un ou plusieurs élus, puis à se désintéresser, s'abstenir, se taire pendant*

> *cinq ans ou pendant sept ans. Elle est action continuelle du citoyen, non seulement sur les affaires de l'État, mais sur celles de la région, de la commune, de la coopérative, de l'association, de la profession*[7].

Il y a trente-cinq ans !
Et cette exigence de la démocratie, Pierre Mendès France la mettait au cœur de l'action économique. S'il avait une approche scientifique de l'économie, il considérait qu'elle devait être l'objet d'un vrai dialogue avec les citoyens. Ainsi, dès 1967, il y a trente ans, Pierre Mendès France, à Grenoble, proposait la convocation d'une grande conférence sur l'emploi à laquelle seraient conviés les représentants des syndicats, des organisations patronales, des experts parlementaires, etc. Il y a trente ans, à un moment où Grenoble commençait à s'internationaliser, les grands groupes français voyaient leurs centres de décision quitter la région, les stratégies financières, souvent à court terme, l'emportant désormais sur les politiques industrielles et la préoccupation des salariés. C'était l'occasion pour Pierre Mendès France de rappeler que la croissance économique devait être indissociable de la solidarité sociale.
Comme elle devait l'être de la solidarité internationale. Aussi, inlassablement, Pierre Mendès France propose sa vision du monde, met en garde face au déséquilibre grandissant entre pays riches et pays pauvres, et préconise l'émancipation des petites nations. Il est bien sûr un grand artisan de la paix avec sa méthode faite de respect des autres. L'homme de Genève sera ensuite l'homme de Carthage avec la décolonisation de la Tunisie. Il recommandera en vain la même méthode en Algérie et au Vietnam. Au Proche-Orient, il se fera reconnaître comme un trait d'union essentiel entre Israéliens et Palestiniens. Il jouera en temps de guerre le rôle de modérateur et de promoteur de la paix. Il déclare dans une interview publiée dans *Le Nouvel Observateur*, le 17 mai 1976 :

> *Avant tout, je veux exprimer un sentiment très profond : nous devons penser les problèmes du Proche-Orient en termes de paix [...]. Je suis indigné de voir sur les murs «Israël vaincra» ou «Palestine vaincra». L'essentiel n'est pas la victoire ou la revanche. L'essentiel, c'est la vie, la vie dans la liberté et la dignité*[8].

C'était il y a un peu plus de vingt ans ! Le terme de « processus de paix » n'existait pas. L'action d'un homme engagé, volontaire, quelque peu visionnaire lui donnait pourtant déjà une certaine réalité, lui donnait ses lettres de créance, à l'aune d'une diplomatie directe, peu tapageuse, mais oh combien noble. C'était le dernier et beau combat de Pierre Mendès France. Je l'évoque avec émotion devant Leïla Shahid, dont je salue la présence avec nous en ce jour.
Et puis-je vous rappeler que pendant cette même période – fin des années soixante-dix, début des années quatre-vingt –, un autre homme qui s'inspirait des mêmes méthodes, des mêmes principes, se battait pour sa ville, pour son pays, afin d'ouvrir nos portes à tous ceux qui faisaient la diversité et la richesse de notre société, afin d'accueillir les étrangers, de leur tendre la main, celle de l'intégration, en veillant à l'équilibre de notre tissu urbain, de nos quartiers, de tous nos quartiers. Cet homme, c'était Hubert Dubedout, maire de Grenoble, président de la Commission nationale pour le Développement social des Quartiers.
Puis-je enfin vous rappeler qu'à cette même époque, un beau jour de 1981, un avocat, lui aussi, devenu ministre de la Justice du premier gouvernement de la gauche revenue au pouvoir, montant à la tribune de l'Assemblée nationale déclarait :

> *Grâce à vous, la justice française ne sera plus une justice qui tue… Aucun homme n'est totalement responsable, aucune justice n'est absolument infaillible, et c'est ce qui rend la peine de mort moralement inacceptable.*

Ce jour-là, par 363 voix pour et 117 voix contre, le combat pour l'abolition de la peine de mort engagé dès 1908 par Jean Jaurès trouvait son issue victorieuse. En accueillant maintenant, en votre nom à tous, Robert Badinter, qui va ouvrir notre colloque, je veux saluer celui qui a contribué à ce que la France rejoigne enfin le peloton des grandes démocraties modernes et des grandes nations civilisées, à ce que la France renoue avec ce qui est le plus beau visage de notre pays, le berceau de la Révolution et la patrie des droits de l'homme, cette « légende des siècles » si bien exprimée par Victor Hugo.
Et en saluant ce fils d'immigré moldave, arrivé en France en 1920, dont

le père sera arrêté en 1943, déporté et mort à Auschwitz, je ne peux m'empêcher de penser à cet autre homme d'État, juif, d'ascendance portugaise, qui s'est dressé en résistant de la première heure, celui qui, parlementaire refusant les pleins pouvoirs au maréchal Pétain[9], qui, arrêté à Casablanca, en août 1940, transféré à la prison de Clermont-Ferrand, condamné à six ans de détention en mai 1941, s'évadera en juin pour rejoindre la Résistance, Londres et la France Libre. Un certain Pierre Mendès France qui revit pour la dernière fois le général de Gaulle à l'occasion des jeux Olympiques d'hiver de 1968, ici, à Grenoble, ville Compagnon de la Libération.

En conclusion, que Claude Cheysson me permette de faire mienne, de faire nôtre, son message ultime à Pierre Mendès France : « Il a été mon maître et a marqué toute notre existence. C'était un grand homme dont la lucidité, la sincérité et l'honnêteté d'expression font honneur à la France.» Puis-je rajouter au monde et à Grenoble ?

---

1. Sur ce meeting, qui se tint à la patinoire de Grenoble, on se reportera à la table ronde « Pierre Mendès France à Grenoble », *infra*. [notes de D.F.]
2. En 1957.
3. Un colloque sur ce thème se tint à Grenoble en 1961.
4. Groupe d'Action Municipale, présidé par Hubert Dubedout ; se reporter à la table ronde déjà citée, *infra*.
5. Sur la « rencontre socialiste » de 1966, se reporter à cette même table ronde.
6. « Une politique de la jeunesse », discours prononcé à Lille, le 6 novembre 1954, *in :* Mendès France, P., Œuvres complètes, tome III (Paris, Gallimard, 1986), p. 433.
7. *La République moderne* (Paris, Gallimard, 2è éd. 1966), pp. 32-33.
8. Citation reproduite *in :* Œuvres complètes, tome VI (Paris, Gallimard, 1990), p. 407.
9. Pierre Mendès France fut une des vingt-sept députés qui, refusant la défaite, embarquèrent sur le *Massilia* le 21 juin 1940 en un premier geste de résistance. Lui-même allait rejoindre son unité combattante, affectée en Afrique du Nord.

Introduction au colloque

Robert Badinter[*]

Nul n'est surpris, lorsque l'on consacre un colloque à « éthique et démocratie », de voir en sous-titre : « L'exemple de Pierre Mendès France. » Le bon universitaire se dirait : la voie est tracée ; éthique et démocratie, et Pierre Mendès France, cela se complète parfaitement. Je voudrais pour ma part m'interroger sur un aspect qui n'a jamais cessé de préoccuper le grand homme que nous célébrons, aspect qui est la dimension éthique de la démocratie, dans la perspective actuelle.
Les dimensions éthiques de la démocratie sont un sujet classique, mais vous avez tous pu remarquer que, dans les dernières années, l'interrogation est devenue particulièrement pressante. On s'interroge beaucoup plus sur l'éthique de la démocratie qu'on ne le faisait même du vivant de PMF. Cela ne veut pas dire que l'on ignorait le problème du rapport entre la morale et la démocratie, mais la question ne revêtait pas la même acuité. Il y avait déjà, il y a toujours eu, le phénomène de corruption, ne serait-ce que pour mentionner celui-là, bien avant, hélas ! qu'il s'installe à Grenoble dans les dernières années.

Une interrogation éthique de plus en plus pressante

Mais pourquoi aujourd'hui l'interrogation est-elle si forte, si violente, et apparaît-elle comme une des données majeures de la conscience politique du temps ? C'est parce qu'il y a eu un changement historique radical et que la fin du siècle se présente sous des traits nouveaux. Nous

* Ancien Garde des Sceaux, ancien président du Conseil constitutionnel, sénateur des Hauts-de-Seine.

avons vécu, nous démocraties occidentales, et notamment en France, face à des États totalitaires. Le vingtième siècle qui s'achève a été un siècle de constantes confrontations entre des contre-modèles totalitaires, le nazisme, le stalinisme, pour en prendre les expressions extrêmes, et la démocratie. Et à partir du moment où vous avez un tel contre-modèle, la démocratie n'a presque plus à s'interroger sur ses fondements éthiques : elle est éthique parce qu'elle est démocratie, car ce que représentent les sociétés totalitaires est si révoltant que, du même coup, la démocratie en tant que telle est porteuse d'éthique. Éthique et démocratie se trouvent ainsi, par la force des choses, confondues.
Heureusement, les régimes totalitaires se sont effondrés. Le vingtième siècle s'achève sur une victoire totale de la démocratie. Elle est restée seule debout en Europe. Il n'y a pas aujourd'hui d'État en Europe qui ne se réclame de la démocratie et des droits de l'homme, même si tous ne se révèlent pas aussi dévots dans leurs pratiques que dans leurs propos. Mais l'idéal démocratique et la morale des droits de l'homme prévalent, au moins en affirmation, de l'Atlantique à l'Oural, pour reprendre une formule bien connue. À partir de cet instant, et précisément parce qu'il n'y a plus de contre-modèle, et qu'éthique et démocratie ne se confondent pas nécessairement à l'intérieur des démocraties, en particulier la nôtre, l'interrogation s'est faite plus pressante. Puisque la démocratie est le seul régime convenable, quelle éthique pour cette démocratie ? Car les défauts de la démocratie contemporaine apparaissent en pleine lumière dès l'instant où il n'y a pas, pour les effacer ou les faire sortir du champ de notre attention, les excès ou les monstruosités des régimes totalitaires. Les défauts de la démocratie : la démagogie, la corruption – on pourrait même mettre la corruption avant la démagogie –, le charlatanisme, qui est un des vices du temps et une des constantes de la démocratie médiatique, le mépris ou l'indifférence aux autres, l'égoïsme triomphant, le culte de la réussite matérielle arrogante, je pourrais continuer la liste.
Au regard de ces pratiques des démocraties modernes, comment éviter la question : quelle éthique pour la démocratie ?
Certains ont une réponse simple et immédiate : la République. Et l'on évoque l'éthique républicaine, les valeurs républicaines. J'ai remarqué que depuis un certain nombre d'années, l'adjectif « républicain » est soumis à une constante inflation rhétorique. On retrouve partout le terme « répu-

blicain », et lorsque l'orateur politique est à cours d'arguments, il brandit l'étendard républicain, et fait appel au chœur, par avance jugé unanime, de tous les républicains. Mais quand il s'agit de réponse à l'interrogation éthique sur la démocratie, les choses ne paraissent pas aussi simples, et se réfugier derrière l'adjectif « républicain » semble une façon trop commode d'évacuer l'interrogation. Ce n'est pas que la grande devise de la République, le triptyque de la République, ait perdu toute sa force. Mais chacun mesure que les trois mots qui ont parcouru notre histoire, et bien au-delà de notre pays, ne suffisent pas à répondre à l'exigence éthique contemporaine. Liberté, égalité, fraternité, certainement, mais lorsque vous avez dit cela vous n'avez pas tout dit, et vous n'avez pas répondu à toutes les exigences éthiques, et l'on peut s'interroger sur les questions plus immédiates, celles concernant le respect de la dignité humaine, celles concernant l'évolution des sciences et des techniques modernes, celles concernant le respect de l'environnement, celles concernant les minorités, celles concernant les étrangers, je pourrais continuer. Alors on dit : mais il y a la tradition républicaine, la culture républicaine, et tout cela est vrai, mais là non plus cela ne suffit pas à épuiser le sujet.

Il est vrai que dans le combat des pères fondateurs de la République, il y a un siècle de cela, vous avez la définition, l'affirmation et la défense d'une forte morale républicaine. Cela va des propos des maîtres du Collège de France et de l'Université jusqu'au *Tour de France de deux enfants*[1], qui nourrissait l'éducation républicaine de l'époque. Mais enfin le néokantisme, la morale universaliste de la République, n'étaient pas reçus unanimement par la société française. La droite rejetait absolument la morale néokantienne républicaine au nom de la doctrine chrétienne de la Révélation. Entre la morale kantienne et la morale de la Révélation, il y a incompatibilité de nature. Au-delà, il y avait le refus d'une morale universelle tout simplement parce que le nationalisme à la Barrès voulait que de l'enracinement naisse une société de différences, et parfois d'exclusion. Il demeure que le combat républicain a été un combat qui a été marqué du sceau de la morale. Il a trouvé son apogée, il y a un siècle de cela, dans l'affaire Dreyfus qui a certes la caractéristique d'être d'abord un débat moral. Le clivage se fait pour ou contre la justice, pour ou contre les intérêts de la nation incarnés par l'armée.

Je pose la question un siècle plus tard : que reste-t-il de cette morale républicaine à laquelle on fait si facilement référence ? Je crois que c'est le sociologue Crozier qui a très bien analysé le changement radical, intervenu à partir de la Seconde Guerre mondiale dans la société française, qui a, d'une certaine manière, érodé, altéré et presque détruit ce qui était la morale républicaine classique des grands pères fondateurs auxquels on fait si souvent référence. Les républicains du dix-neuvième siècle prêchaient l'économie, la frugalité, la solidarité familiale ou associative face à toutes les rigueurs et les menaces de la société dure, très dure, qui était la leur. Avec l'après-guerre et les « Trente Glorieuses », le rapport à cette société a radicalement changé. Là où les républicains se plaisaient à prôner l'économie et la frugalité, a succédé une société de consommation et non pas de frugalité, de crédit et non pas d'économie. Et là où l'on prônait comme une nécessaire défense face aux menaces qui planaient, du fait du chômage ou de la vieillesse ou de la maladie, une solidarité née de rapports personnels familiaux, quelquefois de quartiers, parfois d'associations, on a substitué à cette solidarité de rapports humains immédiats un système infiniment préférable, beaucoup plus performant, et indiscutablement plus protecteur de sécurité sociale. Mais la sécurité sociale en tant que telle, ne l'oublions pas, n'est pas un rapport entre les êtres, elle est un rapport entre l'individu et la collectivité. Elle est abstraction plus que solidarité entre les êtres humains eux-mêmes. Les fondements républicains se sont altérés par la marche du temps, et la dimension éthique, qu'impliquaient les conditions de vie de la fin du siècle dernier, a été radicalement transformée. La question éthique est posée en d'autres termes.

De la même manière, on l'oublie trop, au cœur de la morale républicaine traditionnelle, il y avait la passion patriotique du républicain pour la France, il y avait une identification de passion, on aimait autant la République que la France, et d'ailleurs les deux se confondaient depuis Valmy, chacun le sait, dans l'histoire et le panthéon de chaque républicain. Ce n'est pas faire offense à quiconque que de poser l'interrogation : croit-on vraiment que, pour les nouvelles générations, mourir pour la patrie peut être considéré comme le sort le plus beau ? Le patriotisme lui-même s'est modifié à mesure que les menaces sur la nation se réduisaient. Et là aussi, c'est un des fondements de la morale républicaine qui s'est trouvé modifié : le patriotisme austère, absolu, qui souvent se combinait heureusement avec l'ivresse d'internationalisme.

Morale et responsabilité

Donc je pourrais dire que l'interrogation éthique s'est faite plus pressante à mesure que les adversaires de la démocratie disparaissaient, et que les références de morale ancienne de la République ne suffisaient plus à apporter une réponse. Il nous faut alors chercher ailleurs, car nous en sommes convaincus, à l'image ou à l'exemple de Pierre Mendès France : on ne peut pas dissocier la démocratie et l'éthique, faute de quoi c'est la porte ouverte à l'extrême droite. L'enjeu éthique dans la démocratie n'est pas qu'un enjeu philosophique, il est un élément essentiel du combat politique. Alors problème posé, quelle réponse ?
Ce n'est pas aujourd'hui et maintenant, dans ce colloque, que nous réglerons la question, mais je pense qu'il est possible de chercher dans la distinction établie par Max Weber entre les deux morales, morale de responsabilité et morale de conviction. On sait que Weber a fait cette distinction au cours d'une conférence universitaire consacrée à la politique comme métier[2]. Mais distinction ne veut pas dire opposition, distinction ne veut pas dire que c'est ou la morale de conviction, ou la morale de responsabilité. Distinction implique éclaircissement conceptuel, distinction peut aussi signifier, et c'est ce que je crois pour ma part, complémentarité des deux morales ou des deux éthiques dans la démocratie. À cet égard je reprends la citation de Paul Ricœur qui a le mieux souligné le risque de la dissociation :

> *Si nous réduisions la morale de conviction à la morale de responsabilité, nous tomberions dans le seul réalisme politique, dans le machiavélisme qui résulte de la confusion constante des moyens et des fins, mais par ailleurs si la morale de conviction prétendait à une sorte d'action du rêve nous tomberions dans toutes les illusions du moralisme et du cléricalisme.*

Propos fort, et à partir duquel il est plus aisé d'y voir plus clair.
Je dirai tout de suite que je trouve ridicule l'espèce de controverse artificielle ou d'opposition commode née dans les dernières semaines, si ce n'est dans les derniers jours, entre morale et responsabilité, « gauche morale » et « gauche responsable ». J'ai été, pour ma part, surpris de recevoir des coups

de téléphone de gens qui me demandaient : « Qu'est-ce que la gauche morale ? » Je trouve extraordinaire cette idée qu'il existerait d'un côté une gauche morale qui ne serait pas responsable, et de l'autre côté une gauche responsable qui ne serait pas morale. Il n'y a pas de gauche morale ni de gauche responsable, il y a simplement, et cela se conçoit, des perspectives qui s'avèrent différentes selon le point de vue où l'on se place. Je disais distinction, cela ne veut pas dire séparation, ce qui compte c'est d'unir, comme Pierre Mendès France l'a fait plus que quiconque dans son action et dans sa réflexion, l'éthique de conviction et l'éthique de responsabilité, l'une appuyant l'autre et ne s'en dissociant jamais.
Cela vaut pour les deux niveaux les plus intéressants de l'action politique. Le premier de ces niveaux, et à cet égard il est bien que l'on en parle ici, c'est l'action collective. Quelle est la caractéristique de l'action politique moderne ? C'est d'abord sa dimension collective. Et quand je parle de dimension collective, il est bien évident que ce que je vise, à cet instant, c'est particulièrement cette action qui s'exerce à travers les cercles de pensée, les associations, les syndicats, bref tous les lieux dans notre société où s'inscrit, je pourrais dire spontanément, l'action collective des citoyennes et des citoyens. C'est dans ces rassemblements que l'on voit le mieux se rejoindre et l'éthique de conviction et l'éthique de responsabilité. Qu'est-ce qui fait naître un club de pensée, qu'est-ce qui réunit les membres d'une association qui luttent pour la protection de l'environnement ou l'action culturelle, ou la vie associative dans le quartier, sinon un idéal et une conviction commune ? Éthique de conviction, c'est cela qui les rassemble. Et qu'est-ce qui soude l'action collective, le passage à la réalisation de l'éthique commune, sinon précisément l'éthique de responsabilité, parce qu'on prend conscience, à ce moment-là, du possible, on prend conscience à la mesure de l'action de ce qui peut être fait tout de suite, demain, après-demain et jusqu'au moment où l'idéal aura triomphé. Les deux ne sont pas dissociables dans l'action collective, associative, qui est de nos jours la forme la plus vivante de la démocratie. C'est là où l'on voit le mieux se rejoindre l'éthique de conviction et l'éthique de responsabilité, et dans ces actions politiques je ne vois pas d'un côté la gauche morale et de l'autre la gauche responsable, mais l'une et l'autre qui inspirent les participants.
Il est vrai, j'en suis convaincu, que jamais l'éthique, ou la recherche ou l'exigence d'éthique, n'a été plus forte. Je crois que notre pays, nos conci-

toyens, ne supportent tout simplement plus ce qui peut apparaître comme corruption, ou charlatanisme, ou démagogie. Surtout la corruption. Sans jouer les Robespierre, je crois qu'il y a une incompatibilité absolue entre démocratie et corruption, et, qu'à un certain niveau, la corruption dans la République devient la corruption de la République et que le pire en découle.

Mais ceci posé, ce n'est pas simplement l'honnêteté élémentaire que l'on est fondé à requérir des dirigeants. On attend d'eux qu'ils mettent précisément en œuvre dans leur action, au moment où ils exercent leurs responsabilités, aussi leur éthique de conviction, que l'on n'assiste pas à une dissociation vertigineuse entre le propos de campagne électorale et l'action au gouvernement. Ce que l'on attend d'eux, c'est que dans leur action ils ne perdent jamais de vue les convictions en raison desquelles ceux qui les partagent les ont appelés au pouvoir.

À cet égard, je prends l'exemple de Pierre Mendès France. Cela vaut aussi bien au niveau de l'exercice du pouvoir, que dans ce qui constitue sûrement une des formes les plus exigeantes de la conscience morale d'un homme politique, c'est-à-dire le refus du pouvoir. Pas seulement l'action, mais aussi le refus, le « savoir-dire-non » qui exige un grand caractère dans certains cas. Pierre Mendès France n'a jamais, dans son action politique, démenti l'exigence du respect des convictions éthiques. Les convictions fondaient chez lui l'exercice des responsabilités. C'est sans doute une des raisons pour lesquelles, après plus de quarante ans, si l'on se demande pourquoi son influence est si forte, si sa présence parmi nous est si intense, y compris parmi les jeunes générations qui n'ont pas eu le privilège de le connaître, c'est bien parce que précisément il y avait en lui cette dimension morale incomparable. C'est cela, que parmi d'autres vertus, on reconnaît au premier chef à Pierre Mendès France, et le fait que sa présence soit si vive, si intense, pour nous tous est l'illustration de son exigence morale. J'ai retrouvé sa lettre du 18 janvier 1945, au moment où il quitte le gouvernement. Il écrit au général de Gaulle :

> *La France sait qu'elle est malade et qu'elle ne se guérira pas dans l'euphorie. Elle sait qu'elle ne se relèvera que par un effort long, difficile, pénible. Elle attend qu'on l'appelle à cet effort. [...]*
> *Je décline la responsabilité de lourdes décisions contre lesquelles je*

> *me suis élevé vainement. Je ne puis être solidaire de mesures que je juge néfastes. Je vous demande donc de me rendre ma liberté ; je n'ai pas le désir de rester au sein d'un gouvernement où ma présence ne se justifie plus puisque mes efforts obstinés ne réussissent pas à convaincre mes collègues et que je suis impuissant à éviter ce qui m'apparaît comme une série d'erreurs fondamentales.*
> *Je me considère dès maintenant comme démissionnaire après quinze mois d'un travail dans lequel je n'ai été soutenu que par la fierté d'être votre collaborateur. Aujourd'hui, j'ai l'impression que je ne puis vous assister utilement dans votre mission. Il est trop clair pour moi que le gouvernement a définitivement choisi une voie qui est à l'opposé de la mienne*[3].

C'est une grande marque de caractère et de vertu républicaine, à un instant aussi important de l'histoire de la nation, et s'adressant à celui qui avait été le chef de la France libre dans laquelle Pierre Mendès France a si glorieusement combattu. Il faut une rare vertu morale pour refuser d'aller un peu plus loin avec ceux aux côtés desquels on a combattu. Quitter le pouvoir n'est jamais, même s'il ne l'exerce pas à titre principal, un moment heureux pour l'homme politique. Mais Pierre Mendès France ne balance pas.

Le souci d'écouter l'autre

Beaucoup d'entre vous ont eu l'occasion de connaître Pierre Mendès France quand il venait à Grenoble. La caractéristique de son rapport à l'action politique immédiate – je ne parle plus là au niveau des responsabilités gouvernementales –, c'était le souci d'écouter l'autre. Cette interrogation permanente adressée au citoyen, qu'il soit un syndicaliste, un étudiant, un professeur, un économiste, un patron, procédait chez lui d'une même quête inlassable de la part de vérité que chaque citoyen recèle. C'est un rapport éthique tout à fait essentiel dans la démocratie que cette démarche d'écoute. Le grand homme d'État, chargé d'expérience et d'années, écoute l'autre, non pas pour obtenir son suffrage ou son concours, mais pour chercher en lui une parcelle de cette vérité qu'il contribuera à servir. En écoutant ainsi, il fait de son interlocuteur son égal. Or, il n'y a pas de démocratie possible si elle n'implique pas d'abord le respect, la considération égale pour chacun, et l'intérêt égal porté à chacun, quelle que soit sa condition ou sa place dans la société.

Je me souviens que Pierre Mendès France disait volontiers : « Ah moi, vous savez, je n'étais pas un très bon avocat ! » Je peux dire, pour ma part, que pour l'avoir entendu plaider une fois, je m'inscris en faux contre cette affirmation. Et il ajoutait avec une pointe d'ironie brillant dans l'œil : « D'ailleurs mes clients étaient toujours modestes, c'était plutôt le fermier que le propriétaire, l'anonyme que le notable. C'était ça ma clientèle. Vous savez, ça m'a appris beaucoup de choses – sous-entendu : d'autres n'ont pas eu ce privilège, ils ne savent rien –, parce que c'est avec eux que j'ai appris et compris beaucoup des injustices que recelait notre société », et il évoquait toujours sa rencontre avec la misère paysanne au cours de ces affaires de justice de paix à Louviers. Là aussi, dans cette démarche, vous voyez l'acuité de l'attention portée aux autres, et quand on parle de quelle éthique pour la démocratie, je crois que c'est cette éthique quotidienne qu'il ne faut jamais perdre de vue.

---

1. *Le Tour de la France par deux enfants* fut écrit par Madame Fouillée (épouse du philosophe Alfred Fouillée, auteur de *Psychologie du peuple français*), sous le pseudonyme de Giordano Bruno – en hommage au philosophe italien, martyr de l'intolérance catholique. Ce livre de lecture, véritable *best-seller* de l'école de la IIIe République, fut vendu à huit millions d'exemplaires. Publié en 1877, il en était déjà à son cent-huitième tirage quatre ans plus tard. Il raconte l'histoire de Julien et André, deux jeunes Alsaciens qui accomplissent un tour de France après la mort de leur père, afin d'accomplir le dernier vœu paternel : qu'ils vivent français. Fort bien construit et écrit, ce livre, qui insiste sur le côté rural de la France, inculque en priorité les valeurs du devoir et de l'amour de la patrie. [notes de D.F.]
2. Weber, M., « *Politik als Beruf* », conférence prononcée en 1919, traduite sous le titre : « Le métier et la vocation d'homme politique », *in : Le savant et le politique* (trad. française, avec préface de Raymond Aron : Paris, Plon, 1959 ; rééd. U.G.E., pp. 99-185).
3. Mendès France, P., *Œuvres complètes,* tome II (Paris, Gallimard, 1985), pp. 124-125.

Démocratie et morale en politique

« La démocratie n'est efficace que si elle existe partout et en tout temps. »

Pierre Mendès France
(*La République moderne*)

Introduction

Paul Leroy *

Démocratie et morale ne paraissent pas, aujourd'hui, vraiment accordées. Il est certain, à cet égard, que Pierre Mendès France ne se trouverait pas plus à l'aise aujourd'hui qu'il ne le fut en son temps. On peut, bien sûr, on doit même regretter que démocratie et morale ne soient pas mieux accordées. Mais en un sens cela est rassurant, car si démocratie et morale peuvent s'opposer, être en conflit, antagonistes, c'est qu'elles ne se confondent pas, et il n'est pas sûr que si elles se confondaient, cela constituerait vraiment un progrès.

On sait qu'une première tentation de confusion, tellement attrayante à première vue, consiste dans la domination de la politique par la morale. Cette conception est permanente dans l'histoire. Platon l'expose par l'intermédiaire de Socrate. Kant la reprend. Aujourd'hui, de manière plus ou moins forte, cette tentation est également présente : ai-je besoin d'indiquer cette volonté, dans certains pays musulmans, de faire prévaloir la loi de l'islam comme loi de l'État, ou, en Israël, la loi juive ? Dans les pays de tradition catholique s'exprime assez souvent aussi la tentation d'une loi d'État inspirée, copiée sur la loi naturelle telle qu'elle est retenue dans son acception chrétienne. Récemment encore, l'encyclique *Splendor Veritatis* exprimait bien cette revendication. Au vu des résultats, il est permis de préférer l'autonomie de la politique vis-à-vis de la morale. Au demeurant, dans la conception pluraliste que l'Occident retient de la démocratie, cette confusion n'est pas possible.

* Professeur de droit et ancien président de l'université Pierre-Mendès-France de Grenoble.

Seconde tentation de confusion, inverse de la précédente, celle où la politique subvertit la morale. Bien sûr cette tendance, cette conception, ne peut se recommander de l'autorité de penseurs comparables à ceux que j'ai cités il y a un instant. Cette conception est le fait aujourd'hui d'hommes politiques qui, en difficulté, s'essaient à l'exercice. C'est une prétention assez singulière, une impudence de la part de ceux qui, personnellement accusés de bénéficier d'avantages indus, s'efforcent ainsi de se justifier. Les défenses sont variables mais nécessitent de donner une certaine élasticité aux règles morales et ceci en ayant recours à des arguments parfois très étonnants. L'avantage reçu par l'homme politique est minimisé. Il est minimisé s'il est consommé dans l'instant, et par conséquent s'il ne se traduit pas par un enrichissement personnel. L'avantage est présenté comme obtenu sans compensation, et donc au fond légitimé. L'avantage n'est rien à côté de ce que l'intéressé prétend avoir fait gagner à la commune : c'est un argument qui a été développé par un maire de la banlieue parisienne il y a quelque temps, et qui a été repris dans une lointaine banlieue un peu neigeuse de Grenoble. Il ressort de cette morale implicite que l'avantage au fond n'est jamais indu. Convaincu de malhonnêteté, et même condamné, l'homme politique, on le constate fréquemment, ne se résigne pas à la sanction qui le frappe, et n'accepte pas de se fondre à nouveau dans le respectable anonymat citoyen. Il est des maintiens en fonction après condamnations judiciaires qui ne sont jamais définitives. Il est des démissions momentanées oubliées, après des non-lieux aux considérants parfois accablants. Il est des accusations qui, aux yeux de ceux qui en font l'objet, se volatilisent si le suffrage populaire leur est à nouveau favorable : le verdict populaire vaut alors brevet d'innocence. Et même mieux, si l'on peut dire, lorsque des actions aussi délictueuses que le faux témoignage et la subornation de témoins sont justifiés par référence à une étonnante morale révolutionnaire chez un ancien ministre de la République, qui jusqu'alors n'avait jamais été reconnu comme extrémiste. La morale en ces prétentions est totalement infectée par la politique.

Mais il ne s'agit ici au fond que de dérisoires échappatoires aux faits délictueux auxquels s'essaient des prédateurs de bas ou de haut vol. Au fond, il s'agit de délinquance ordinaire dans les faits qui la constituent. Mais cette délinquance ordinaire est naturellement grave en raison de la qualité de ses auteurs. Elle est grave par la résonance qu'elle acquiert dans l'opinion publique, par l'écœurement qu'elle suscite chez les citoyens, par le discrédit qui paraît en résulter pour la démocratie. Peut-être aussi est-elle grave, plus insidieusement, par l'affaiblissement de la rigueur de la norme, et de l'honnêteté dont elle témoigne. Avec les faits que je viens de rappeler, il ne s'agit encore que de non-observance de l'intégrité, que l'on pourrait dire privée, de l'homme politique. Il ne s'agit pas du plan le plus important.

L'essentiel réside dans la manière dont l'action politique est conduite, dans les modalités de mise en œuvre du régime démocratique. En démocratie, le souverain de principe c'est le peuple, les électeurs. Sans doute la prééminence de la volonté populaire n'a-t-elle pas été une préoccupation absolue en tous temps et en tous lieux, et les gouvernants ont souvent cherché à agir indépendamment du respect de cette volonté populaire. Mais c'est autre chose que de professer tranquillement le mépris de cette volonté du souverain. « Les promesses n'engagent que ceux qui les reçoivent », a-t-il été déclaré par un homme politique pas tout à fait négligeable. Les promesses n'engagent que ceux qui les reçoivent : ce qui signifie que les candidats aux élections et les gouvernants, lorsqu'ils formulent ces promesses, ne sont évidemment pas engagés par elles. À ce stade, la morale a perdu toute autonomie, elle cesse d'être une référence, elle n'est que le reflet du cynisme des gouvernants.

On s'en doute, la pensée et l'action de Pierre Mendès France sont à l'opposé de ce qui est l'ordinaire des jours, l'ordinaire n'excluant pas le non-ordinaire, l'inhabituel. Pour Pierre Mendès France, l'intégrité publique est aussi nécessaire que l'intégrité dans la vie privée, déclare-t-il dans un de ses discours les plus importants à Évreux, en 1955[1].

Je n'entends pas empiéter sur les communications suivantes, mais mon sentiment est qu'elles sont surtout centrées sur la manière de gouverner du président Mendès France. Je me permets donc d'évoquer un de ses comportements, tout à fait caractéristique de l'homme. Président du Conseil, en 1954-1955, il lui arrivait de retenir à déjeuner, selon ce que rapporte l'une de ses collaboratrices d'alors[2], trois ou quatre collaborateurs, ou ministres : à la fin du mois, chacun de ceux qui partageaient sa table recevait une note indiquant le montant de ce qu'il devait à l'État pour ces repas. Quelle n'était pas la stupéfaction des services chargés d'établir le montant de la note et de recevoir les chèques ! Ce fait est peut-être susceptible de faire sourire quelques innocents autoproclamés...

---

1. « La crise de la démocratie », *in :* Mendès France, P., *Œuvres complètes,* tome IV (Paris, Gallimard, 1987), pp. 81-103. [notes de D.F.]
2. Léone Nora, « Miscellanées », *in : Mendès France. La morale en politique,* numéro spécial du *Nouvel Observateur* (collection « Portrait », n°12), pp. 37-39.

La conception de l'homme d'État chez Pierre Mendès France

Jean-Louis Quermonne[*]

D'où vient-il, qu'ayant gouverné la France pendant sept mois seulement, Pierre Mendès France ait laissé la trace et légué l'exemple qui nous réunit aujourd'hui ?

La question résonnera toute la journée et demain matin. Le président Badinter nous a proposé une réponse, à travers la synthèse de l'éthique de responsabilité et de l'éthique de conviction. Autour de nous sa pratique n'est malheureusement pas évidente ; et si l'on interroge l'histoire, le portrait des hommes politiques qu'elle nous lègue ressemble davantage à celui de l'homme politique machiavélien.

Alors comment Pierre Mendès France tranche-t-il à ce point, par rapport à ses contemporains ? Qu'est-ce qu'un homme d'État ? La science politique est avare pour en donner la définition. Je me risquerai à en dégager trois traits : c'est l'homme, ou la femme, que la nation appelle pour résoudre une crise considérée jusque-là comme insoluble, et qui se trouve, de ce fait, investi d'une mission. C'est l'homme ou la femme qui, porteur d'un projet, fait prévaloir l'intérêt général sur les combinaisons politiciennes en tenant compte des données nationales et internationales qui en commandent la réalisation. C'est l'homme ou la femme enfin qui, fidèle à ses idées, sait prendre la distance nécessaire à l'égard des appareils, voire, et surtout, à l'égard de ses amis politiques.

De toutes les définitions que j'ai trouvées de l'homme d'État, la plus synthétique reste celle proposée par le prophète Ézéchiel, 600 ans avant Jésus-Christ, à savoir : « Celui qui tire des défis du présent la substance de l'avenir ! » Or, pour réaliser les missions de l'homme d'État, trop d'hommes

---

* Professeur de sciences politiques et ancien président de l'université Pierre-Mendès-France de Grenoble.

politiques ont composé, et, malheureusement, se sont souvent compromis. Comment se fait-il que Pierre Mendès France, en assumant pleinement l'éthique de la conviction, a en même temps exercé l'éthique de la responsabilité ? Homme d'État, Pierre Mendès France a cherché à tirer des défis de la décolonisation, la substance d'une coopération loyale et durable entre la France et les peuples qui composaient alors son empire colonial. Prise à temps, la crise tunisienne, et la solution qu'il lui apporte[1], témoignent de cette réussite. En Indochine il était trop tard : ce n'est pas de son fait si la paix arrachée de haute lutte à Genève n'a pas débouché sur ce partenariat qui aurait évité tant de drames. Et si Hanoi, dans les mois qui viennent, accueille le prochain sommet de la francophonie, c'est sans doute à PMF qu'on le devra. En Algérie, l'éthique de la conviction l'emporte lorsqu'il démissionne, le 23 mai 1956, d'un gouvernement Guy Mollet qui compose avec la pratique de la torture.
Homme d'État, Pierre Mendès France est aussi l'un des premiers hommes politiques français à avoir intégré la connaissance apportée par la science économique. Jeune étudiant, je me souviens d'avoir assisté à des conférences qu'il donnait sur la pensée de Keynes, alors même que nos professeurs d'économie politique ne l'étudiaient encore que de manière superficielle. Et c'est à lui que, président de la Commission des Comptes de la Nation[2], l'État doit l'outil irremplaçable de la comptabilité nationale. Bref, en matière de politique économique et financière, Pierre Mendès France a procuré à la gauche une culture de gouvernement ; et une culture de gouvernement implique la prise en compte de la dimension européenne et internationale. Que de voyages Pierre Mendès France n'a-t-il pas effectués à New York et à Washington pour se rendre auprès du FMI et de la Banque mondiale[3] !
Enfin, homme d'État, Pierre Mendès France a refusé les compromis du court terme. En 1954, le refus des voix communistes lors de son investiture est le gage de son indépendance pour négocier les accords de Genève. Peu après, s'il échoue à refaire du parti radical un parti de gouvernement, c'est en refusant les compromissions qu'exigeaient de lui les caciques. Homme d'État, Pierre Mendès France n'aura sans doute pas réussi à réformer les institutions de la quatrième République. Et plus tard, c'est la morale de conviction qui inspire son refus de récupérer à son profit les méthodes de la cinquième. Il se condamnera donc, selon le mot de

Jacques Fauvet, à pratiquer « l'exercice solitaire de l'opposition » ; ainsi, il mettra fin volontairement à sa carrière politique gouvernementale.
Pourtant, en publiant, en 1962, *La République moderne*[4], il avait proposé un programme de réformes sous forme d'une trilogie : une législature, un gouvernement, un plan. Or, la planification exceptée, dans un monde où domine la flexibilité, n'est-ce pas ce que pratiquent aujourd'hui tant de gouvernements stables et efficaces de nos démocraties voisines ? D'ailleurs, en pressentant la crise de la représentation, et la montée en puissance de ce que l'on appelle aujourd'hui « la société civile », il a cherché à promouvoir les forces vives, tant dans le cadre régional qu'au niveau du gouvernement du pays.
Homme d'État, Pierre Mendès France l'a-t-il été en matière européenne ? L'on connaît les reproches que l'histoire immédiate lui a faits, en l'érigeant injustement en bouc émissaire de l'échec de la Communauté Européenne de Défense. Or, à l'époque, l'intégration militaire était prématurée. Et Pierre Mendès France n'a pas seulement mis fin à un débat qui pourrissait la vie politique française, il a tenté l'alternative en redonnant à l'Union de l'Europe occidentale l'élan qui aurait dû permettre d'en faire ce pilier européen de l'Alliance atlantique que les hommes politiques continuent à chercher[5]. Plus difficile semble aujourd'hui l'explication du vote de Pierre Mendès France au Parlement lors du débat sur la ratification du traité de Rome[6]. Ce qui l'inspire alors c'est l'état de nos entreprises, l'état de l'économie française qui, dans le contexte de la quatrième République, rendait aléatoire la capacité de notre appareil économique à faire face à la concurrence. La preuve en est qu'il faudra toute l'énergie du général de Gaulle pour imposer, de manière régalienne, le plan Rueff-Armand pour instituer le nouveau franc et redresser l'économie du pays. Il faut donc écarter ce mauvais procès qui ferait de Pierre Mendès France un « eurosceptique ». Une équipe de la Sorbonne, dont les travaux ont été publiés par Gérard Bossuat dans un remarquable ouvrage sur l'Europe des Français[7], montre au contraire que Pierre Mendès France, dans une perspective intergouvernementale qui était réaliste à l'époque, cherchait à préparer la France à sa destinée européenne. Mais, en cette quatrième finissante, il en entrevoyait l'échéance dans le long terme.
Le long terme, en effet, n'a cessé de guider l'action à court terme de Pierre Mendès France, et cela constitue sans aucun doute l'un des traits qui carac-

térisent le tempérament d'homme d'État dont il a témoigné. Un témoignage fait de contrastes puisqu'il allie, comme on l'a dit, l'éthique de conviction à l'éthique de la responsabilité, et qu'à travers ses deux démissions, en 1945, en 1956, et son refus d'être, plus tard, le candidat de la gauche à l'élection présidentielle, il a fait prévaloir la morale de conviction sur la morale de responsabilité. Doit-on le regretter ? Rappelons ce qu'écrivait déjà à ce sujet François Mitterrand, dans le numéro d'octobre 1962 des *Cahiers de la République,* en opposant le style de Pierre Mendès France au modèle classique de l'homme politique machiavélien :

> *Pierre Mendès France place au plus haut degré le scrupule de la vérité. Tromper le peuple ou simplement biaiser est pour lui le péché capital. La seule crainte de paraître en désaccord avec le développement prévu d'un programme l'a, en quelques circonstances, amené à forcer le rythme des événements et donc à s'exposer à la revanche des faits qui n'aiment pas qu'on les bouscule. Il rompt plutôt que de ployer dès qu'il voit ses prévisions provisoirement contredites ou ses projets vidés de substance. Ses amis lui connaissent l'admirable vertu d'un courage intellectuel et moral d'exception – et reconnaissent que cette vertu entretient en lui cet assez remarquable défaut – qui l'empêchera d'être l'homme politique de toutes les conjonctures, tandis qu'il ne peut manquer d'être l'homme d'État indispensable en un moment donné : l'entêtement d'une impérieuse logique*[8].

Plus modeste, mon propre témoignage pourra confirmer l'exemple que Pierre Mendès France nous lègue de l'exigence de la morale en politique. Plusieurs fois, alors qu'il était député de l'Isère, Pierre Mendès France m'avait fait l'honneur de m'exprimer son sentiment profond à l'égard de la cinquième République. Alors que, comme tant d'autres constitutionnalistes, je lui vantais les mérites de l'élection présidentielle au suffrage universel, il opposait à mon argumentation théorique la conviction que « cela finirait dans la rue ». Sans doute son instinct d'homme d'État pressentait-il déjà mai 1968. En tout cas son intransigeance morale lui dicta sa conduite, au point de n'accepter, en 1969, que la seule perspective de devenir Premier ministre. Car, m'avait-il confié, il est essentiel que celui

qui gouverne ait au-dessus de lui – en la personne du président de la République – quelqu'un à qui il puisse rendre des comptes.
Ainsi la morale de la responsabilité rejoignait-elle chez lui la morale de la conviction.

---

1. Par son voyage surprise en Tunisie, en compagnie du maréchal Juin, et la déclaration de Carthage, qui amorça une décolonisation pacifique. [notes de D.F.]
2. PMF fut président de la Commission des Comptes de 1952 à 1960.
3. En tant que commissaire aux Finances du Comité français de Libération nationale, Pierre Mendès France participa aux négociations de Bretton-Woods en juillet 1944. Il fut ensuite *executive director* pour la France de la Banque internationale pour la Reconstruction et le Développement (BIRD) de mars 1946 à octobre 1947, gouverneur pour la France du Fonds monétaire international de mars 1946 à janvier 1959, et délégué de la France au Conseil économique et social (ECOSOC) de l'ONU de février 1947 à février 1951.
4. Mendès France, P., *La République moderne*. Paris, Gallimard, 1962. 2è éd. 1966, 313 p.
5. Devant les projets de réarmement allemand, Jean Monnet, René Pleven et Robert Schuman avaient proposé une « Communauté Européenne de Défense » (CED) qui aurait permis d'éviter une armée séparée, les troupes allemandes étant mêlées à celles de la Belgique, de la France, de l'Italie, du Luxembourg et des Pays-Bas. Un traité avait été signé par les six pays concernés, et ratifié par les parlements de chacun d'entre eux, à l'exception de la France et de l'Italie, dont les gouvernements gagnaient du temps pour éviter l'impopularité liée à toute idée de réarmement allemand, même sous cette forme, et de perte de l'indépendance nationale dans un projet qui pouvait apparaître comme d'abord antisoviétique. Pierre Mendès France décida d'exhumer ce « cadavre » (l'expression est de Georges Bidault). La classe politique dans son ensemble était divisée, avec une violente opposition gaulliste et communiste, et PMF prenait là un risque politique énorme. De fait, il ne parvint pas à concilier les points de vue de ses ministres, entre les « cédistes » et les « anticédistes » : le 13 août, à l'issue d'un conseil des ministres marathon, trois ministres gaullistes (Kœnig, Chaban-Delmas et Lemaire) démissionnaient, refusant que le traité fût soumis au Parlement pour ratification. Le 28 août s'ouvrit le débat à la Chambre, débat au cours duquel le gouvernement choisit de rester neutre ; le 30, les députés rejetèrent la CED, achevée par un violent réquisitoire d'Edouard Herriot ; le lendemain, trois ministres « cédistes » (Bourgès-Maunoury, Claudius-Petit, Hugues) démissionnèrent. Mendès France savait pertinemment que le MRP et la SFIO de Guy Mollet ne lui pardonneraient pas ce que les « cédistes » appelèrent « le crime du 30 août ». Pourtant, ce fut PMF qui proposa alors de s'appuyer sur le pacte de Bruxelles (qui unissait Angleterre, Belgique, France, Luxembourg, Pays-Bas) en intégrant l'Allemagne fédérale dans ce qui allait devenir l'Union de l'Europe occidentale (UEO), créée par les accords de Paris du 23 octobre 1954. Cela évita l'isolement diplomatique de la France et une opposition américaine trop forte, mais l'opinion française en retint surtout que l'Allemagne était autorisée à se réarmer.
6. Le 6 juillet 1957, PMF parla pendant plus de deux heures à l'Assemblée nationale pour expliquer son vote repoussant la ratification du traité de Rome. Le 18 janvier, il était déjà intervenu à la tribune de l'Assemblée pour rappeler son attachement à la construction européenne, à condition qu'elle reposât sur des bases saines ; reprochant au Marché commun d'être « basé sur le libéralisme classique du XIXe siècle, selon lequel la concurrence pure et simple règle tous les problèmes », il mettait en garde, de façon prémonitoire, contre les risques en cas de crise économique : « nous ne pouvons pas nous laisser dépouiller de notre liberté de décision dans des matières qui touchent d'aussi près notre conception même du progrès et de la justice sociale ; les suites peuvent en être trop graves du point de vue social comme du point de vue politique. Prenons-y garde aussi : le mécanisme une fois mis en marche, nous ne pourrons pas l'arrêter. » (*cf. : Œuvres complètes*, tome IV [Paris, Gallimard, 1987], citations p. 273 et pp. 260-261).
7. Bossuat, G., *L'Europe des Français, 1943-1959 : la IVe République aux sources de l'Europe communautaire*. Paris, Publications de la Sorbonne, 1996. 473 p.
8. *Les Cahiers de la République*, 49 (1962), p. 841.

Vice de la morale, difficulté de l'éthique

*Olivier Duhamel**

Je vous remercie d'avoir bien voulu me convier à jouer un petit rôle perturbateur, ou d'accepter que je le fasse. Essayons de partir de ce qui nous réunit ici, c'est-à-dire l'enseignement de Pierre Mendès France, à partir d'une question simple qui peut toucher beaucoup d'entre nous. Que faut-il regretter le plus ? Que Pierre Mendès France ait gouverné moins d'un an, trop brièvement ? Ou que François Mitterrand ait régné quatorze ans, trop longtemps ? Ou bien, si nous ne parlons pas de la durée mais de la manière : que l'un ait gouverné ? Ou que l'autre ait régné ? Que l'un soit resté trop distant du pouvoir ? Ou l'autre pas assez ?

Pour tout vous dire, j'éprouve le double regret, et c'est ce double regret qui inspire une interrogation sur ce que nous pourrions appeler « vice de la morale, difficulté de l'éthique ». Vice de la morale : si vous me permettez une première proposition approximative, intuitive, mais dont je crains qu'elle ne soit pas totalement fausse, il me semble que l'épicurisme préserve de l'extrême corruption, de l'immense corruption. On pourrait prendre des exemples divers de gens, disons, peu ou pas corrompus, pas ou doucement, légèrement, modestement corrompus, comme, dans des genres divers, à des époques diverses, John Kennedy, Edgar Faure, François Mitterrand, et je soutiendrais volontiers que ce qui les a protégés de la corruption, ou d'une corruption plus grande, c'est l'épicurisme justement. Ce qui doit déjà nous mettre en garde à l'encontre d'un certain discours moraliste.
Deuxième proposition, là aussi presque factuelle. Je suis d'accord avec vous : l'exigence mendésienne c'est d'abord la vérité, les faits. Nous vivons

* Professeur à l'Institut d'Études politiques de Paris et à l'université Paris-I, député européen.

dans une société qui nous rappelle tellement à cette exigence, où les travers de la société médiatique refondent cette exigence de vérité, par-delà toutes les réflexions sur le relativisme de l'exactitude, de l'objectivité des faits. Mais le moralisme extrême sert souvent de cache-sexe à la corruption. Regardez en France, ces dernières années, ou ces derniers jours, ou ces prochaines semaines, les plus moralistes n'ont pas été les plus honnêtes, pour employer un euphémisme. Nous n'allons pas tirer maintenant sur des gens qui sont complètement affaiblis. Mais il est permis de noter que l'ancien maire d'ici... l'ancien maire de telle ville du Var... ou tel autre élu du Var, ont tenu, en tout cas pour la plupart d'entre eux, des discours de vertu, d'exigence morale, de sainteté, qui prouvent qu'à tout le moins cela ne constitue pas une garantie.

Troisième proposition sur les vices de la morale : le moralisme intégriste détruit la démocratie. Là, je ne parle plus du discours des individus pour se couvrir eux-mêmes, mais je parle d'idéologie plus constituée : le glissement se fait rapidement du moralisme à l'ordre moral. Vous le voyez tous les jours dans le fondamentalisme chrétien, fascistoïde aux États-Unis, qui est un discours strictement moral, d'envahissement de la politique par la morale, d'absorption de la politique par la morale. Vous le trouvez aussi dans certaines formes de l'intégrisme catholique, parfois fascistoïde en France. Par rapport à ce danger, il faut introduire quelques distinctions nécessaires sur la question essentielle et complexe de la séparation entre public et privé. Il faudrait essayer de distinguer le « privé privé », le « privé public », le « public privé », et le « public public ». Il existe une sphère d'intimité absolue, la démocratie doit préserver une sphère d'intimité absolue, mais elle ne le fait pas toujours à cause du moralisme. Exemple bien connu : les pratiques sexuelles non attentatoires à la dignité humaine, aux États-Unis d'Amérique. Dans certains États, il est des lois qui interdisent la sodomie, et la Cour suprême des États-Unis d'Amérique a admis la constitutionnalité, ou plus exactement, a refusé de poser l'inconstitutionnalité, ce qui revient au même, de ces lois sous le prétexte d'incompétence de l'État fédéral – toujours dans ces cas-là, on cache, si j'ose dire, le sexe derrière des raisonnements juridiques abstraits sur les compétences fédérales et les compétences fédérées. Il me semble que vous avez là un exemple de violation du privé par pression du fondamentalisme moraliste religieux fascistoïde, pour dire les choses nettement. Il me semble qu'il y a là un exemple de destruction de la démocratie, au nom d'une pseudo-démocratie moraliste. Venons-en au privé public. En un mot, tout ce qui est privé n'est pas privé bien entendu. Le droit encadre les relations privées, le mariage, l'union civile demain, les droits de l'enfant, mais dans ce cadre encadré, chacun a le droit d'agir à sa guise. Le privé public, c'est du privé encadré, mais où le privé subsiste encore dans le cadre légal. Passons au public privé, nous en venons à la sphère politique. L'homme public a droit à une protection de sa vie privée, mais l'homme public n'a pas droit à la même protection de sa vie privée que l'homme privé. Il serait peut-être temps que nous pensions, et que nous disions simplement, clairement, en fonction de principes, et en explicitant leurs conséquences, pourquoi, et en quoi l'homme public a droit à la même protection absolue de son « privé privé » : ses postures sexuelles ne nous concernent pas. Et en revanche, en quoi l'homme public n'a-t-il pas droit à la même protection du privé que l'homme privé ? En ceci qu'il est public, qu'il a des comptes à rendre. Nous gagnerions à la recherche de critères un peu plus précis en la matière.

D'autres distinctions nous permettraient d'avancer un peu, celles entre morale, déontologie, et éthique. Je propose qu'on considère que la morale est individuelle, que la déontologie est affaire professionnelle, et que l'éthique est affaire collective. Étant entendu, ensuite, quand on parle de l'homme politique, que la question de la morale de l'homme politique se pose pour les raisons que je viens de dire sur le privé public, mais qu'on doit distinguer la question de la morale de l'homme politique, de la question de l'éthique dans une démocratie. Sinon, on parle de deux choses différentes, ce qui complique dans une matière qui l'est déjà bien assez.

Il est utile alors de reprendre, après Robert Badinter, et après Jean-Louis Quermonne, la distinction entre éthique de la responsabilité et éthique de la conviction. Max Weber, en 1919, propose ces notions dans un texte qui s'appellera *Le savant et le politique*. Il cherche à distinguer, d'un côté, le rôle du savant, de l'intellectuel, de l'universitaire, de l'autre, celui du politique. L'éthique de la conviction est dénommée, dans le texte de Max Weber, *gesinnungsethisch*, c'est-à-dire en vérité le sens intime, l'éthique de sa conscience intime, tandis que l'éthique de la responsabilité est *verantwortungsethisch*, que nous traduisons littéralement. Quoi qu'il en soit, dans le

texte de Weber, le savant, on va dire plus largement l'intellectuel, se situe dans l'éthique de la conviction ; exemple : « Que la justice soit faite même si le monde en périt », qu'importent les conséquences, je serai toujours pur et irréprochable dans le respect des principes. Tandis que l'éthique de la responsabilité concerne le politique, le dirigeant : « *Si vis pacem, para bellum* », si tu veux la paix, prépare la guerre.
Je suis profondément d'accord avec Robert Badinter sur la nécessité de dépasser, d'articuler plutôt, la différence entre l'éthique de la conviction et l'éthique de la responsabilité. Je pense d'ailleurs, pour tout dire, que Pierre Mendès France le faisait, et que nous avons tendance parfois à faire de Pierre Mendès France un idéaliste pur, beaucoup plus qu'il ne l'était. Quand je dis cela, qu'on ne se méprenne pas, c'est un compliment. Nous avons une certaine propension à l'enfermer dans l'éthique de la conviction. Alors que ce sont bien davantage les hasards de l'histoire, en tout cas l'histoire concrète, qui l'ont empêché d'exercer durablement le pouvoir. Mais il n'y a pas eu de sa part une volonté de se réfugier dans la posture pure de celui qui toujours refuse le pouvoir, qui se réfugie dans la conviction, et néglige la responsabilité. Tout le mendésisme s'oppose à cette coupure. C'est très rassurant, pour des intellectuels qui restent enfermés dans l'éthique de la conviction opposée à l'éthique de la responsabilité, que de se construire rétrospectivement un Mendès pur, intellectuel, exclusivement dans l'éthique de la conviction. On se l'approprie pour justifier nos propres postures du refus, et des mains toujours propres. C'est très commode, mais très inexact et incorrect vis-à-vis de Pierre Mendès France, et, de surcroît, fondamentalement contre-productif.

Le vrai problème exige de reconnaître l'ambivalence de la politique. Reprenons la définition du pouvoir par Max Weber : le monopole de la violence légitime. La légitimité, quoi de plus beau ? Violence, monopole de la violence, quoi de plus dur ? La politique s'inscrit bien dans cette tension-là. La politique démocratique repose sur cette volonté de pacification, de discussion, de reconnaissance de l'autre, d'apaisement des conflits.
Mais elle implique aussi lutte pour le pouvoir, domination, recherche de *leadership*, travail sur la passion. Donc, arrêtons de n'en voir que l'un des versants que l'on idolâtrerait dans une vision confortable, très confortable, mais fausse, complètement fausse. Paul Ricœur, cité par Robert

Badinter, et Pierre Mendès France ont raison : la politique est une éthique de la politique démocratique, une éthique du respect de l'autre, de l'articulation vie privée, vie commune, du respect de soi, du respect d'autrui, « l'aventure éthique » comme l'a dit aussi Paul Ricœur. Mais Machiavel, Mitterrand n'ont pas tort, la politique est aussi lutte pour le pouvoir, la politique est aussi exercice d'un *leadership,* d'ailleurs voulu par le peuple, la politique est aussi mobilisation des passions.

Opposer un pan à l'autre, comme nous le faisons souvent, voilà qui nous rassure à bon compte. Donc, pensons mieux, et vivons mieux la recherche de la conciliation entre l'éthique de la responsabilité et l'éthique de la conviction, c'est-à-dire, entre éthique et politique.

Souvenirs

*Michel Dreyfus-Schmidt**

Pierre Mendès France a été très tôt ma référence. Il y a aujourd'hui beaucoup de mendésistes, et de plus en plus. Au départ il n'y en avait pas tellement, j'en étais, et c'est pourquoi je suis heureux d'être ici. Ma première référence fut mon propre père, mais la référence de mon père c'était Pierre Mendès France, et c'est donc pour moi très tôt qu'il est devenu ce qu'il deviendra pour beaucoup, ce qu'il restera dans l'histoire, c'est-à-dire la preuve qu'il est possible, dans une démocratie, qu'un homme politique soit rigoureux, droit, loyal, fidèle à lui-même, fidèle à ses idées, fidèle à ses amis, fidèle à ses promesses, à condition bien sûr de ne faire que les promesses qu'il est possible de tenir, c'est-à-dire d'avoir de la morale et de l'éthique.

Je voudrais rappeler simplement quelques souvenirs, pour la plupart personnels, qui peuvent avoir de l'intérêt pour vous parce qu'ils le montreront tel qu'il était. Je disais que je l'ai connu très tôt à travers mon père : mon père avait le même prénom, un double nom, puisqu'on l'appelait comme lui par ses trois initiales (PDS, PMF), ils avaient le même âge ou presque, ils avaient la même origine religieuse, ils avaient fait les mêmes études, ils étaient tous deux avocats, ils étaient avant la guerre dans le même parti et, si je puis dire, dans le même courant du même parti, c'est-à-dire parmi les « Jeunes Turcs » du parti radical, et j'en avais donc entendu suffisamment parler pour, tout jeune, suivre de loin le jeune député, 1940, l'évasion, l'aviateur de la France libre, et la démission dont Robert Badinter a parlé, la première, celle où il avait déjà voulu rester fidèle à lui-même et à son axiome pre-

* Vice-président du Sénat.

mier : « On ne peut pas tout faire à la fois, il faut choisir. » Ce que tout homme politique devrait retenir, car, évidemment, cela reste vrai.
Je l'ai connu ensuite de plus près, et puis enfin de près. J'évoquerai donc ces deux autres périodes. Celle où je l'ai connu de plus près d'abord. J'étais jeune étudiant en droit à Paris. Il y avait eu au sein du parti radical une scission. D'autres Jeunes Turcs, dont mon père ou Pierre Cot, avaient quitté le parti radical au congrès de Lyon, en 1946, parce que Daladier y était revenu. Pierre Mendès France, lui, était resté au parti radical. J'ai conservé, vif, le souvenir d'un débat, en 1950, à l'Assemblée nationale, sur l'Indochine. Pierre Cot, avec le talent qui était le sien, avait essayé de démontrer que quand on veut faire la paix, il faut négocier, et que quand on veut négocier, il faut le faire avec celui contre lequel on se bat, et non pas avec quelqu'un d'autre. Il récusait ainsi la prétendue « théorie Bao Daï » et demandait que ce soit avec Hô Chi Minh qu'interviennent des négociations. À la suspension de séance, j'eus l'occasion d'approcher très modestement et timidement « PMF » en allant rejoindre mon père au pied de la tribune, où Pierre Cot, Pierre Mendès France et lui-même conversaient. J'entends alors Pierre Mendès France dire à Pierre Cot – ils se tutoyaient, et pour cause : « Voilà mon discours. Moi, je ne suis pas comme toi qui t'exprimes sans note. J'écris mes discours. Tu y trouveras des formules mêmes que tu viens d'employer, telle celle-ci, regarde : on ne négocie qu'avec celui contre lequel on se bat. » C'est ce qu'il a appliqué ensuite, quatre ans après, à Genève ; c'est ce qu'il rappellera, plus tard, avec Nahum Goldmann et Philip Klutznick, à propos de la guerre au Proche-Orient et des rapports entre Israël et les Palestiniens. En 1953 – il y a tout de même 44 ans –, j'étais membre de la commission exécutive de l'Union progressiste. J'en ai démissionné parce que les députés progressistes avaient refusé l'investiture à PMF. Ils l'avaient fait parce que PMF avait récusé les voix communistes, ce que je n'approuvais pas, mais, pour moi, l'essentiel était qu'il exerce le pouvoir, et fasse la paix en Indochine. Il a fallu attendre un an de plus, et Cao Bang et Diên Biên Phu, défaites de cette guerre que Pierre Mendès France avait été l'un des premiers à dénoncer, pour que l'on voie, pour que les jeunes voient un homme qui tenait ses promesses, et qui, à la date indiquée par lui – soit le 20 juillet, un mois, jour pour jour, après l'avoir promis le 20 juin –, faire la paix en Indochine.

Il était aussi l'homme qui buvait du lait et qui en faisait boire dans les écoles. Les mauvais esprits imputaient ces pratiques au fait qu'il était député de Normandie. En réalité, c'est vrai qu'il vaut mieux boire du lait que de l'alcool. Et chacun se souvient que c'est lui qui courageusement a porté atteinte aux privilèges des bouilleurs de cru, et ce n'était pas facile. Je me souviens que quelques années après, arrivant dans la Haute-Saône profonde pour soutenir un candidat PSU, alors que nous étions dans le même parti, le candidat, PMF et moi, lorsque je lui ai demandé sa profession de foi et que j'y ai lu qu'il défendait les privilèges des bouilleurs de cru, je m'en suis tout de même étonné. Il m'a répondu : « Tu sais, ici, pays des bouilleurs de cru, il vaut mieux ne pas parler de PMF ! » Le gouvernement de Pierre Mendès France – on l'a dit, on le redira – a eu une vie courte mais intense, il a marqué l'histoire de France d'une manière extraordinaire compte tenu de cette si brève durée. A-t-il si peu duré parce que PMF avait de l'éthique un sens si élevé ? Vous en discuterez, j'imagine. Après ce fut 1956, le Front républicain, avec les professions de foi de tous les candidats socialistes SFIO se réclamant de Pierre Mendès France, l'attente générale de le voir à nouveau président du Conseil au lendemain des élections du 2 janvier 1956. On sait que tel n'a pas été le cas, puis que Guy Mollet est allé à Alger en imitant un peu le voyage à Carthage, mais d'une manière tout à fait différente, parce que PMF quand il est allé à Carthage avec le maréchal Juin n'avait prévenu personne, alors que Guy Mollet avait claironné son arrivée, et l'on sait comment cela c'est terminé. Pour Pierre Mendès France, cela s'est terminé par une nouvelle démission parce que la guerre d'Algérie se poursuivait, et qu'il ne pouvait accepter d'être associé à cette poursuite.

Et c'est dans ces conditions que nous nous sommes retrouvés au PSU : il est venu d'ailleurs à Belfort, avec Jacques Nantet, pour tenir meeting avec mon père qui y annonce sa propre adhésion. Puis en 1964, lorsque j'ai moi-même été amené à quitter le PSU pour une simple raison électorale locale, je suis allé rue du Conseiller-Collignon rendre visite à PMF et l'assurer que je ne le quittais pas lui, il m'a très gentiment dit : « Mais oui, c'est ce que je dis à mes amis, dans tous les partis il y a une Corse et un Territoire de Belfort. » Lors du même entretien, je l'exhortais à se présenter aux présidentielles de 1965. « Il n'en est pas question, m'a-t-il dit, j'ai toujours dit que j'étais contre l'élection du président de la République au suffrage universel, il n'est pas question que je sois candidat. » Je lui ai demandé : « Mais alors, qui ? » Il m'a répondu aussitôt : « François Mitterrand. » Je dois l'avouer : j'ai fait la grimace. Mes souvenirs, à l'époque, de François Mitterrand étaient ceux de la quatrième République, où nous n'étions pas sur les mêmes positions, du moins publiques. J'ignorais les positions qu'il défendait au sein du gouvernement. Ce que m'explique PMF, en ajoutant : « Si ! Je vous assure, dans tous les coups durs il a toujours été du bon côté. »

Et puis 1967 est arrivé. J'ai eu alors le plaisir de côtoyer quotidiennement, chaque jour, le député PSU de Grenoble, apparenté à la FGDS, puisque j'avais moi-même été élu député FGDS du Territoire de Belfort. Cela n'a pas duré longtemps d'ailleurs, du 12 mai 1967 au 30 juin 1968, et pour lui, et pour moi. Mais nous avons eu, à ce moment-là, des rapports étroits, filiaux de ma part, paternels de son côté. J'ai été amené à m'intéresser par exemple à la réforme des experts comptables et à celle des incapables majeurs, simplement parce qu'il avait été demandé à PMF de suivre ces dossiers, et qu'il m'avait demandé de me substituer à lui. J'ai vécu de près évidemment les événements de mai 1968, à l'époque où certains pensaient qu'il y avait des manœuvres Mendès France, alors qu'il y avait un courant Mendès France. Au moment du voyage de de Gaulle à Baden-Baden, le nombre de membres de la majorité de l'époque qui étaient prêts à se rallier à PMF était tout à fait extraordinaire, mais cela n'a duré que jusqu'au retour du général de Gaulle. J'ai revu Pierre Mendès France en 1981. Je suis allé le revoir, chez lui. Nous avons fait le tour de la situation, après cette photo dont vous vous souvenez tous, de l'accolade à l'Élysée. Il portait des jugements sur tel ou tel ministre auquel manquait, selon lui, la pratique du contact direct des électeurs et avec les militants.

J'ai été amené à le recevoir au Sénat, le mercredi 13 octobre 1982, Marie-Claire se souvient : c'était, mais nous l'ignorions, cinq jours avant sa mort, le lundi 18. À l'époque, j'étais président de la section française du Congrès juif mondial, qui avait organisé, au Sénat, un hommage à Nahum Goldmann, décédé lui-même peu avant. Il y avait dans la salle Ibrahim Sartawi qui avait été invité par la secrétaire de Nahum Goldmann. Il y avait aussi dans la salle de nombreux diplomates israéliens, en particulier le ministre plénipotentiaire. La dite secrétaire est venue me remettre un message de Sartawi rendant hommage à Goldmann pour ses efforts pour rapprocher les deux peuples. Il ne disait pas lesquels : le nom d'Israël n'y figurait pas. Je devais le lendemain, au téléphone, le lui faire remarquer. Il me répondit que c'était de la sémantique. Toujours est-il que j'avais en mains ce message. Sartawi était là pour rendre hommage à Nahum Goldmann. En tant que président j'étais un peu ennuyé. Je me demandais comment agir au mieux. J'ai demandé son avis au président Mendès France, et je me souviens qu'il m'a répondu : « Ah, ce n'est pas facile d'être président ! » Finalement, j'ai fait part de ce que Sartawi était là, m'avait remis un message dont j'ai résumé la teneur, en ajoutant qu'il serait publié par la suite. La présence de PMF à cet hommage prenait place dans ses efforts constants pour la paix, toujours avec cette rigueur, cette loyauté, ce souci de l'homme qui le caractérisaient.

Pour conclure, je voudrais ajouter que j'ai toujours eu un lien permanent avec lui : lorsque j'étais, toujours de manière courte, en vacances d'été, je lui envoyais chaque fois une carte postale. Chaque fois j'éprouvais ensuite une grande confusion parce qu'à cette carte postale – et il ne le faisait pas seulement à mon égard, il le faisait à l'égard de tous –, il répondait par une lettre. Et ça, c'était tout Pierre Mendès France.

Dans le miroir de Zola
Pierre Mendès France et la notion de justice républicaine

*Olivier Ihl**

Lorsque la force de la vertu cesse, la République est une dépouille, et sa force n'est plus que le pouvoir de quelques citoyens et la licence de tous.

Montesquieu

Le 9 mai 1941, Pierre Mendès France fut condamné par le tribunal militaire de Clermont-Ferrand à six années d'emprisonnement, à la perte du grade et à la privation des droits civiques. Accusé de désertion, il fit l'objet d'un procès qui accumula, Jean-Denis Bredin et Jean Lacouture l'ont montré, tous les dénis de droit.

Quinze ans plus tard, en septembre 1956, le même homme vint prononcer un hommage dans la maison d'Émile Zola[1]. Cette visite fut pour lui l'occasion de revenir sur un autre guet-apens judiciaire : la condamnation du capitaine Dreyfus. C'est ce discours que je souhaiterais interroger, persuadé qu'il peut aujourd'hui encore nous éclairer sur ce que Mendès France appelait une « République éternellement révolutionnaire », plus précisément, sur la conception de la justice républicaine à laquelle, de par sa vie, de par ses convictions, sa figure politique s'est finalement identifiée.

Le sabbat judiciaire

Le parallèle entre les deux procès est éloquent : un prétoire envahi par une foule hostile, des officiers en grande tenue faisant parade devant des

* Professeur à l'Institut d'Études politiques de Grenoble.

juges qui se livrent à une chasse aux sorcières, des procédures bâclées et unilatérales. Au point qu'on en vient à croire à une sorte d'accord intime entre ces deux scènes de persécution. Un accord, c'est-à-dire, d'une part, une conformité de sentiments : un jeu de passions politiques qui pousse à prononcer une condamnation en l'absence d'éléments concrets de culpabilité, d'autre part, une harmonie (je ne dis pas une identité) de motifs, sinon de mobiles : en 1894 comme en 1941, la haine du juif invite moins à savoir qu'à démontrer ; c'est pourquoi elle s'exaspère dans la recherche d'une responsabilité indissociablement morale et pénale, une responsabilité qui incite à se détourner de l'enchaînement des faits, sinon à taire les manquements de l'instruction.
Ce qui explique cette parenté profonde, c'est sans doute la conviction que Zola comme Mendès France ont partagée : l'idée qu'il ne peut y avoir de justice républicaine que si les droits de l'homme s'inscrivent non pas à côté, non pas en surplomb, mais au cœur même de la procédure pénale. De cette procédure qui, en France, est par tradition inquisitoire et presque exclusivement fondée, depuis les grandes réformes du dix-huitième siècle, sur la notion cardinale d'ordre public. Or, le discours de Mendès sur Zola plaide pour une autre justice. Une justice conçue comme un droit civique. Au principe de l'ordre public (et, *in fine,* de ceux qui ont pouvoir sur eux de le maintenir), elle oppose un autre référent : je veux parler de l'honneur. Non pas l'honneur d'une morale de caste ou de la justice seigneuriale, l'honneur chatouilleux et quelque peu théâtral de la pratique du duel par laquelle on se faisait justice soi-même mais ce que l'on pourrait appeler le *point d'honneur civique.* Après tout, c'est lui qui permit à Zola d'affronter les assises et la condamnation, avec un courage – Mendès le note comme une trouvaille et s'enthousiasme – qui s'appuyait sur le sentiment invincible de la pitié. Lui encore qui inspira au condamné de Clermont-Ferrand sa lettre au maréchal Pétain au lendemain de la décision du tribunal militaire :

> *Alors, Monsieur le Maréchal, quelle doit être mon attitude ? J'ai supporté patiemment neuf mois de prévention, j'ai subi des attaques de presse atroces auxquelles il m'a été interdit de répondre. J'ai épuisé les voies de recours judiciaires qui m'étaient ouvertes, voulant croire jusqu'au bout aux tribu-*

> *naux de mon pays. Je me suis trompé. Ils m'ont condamné alors que je sais invinciblement n'avoir commis aucune faute. Il serait au-dessus de mes forces de m'incliner devant leurs décisions : ce ne sont pas des décisions de justice. En conscience, je ne suis pas tenu de leur obéir.*
> *Il est, certes, interdit de se faire justice à soi-même, mais à condition de trouver dans les institutions, le moyen de faire reconnaître son bon droit et de défendre son honneur.*
> *Je ne peux accepter l'infamie d'un verdict de flétrissure proclamant que j'ai failli à mon devoir élémentaire de Français à l'heure où la Patrie était en danger. Je ne peux laisser affirmer mon déshonneur sans user du seul moyen de protestation qui me reste, le plus solennel, le plus éclatant : je reprends une liberté à laquelle je n'ai pas cessé d'avoir droit*[2].

Les envoûtements de la logique

Si l'évasion fut le seul moyen de défendre un honneur bafoué par les institutions de la justice, la preuve est faite que dans certaines circonstances, il faut en appeler à une valeur supérieure aux lois de l'État (fût-il celui de la Révolution française et des Déclarations des Droits). Pour suppléer au silence et aux insuffisances des hommes, il faut invoquer non la justice de la République mais la justice républicaine. C'est là un point d'honneur que Mendès défendit au nom de l'humanité tout entière.
Il est vrai que, pour lui, est juste non pas ce qui est utile, non pas ce qui est légal mais ce qui est vrai. Il le dira en arrivant, un peu intimidé, dans la maison prestigieuse de Zola : « La grande ombre qui plane dans ces lieux n'avait qu'une passion, celle de la lumière. » Ce que le romancier inspire à Mendès, c'est donc d'abord une certitude : la cause de la justice, c'est celle de la vérité, même si les deux vocations ne se confondent pas. La vérité : le mot semblera bien emphatique. Il désigne pourtant une réalité toute simple. La vérité, c'est le souci de l'exactitude, celui dont le romancier empruntait l'assurance au positivisme, notamment à l'œuvre de Littré. Mendès défend le même point de vue lorsqu'il affirme avec aplomb : « L'objectivité possède cette force convaincante et moralisatrice

qui, tôt ou tard, impose la réforme. » Si le Zola naturaliste, celui notamment de *l'Assommoir,* mérite pour cela la gratitude, celui de l'Affaire appelle, en revanche, un sentiment plus élevé : la sympathie.
Le Zola qui rédigea le célèbre *J'accuse,* celui qui « marcha joyeux sous les huées » et surtout se tint coûte que coûte à son credo : « Tout dire pour tout guérir », c'est ce Zola, le grand citoyen. Car la vérité, les deux hommes en sont convaincus, n'est pas qu'affaire de logique et de raisonnement. Comment l'ignorer ? Le sabbat judiciaire a toujours une préoccupation obsessionnelle de la preuve. Dans sa façon de recueillir les « bons » témoignages, d'esquiver le doute, de combler les lacunes documentaires, de définir la fiabilité d'une affirmation, il est en quête d'une logique imparable des actes et des pensées. D'une suite ordonnée de « raisons » dont, détenteur de la vérité, le juge va raviver l'éclat et reconstituer la trame. C'est par cet envoûtement que la possibilité deviendra assertion de fait. En un mot, que l'innocent sera condamné.
Aussi, Mendès se déclarera-t-il frappé de ce que tout part chez Zola de l'émotion que suscite le spectacle de la dégradation d'un homme : le déchaînement de « tous contre un qui crie son innocence ». Dans ces situations, qu'elles soient d'hier ou d'aujourd'hui, la justice ne pourra renoncer à être d'abord un « élan du cœur ». Et, la vérité, une conscience aiguë de la souffrance de l'autre. C'est par elle que la capacité d'indignation existe toujours, par elle que « l'âme habituée », ce pli du conformisme et de l'indifférence dont parle Péguy avec horreur, est finalement tenue en lisière, par elle enfin qu'à ses confins dispersés, peut surgir le feu de la protestation et de la révolte.

Le point d'honneur civique

Pour Mendès France, la justice ce n'est pas seulement les institutions de la justice. C'est plus largement une sorte de foi sans temple ni dogme, un ensemble de normes absolues et universelles puisque constitutives de l'exigence morale qui en assure le réveil périodique. Par quelles modalités peut-elle s'énoncer ? Par la reconnaissance *du droit aux droits de l'homme.* Je n'évoquerai pas ici toutes les conséquences de ce qui apparaît au sens propre comme une *pétition de principe,* notamment les plus techniques (qu'il s'agisse de l'autonomie de la règle par rapport au champ politique ou du statut des pénalistes dans la hiérarchie des professions judiciaires ou encore de la modification du code de procédure qui permettrait d'interdire les ordres de classement pour les magistrats du parquet et les instructions ministérielles dans la conduite des affaires individuelles). En fait, je n'évoquerai que deux points qui me semblent montrer combien, pour Zola comme pour Mendès, la politique pénale ne consiste pas à arbitrer des différends politiques ou à gérer des populations délinquantes mais à défendre un point d'honneur : celui-là même qui fonde la justesse des décisions de justice.

Inscrire les droits de l'homme au cœur de la procédure judiciaire, c'est d'abord équilibrer les moyens des parties prenantes. Entre l'accusation et la défense, il faut une égalité de ressources et d'action. L'injustice, c'est d'abord le déséquilibre des plateaux de la balance. Aux ordres de Vichy, le juge d'instruction du tribunal militaire de Clermont-Ferrand, le lieutenant-colonel Leprêtre, a pu dissimuler des documents, surveiller les avocats, interroger en secret, congédier des témoins, en somme, préparer une condamnation en l'absence de tout contrepoids. Pourquoi ? Parce qu'il avait une telle liberté de manœuvre qu'il n'hésita pas, selon l'expression, à « reconstituer les faits ». Et de toutes pièces. À juger l'histoire. Pire, à juger au nom de l'histoire, ce qui – on le sait – n'est jamais gage d'une justice véritable. C'est exactement ce qui faisait l'iniquité de la procédure criminelle avant 1789 : l'accusé n'avait pas, au terme de l'ordonnance de 1690, de droit à la défense, pas de contact avec un avocat, ni de connaissance de son chef d'accusation. Quant aux interrogatoires, ils étaient consignés par les hommes mêmes qui avaient à le juger. Reconnaissons que le débat reste aujourd'hui d'actualité, notamment avec l'exigence de doter le parquet d'un statut identique à celui des magistrats du siège ou de séparer les fonctions d'enquête et d'instruction et les fonctions proprement juridictionnelles. Pour rendre la loi égale pour tous, ne faut-il pas que la justice soit un « pouvoir » et non une « autorité », qu'elle soit impartiale et donc indépendante ?

Il convient également – c'est le second point – que la justice soit l'affaire de tous. Or, celle-ci reste trop souvent synonyme de vengeance légale. Rappelons-le avec Hegel : si la vengeance peut parfois être juste, elle n'est pas la justice. La vengeance met en rapport des individus alors que la justice érige la moralité particulière en moralité de tous. C'est d'ailleurs ce qui fait que l'équité n'est pas affaire de nombre ou de puissance. Lorsque Voltaire prend fait et cause pour Calas, ce n'est pas une personne qu'il décide de défendre. C'est une figure de l'humanité déchue de ses droits et, partant, une cause d'intérêt public. C'est pourquoi la justice doit être enseignée. Et pas simplement par une modeste journée « portes ouvertes ». Les révolutionnaires ne s'y étaient pas trompés. Que l'on songe à la complémentarité de la Déclaration des droits de l'homme et du code pénal rêvée par Michel Le Peletier de Saint-Fargeau ou Adrien Duport : pour eux, la justice est d'abord affaire d'éducation car seule « l'éducation peut arracher au crime jusqu'à la réduction du besoin ».

Une critique républicaine de la République

Comment ne pas reconnaître, en définitive, que rien n'est moins naturel que le sentiment d'injustice ? En 1894-1898 comme en 1941, l'épreuve fut cruelle pour ces hommes traqués en raison de leurs opinions ou de leur confession. La seule réponse possible, c'est d'élever la compétence juridique des justiciables, grâce au système scolaire. De permettre aux citoyens de comprendre par eux-mêmes ce qui se déroule dans l'univers judiciaire. L'exiger, ce n'est pas croire, selon la formule de Rousseau, que « les hommes pourraient être avant les lois ce qu'ils doivent devenir par elles-mêmes ». Ce serait là pure utopie. La leçon que laisse le Mendès du discours de septembre 1956 tient à une formulation que l'on trouvera au contraire infiniment réaliste. Que dit-il ? Que les droits de l'homme tirent leur crédit d'une inlassable vigilance de la raison publique. Parce que l'État sans éthique n'est rien, que l'autorité de la chose jugée n'a aucune valeur face à l'innocence d'un homme injustement condamné, il faut apprendre à chacun combien l'innocence bafouée n'est jamais celle d'un homme, celle de l'intéressé lui-même. C'est celle de tous les hommes parce qu'elle concerne chaque conscience, qu'elle est l'application d'une loi derrière laquelle chacun peut un jour trouver abri.

Voilà ce qui caractérise non pas la justice *de* la République ou *sous* la République – comme si des lettres de majuscules ou l'inscription d'une devise au fronton des monuments suffisait à garantir l'équité du jugement – mais voilà ce qui caractérise la notion de *justice républicaine.* Le procès Mendès, le procès Dreyfus, le procès Zola en ont traduit, chacun à sa manière, la mise en accusation publique. C'est ce qui fait leur intérêt aujourd'hui. Apprendre que nous pouvons être notre propre Bastille. Que dans cette forteresse, celle de la résignation et des foules solitaires, nous tenons les autres prisonniers de notre captivité. N'est-ce pas d'abord cela l'enseignement que nous délivrent ces sombres affaires ? Le goût puis l'habitude de considérer l'autre à l'image de soi, en un mot, la pratique quotidienne de l'universalité : n'est-ce pas là leur enjeu véritable, celui que révèle un conflit essentiellement politique entre deux conceptions de l'Homme et de la Cité, l'une universelle, l'autre particulariste, dont – il faut le constater avec le visiteur de la maison Zola – « nous sommes toujours témoins, toujours parties, toujours victimes » ?

---

1. On en retrouvera la transcription dans son recueil *La vérité guidait leurs pas* (Paris, Gallimard, 1976), pp. 73-82. [notes de l'auteur]
2. Cet extrait est tiré de la lettre de quatre pages adressée au chef de l'État que Pierre Mendès France laissa dans la cellule de sa prison avant son évasion, le 9 mai 1941. Le fac-similé de ce document est reproduit *in extenso* dans *Liberté, liberté chérie* (Paris, Fayard, 1977).

Pierre Mendès France et les partis politiques sous la quatrième République

Volonté de rénovation et morale démocratique

Yohei Nakayama *

Les témoins et les historiens ont beaucoup dit et écrit au sujet de Pierre Mendès France et de sa tentative de rénovation de la politique française, au point qu'il semble qu'il n'y ait plus rien à ajouter. Pourtant, en tant qu'historien et analyste politique qui travaille sur les partis politiques sous la quatrième République, dont le parti radical sous la direction de PMF, j'espère pouvoir vous proposer un autre point de vue permettant de mieux comprendre un aspect de l'itinéraire original et mouvementé de l'ancien président du Conseil.

Pierre Mendès France et les partis politiques : une attitude changeante

À partir du milieu des années 1950, Pierre Mendès France n'a jamais cessé de lutter pour la rénovation de la politique française. Comme l'ont bien montré Paul Leroy et Jean-Louis Quermonne dans le colloque de 1989[1], PMF a sous-évalué le rôle des institutions par rapport aux mœurs politiques lorsqu'il envisageait un remède au dysfonctionnement du régime existant. En effet, les mœurs politiques ne peuvent se concevoir séparément des partis politiques, au moins dans le cadre du régime parlementaire auquel il tenait absolument.

---

* Maître de conférences à la faculté de droit de l'université de Tokyo.

Or, quand on compare ses différentes tentatives pour la rénovation politique, on est impressionné par son attitude très ambiguë et changeante vis-à-vis des partis.

On dit que lorsqu'il était au pouvoir en 1954-1955, il a gouverné « contre les partis[2] ». Il est bien connu qu'il s'est refusé à négocier avec leurs états-majors lors de la formation de son gouvernement. Comme le président Auriol l'a souligné au moment de l'investiture manquée de Mendès France en juin 1953, c'était en cherchant « la solution par une cassure des partis[3] » que PMF voulait alors obtenir une nouvelle majorité soutenant ses projets gouvernementaux (paix en Indochine, reconversion économique). Au parti socialiste SFIO et au MRP, l'hostilité vis-à-vis du président du Conseil était très vive, du fait que les dirigeants de ces deux partis considéraient sa manière de diriger comme une manœuvre visant à casser la discipline de leurs partis, voire à nier le concept même de parti[4]. D'où l'allusion erronée à ses affinités, sur ce point, avec Charles de Gaulle[5].

Par contre, au moment de la rénovation du parti radical, Pierre Mendès France a cherché à faire de cette vieille ossature un parti moderne avec une masse d'adhérents, à l'image du parti socialiste SFIO[6]. À la Place de Valois, il s'est fait « homme d'appareil », s'occupant en personne de diverses affaires d'organisation et d'administration du parti[7]. Pendant quelques mois avant sa démission de la vice-présidence du parti radical, en mai 1957, il a cherché à imposer la discipline partisane aux députés et ministres dissidents au nom des militants[8]. La rupture avec sa pratique gouvernementale de 1954 ne saurait être plus évidente.

De tous les points de vue, on pourrait dire par conséquent que son engagement partisan profond lors de la rénovation du parti radical tranche clairement avec sa manière de passer par-dessus les partis pendant son gouvernement. Or, la plupart des commentaires sur l'itinéraire politique de l'ancien président du Conseil négligent ce contraste, en prétendant que le style et les idées politiques qu'il a manifestés lors de son gouvernement n'ont jamais cessé de l'orienter tout au long de sa carrière politique[9].

Il est vrai qu'après l'échec du PSA puis du PSU, auxquels il avait adhéré en espérant redonner un vif dynamisme à la gauche anti-gaulliste, il s'est abstenu de s'engager ouvertement dans un parti. Il s'est alors limité à un rôle d'animateur un peu détaché du rassemblement des gauches non communistes, ce qui confirme l'impression qu'il ne fut jamais un homme de parti[10].

Pourtant, il n'est pas juste de mettre la tentative radicale entre parenthèses comme si elle était une dérive temporaire ou une erreur tactique[11]. Ses discours et interventions fervents au Bureau ou au Comité exécutif du parti radical ne permettent pas de mettre en doute son engagement partisan et militant de cette époque-là[12]. PMF s'est rallié sincèrement à la conception des « partis organisés », que Maurice Duverger nommait « partis de masse[13] », des partis qui sont appuyés sur la discipline de vote et sur le contrôle par les militants.

Pierre Mendès France, homme d'État de la troisième République ou homme de parti ?

Alors comment pouvons-nous comprendre cette évolution de son attitude vis-à-vis des partis ? Pourtant clairement conscient de ce problème, Jean-Louis Rizzo ne nous fournit pas de réponse satisfaisante : il se contente de dire que l'opération lui était nécessaire pour revenir au pouvoir[14].

Remarquons tout d'abord que, si nous cherchons à comprendre la tentative radicale comme une émanation des idées ou de la culture politiques de Mendès France, nous ne trouverons que des contradictions dans ses deux entreprises de rénovation, ce qui nous amènera à des conclusions fausses.

Depuis l'article publié par Claude Nicolet en 1983, « Mendès France, le(s) mendésisme(s) et la tradition républicaine[15] », on souligne souvent à juste titre que Mendès France était un homme d'État formé par la culture politique – surtout radicale – héritée de la troisième République. Certes, ce point de vue est très efficace pour comprendre ses attitudes d'avant 1955 à l'égard des partis. Ainsi son gouvernement n'entend-il que « remettre en vigueur les conceptions des fondateurs de la troisième République », en redonnant à l'exécutif ses propres prérogatives au détriment des états-majors de partis[16]. De fait, au contraire de la plupart de ses contemporains, le PMF de cette époque n'accordait pas aux partis une place privilégiée. L'appartenance au parti radical n'avait pas d'importance pour lui, et elle ne l'influençait pas dans ses actions politiques d'une manière significative[17]. Ses discours mentionnaient très rarement la notion même de parti. Dans sa conception du régime parlementaire, il n'existait que trois choses : la nation (les électeurs), les députés qui constituent le Parlement, et le gouvernement[18].

Cependant, les choix politiques que PMF a faits après la chute de son gouvernement ne s'expliquent pas par cette hypothèse de travail, bien au contraire. Car dans la culture politique classique de la troisième République, les partis à l'Assemblée devaient être des « partis d'opinion » tels que Georges Burdeau en fit l'éloge en 1949. À l'opposé des « partis de masse » ou des « partis organisés », qui dominaient sous la quatrième République, les « partis d'opinion » permettaient au gouvernement de garder sa liberté d'action, et aux citoyens de former librement leur opinion, sans les contraindre par le dogmatisme ou la rigidité. Notamment, en n'imposant aucune discipline, ils laissaient aux députés leur indépendance de pensée et de décision[19]. Le contraste avec la discipline plus ou moins stricte des « partis organisés » est tout à fait évident. Dans ces conditions, comment fut-il possible pour PMF d'accepter la conception de « partis organisés » tout en conservant sa culture républicaine de la troisième République ?

Pour ma part, il me semble qu'il vaudrait mieux commencer par reconnaître franchement son pragmatisme vis-à-vis des partis[20]. En retraçant son itinéraire politique, il faudrait constater ceci : pour lui, les partis politiques, dont le parti radical, n'étaient que moyens ou outils servant à réaliser ses projets de rénovation ; ils n'entraient pas dans le domaine des problèmes doctrinaux, mais dans celui des stratégies à choisir selon les circonstances. S'il a, parfois, nié tout rôle positif à des partis, il a donc aussi, parfois, fondé son projet sur les partis.

À nos yeux, pourtant, cette flexibilité de Mendès France à l'égard des partis se comprend d'autant plus mal quand on l'oppose à son obstination acharnée à maintenir le principe du parlementarisme. Car ce sont les types de partis qui donnent sa substance au parlementarisme. Ainsi le concept de parti – quel que soit son contenu – est-il normalement inséparable de celui de parlementarisme. Tel était l'avis, par exemple, d'André Philip, un des futurs amis de Mendès France[21]. C'est pour cette raison qu'il n'a pas du tout compris PMF en octobre 1954, et qu'il lui a reproché de prétendre former un gouvernement de personnalités sans aucun contrôle des partis : « Le président du Conseil gouverne avec l'appui d'une opinion publique fanatisée par la radio et par la presse. Ce sont les mêmes méthodes gouvernementales que sous de Gaulle.[22] » Pour lui comme pour ses camarades socialistes, gouverner de cette manière contre les partis était le signe d'un prétendant au pouvoir personnel qui était sûrement ennemi du régime parlementaire.

Une morale démocratique en action

Mais il faut ajouter tout de suite que le pragmatisme (stratégique) de PMF vis-à-vis des partis ne signifie en aucun cas un opportunisme ou un quelconque machiavélisme politicien. Bien au contraire, ses attitudes à l'égard des partis ont été déterminées en fonction d'une sorte de principe auquel il se référait à chaque occasion, principe placé au-dessus de tel ou tel arrangement institutionnel. Nous pourrions l'appeler sa « morale démocratique ». Cette morale lui commandait de toujours chercher à donner à la nation souveraine plus de voix, à établir le lien (ou le contact) le plus étroit possible entre les élus ou le gouvernement d'un côté, et la nation de l'autre, dans le cadre du régime parlementaire. Par exemple, c'est cette morale qui l'a incité sans cesse à promouvoir le retour au scrutin d'arrondissement, car ce système électoral permettait, d'après lui, aux députés d'être « en contact intime et quotidien avec leurs mandants[23] ». Et, en ce qui concerne les partis politiques, sa morale démocratique lui a dicté de les refuser si des partis oligarchiques formaient un « écran [qui] s'interpose entre les institutions et le peuple[24] ».

C'est exactement ce qu'il a mis en pratique au moment de ses expériences gouvernementales. De 1953 à 1954, le Parlement et l'ensemble du régime se trouvaient dans une situation de plus en plus bloquée à cause des partis, trop rigides et trop fermés. À la suite des querelles partisanes causées par de multiples clivages croisés, tels que la Communauté Européenne de Défense (CED) et la laïcité, il était de plus en plus difficile de trouver une majorité stable et viable dans le Parlement. C'est dans ces conditions qu'en mai 1953, la candidature de Mendès France à la Présidence du Conseil a allumé l'espoir d'une recomposition, en suscitant des sympathies au-delà de ces clivages.

En effet, à la SFIO comme au MRP existait un fort courant en faveur du programme et du style de Mendès France, au moins en mai 1953. Au sein du MRP, il représentait une sorte de drapeau pour le rassemblement de l'aile gauche qui s'opposait à la direction du parti, tant à sa politique économique et financière conservatrice qu'à son attachement excessif à la CED[25]. À la SFIO aussi, en juin 1953, les sympathies étaient grandes parmi la majorité des députés socialistes pour cet « homme de gauche » au « ton nouveau », même si s'exprimaient des inquiétudes relatives à son programme économique et financier dont il n'avait pas précisé le contenu dans son discours d'investiture[26].

Cependant, les états-majors des partis organisés étouffèrent cette possibilité de recomposition en renforçant le contrôle vis-à-vis des parlementaires et militants favorables à Mendès France.

Dès juin 1953, la direction de la SFIO s'opposait en vain à ce que le groupe socialiste vote l'investiture de Mendès France. À ce moment-là, le parti était en train de préparer le lancement d'un mouvement du rassemblement de la gauche non communiste, qui serait baptisé plus tard « Front Démocratique et Social ». Guy Mollet craignait alors que le député radical ne s'empare de l'initiative de ce rassemblement : « L'expérience actuelle [de Mendès France] va tuer l'idée même du regroupement. Un semblable rassemblement devrait se faire dans l'esprit du parti [...]. L'échec de cette politique sera interprété comme l'échec du regroupement que nous voulions faire[27]. » Quand le problème de la participation au gouvernement Mendès France se posa, de juin à décembre 1954, la majorité du parti reprit des arguments soulevés l'année précédente pour justifier le refus, au lieu de mettre en avant ses inquiétudes sur la CED[28].

De son côté, le centre national du MRP restait si obstinément attaché au maintien en Indochine et à la ratification du traité sur la CED qu'il était prêt à empêcher à tout prix une recomposition de majorité qui risquait de mettre ces deux points en danger. Après l'investiture manquée de Mendès France, André Colin, secrétaire général, ne se contenta pas de manifester sa sympathie aux députés qui s'étaient abstenus – donc contre la discipline de parti –, il critiqua aussi la majorité du groupe parlementaire qui avait décidé de voter l'investiture[29]. Par la suite, la direction du mouvement ne cessa jamais de s'opposer, au nom de la CED, à ses parlementaires de gauche qui insistaient pour que le MRP participe à un regroupement autour d'une politique économique et sociale de gauche[30].

Pierre-Henri Teitgen, André Colin et Robert Lecourt répliquaient à chaque objection de l'aile gauche de la manière suivante : le regroupement « de gauche » devait et pouvait être fait avant tout autour de l'idée européenne. À la « gauche "abstraite" » (c'est-à-dire, impossible à réaliser), telle que Mendès France entendait la rassembler autour de son programme économique et financier, ils opposaient leur « gauche européenne », qu'ils nommaient aussi « gauche "réelle" » ou « courageuse[31] ». La grande cause européenne était ainsi indispensable au MRP de l'époque pour renouveler son étiquette de « gauche » sur l'échiquier politique, étiquette complètement usée par le soutien que ce parti avait continûment apporté aux politiques conservatrices depuis 1952.

De plus, dès son élection à la présidence du MRP, en mai 1952, Pierre-Henri Teitgen avait fait du thème européen le premier moteur de la propagande du mouvement[32]. Il est vrai que cette stratégie visant à faire du MRP « un parti européen » s'avéra très efficace également pour redonner de la vitalité à la base du parti[33], car « les militants du MRP partageaient une sorte de mystique européenne[34] ». Cependant, Robert Buron ne tarda pas à alerter Pierre-Henri Teitgen des dangers de cette stratégie qui allait aboutir, à son avis, à « une gauche molle, européenne, mais sans efficacité et qui se déconsidérera et aboutira à la rupture avec l'opinion[35] », car les militants « étaient sur beaucoup de points, sur l'Europe comme sur la politique sociale, très en avance sur l'électorat[36] ».

De la sorte, il était évident, *aux yeux de Mendès France*, que les états-majors des partis organisés, soucieux de maintenir et de renforcer leurs troupes, et éloignés de la volonté de l'opinion, bloquaient une possible recomposition envisagée par lui. Pour notre part, nous y voyons la rivalité de leurs propres projets de recomposition avec la vision rénovatrice de Pierre Mendès France. D'où sa stratégie, en 1953-1954, consistant à mobiliser directement l'opinion publique[37], pour faire sauter la mainmise sur le Parlement des directions des partis organisés. Vous connaissez la suite de cette tentative. Il est clair, d'ailleurs, que sa façon de diriger le pays, souvent qualifiée de « gouvernement d'opinion », constituait déjà une rénovation par rapport au gouvernement fait et défait dans les couloirs de la « Maison sans fenêtres ». Son passage au pouvoir a bien servi, du moins, à rétablir le contact entre le gouvernement et le pays, contact auparavant « coupé », dans le sens où l'entendait PMF, par le barrage des partis.

C'est la même morale démocratique qui a également orienté sa tentative au sein du parti radical, en 1955-1957. Après la chute de son gouvernement, PMF a complètement changé d'opinion à propos des partis politiques. Le grand discours d'Évreux, daté du 22 juillet 1955 – donc deux mois et demi après la salle Wagram –, permet de mesurer son évolution. Avant, les partis n'étaient pour lui « que des factions, [...] dans la mesure où, cessant d'exprimer les sentiments des masses, ils deviennent les instruments d'oligarchies et des clans[38] ». Mais désormais il était persuadé qu'une certaine rénovation interne pourrait les transformer en instrument très efficace pour la rénovation démocratique du régime parlementaire. « Le rôle et le devoir des hommes d'État et des partis politiques consistent à être à la fois les agents et les instruments de cette mobilisation de la volonté populaire[39]. »

Pierre Mendès France et les mendésistes

Comment ce revirement a-t-il eu lieu ?

Malheureusement, dans ses archives, il n'y a pas de traces qui permettraient de répondre à cette question[40].

La plus facile des hypothèses plausibles consisterait à attribuer sa conversion aux influences ou aux demandes de ses collaborateurs. En effet, le compte rendu de son entretien du 6 mai 1957 avec l'équipe de *l'Express*[41] nous montre combien les avis de Jean-Jacques Servan-Schreiber et de ses amis pouvaient compter pour les choix stratégiques de l'ancien président du Conseil.

Il est vrai, d'ailleurs, que même s'il existait plusieurs groupes distincts, parfois concurrents, parmi les mendésistes qui ont suivi Mendès France à la place de Valois, la plupart d'entre eux souhaitaient fortement que le parti radical se transforme en parti moderne, discipliné, au programme cohérent et comptant une masse de militants.

Les jeunes mendésistes du club des Jacobins faisaient souvent l'éloge du rôle des militants dans la rénovation des partis et de la démocratie française[42], et certains d'entre eux ont travaillé pour fournir au parti une armature moderne d'organisation et de propagande, ainsi qu'une doctrine. Il en va de même pour les deux militants radicaux ralliés au mendésisme, Roger Humbert et Paul Anxionnaz[43]. *L'Express,* lui aussi, n'a pas cessé d'inciter le parti radical à avoir un programme clair et cohérent ainsi qu'une discipline parlementaire[44]. Même si Jean-Jacques Servan-Schreiber et Françoise Giroud étaient indifférents à la vie intérieure du parti radical et n'y sont intervenus qu'épisodiquement[45], peut-être à cause de leur mépris vis-à-vis des « comitards » radicaux, Brigitte Servan-Gros, sœur du fondateur de *l'Express,* était une des mendésistes les plus impatientes de voir le parti radical devenir un « parti organisé ». Non seulement elle lança et dirigea un nouveau comité parisien pour se consacrer à la campagne de recrutement, surtout parmi les jeunes, mais elle fit aussi au premier vice-président de nombreuses propositions relatives à l'organisation du parti, propositions qui s'inspiraient, dans la plupart des cas, de celle de la SFIO[46].

Ce sont ces « mendésistes » qui ont exercé, au Bureau et au Comité exécutif du parti, entre février et avril 1957, une pression de plus en plus forte sur Mendès France – qui s'était, dans un premier temps, montré assez réticent – pour que s'établissent à l'intérieur du parti une discipline de vote plus ou moins rigide et le contrôle sur les parlementaires[47]. Il faut rappeler également qu'au début de l'expérience radicale, Mendès France avait une fois rejeté la discipline de vote[48], « parce qu'il [était] authentiquement un radical, mais aussi parce qu'il lui [fallait] rassurer le courant orthodoxe[49] ».

Pourtant, on ne peut en aucun cas soutenir la thèse d'une OPA menée sur Mendès France par les mendésistes, et encore moins par *l'Express.* Si l'ancien président du Conseil devait penser à satisfaire les vœux et passions des divers « mendésistes », en adaptant sa stratégie de rénovation politique, c'est PMF lui-même qui a aiguillé le mouvement « mendésiste » d'une tentative de rénovation (du gouvernement) vers l'autre (du parti radical).

Le rôle moteur des militants, un rêve issu de la Libération

Une question demeure donc : pourquoi Pierre Mendès France, homme d'État de la troisième République, a-t-il pu ou voulu accepter, certes non sans difficultés, la discipline et le monolithisme des partis organisés ?

Ses discours d'après le Congrès de Wagram montrent que c'est parce qu'il a redécouvert le rôle potentiel des militants à l'intérieur des partis[50]. On me pardonnera de citer ici assez longuement des passages plutôt peu connus de son discours sur la démocratie à l'intérieur des partis[51].
PMF sait désormais que « dans beaucoup de partis, on distingue la masse, les militants, la base et d'autre part, les dirigeants ou [...] les professionnels ». Selon lui, les militants peuvent servir de trait d'union liant organiquement le pays et les élus : « Les militants aident à maintenir le contact avec la nation. » S'ils sont suffisamment nombreux et dynamiques, on peut espérer qu'ils pénètrent dans les masses pour absorber leurs aspirations et mécontentements, c'est-à-dire leur volonté, et qu'ils les transmettent aux dirigeants et élus du parti, voire au gouvernement par leur intermédiaire. Mais pour que les militants puissent remplir cette tâche, ils doivent être suffisamment puissants à l'intérieur du parti, afin que « les députés et les sénateurs reçoivent de leurs partis des directives qui reflètent bien les sentiments de leurs mandants ». « C'est pourquoi le contrôle souverain des militants dans les partis est indispensable », dit-il. Avec ces conditions sur la dynamique intérieure du parti, PMF en est arrivé à reconnaître que « le fonctionnement normal des partis dans notre régime [...] est une condition du jeu régulier des institutions ».
En premier lieu, on peut dire qu'à ce moment-là, il s'est rallié au concept de la démocratie parlementaire en tant que régime des partis, surtout des partis organisés. Ce qu'il entend faire en 1955, c'est renouveler le régime parlementaire en transformant en « parti moderne » un parti des « intérêts organisés ». Ce type de parti dans lequel des « féodalités » tiennent la « machine » est symbolisé, dans ses analyses, par le parti radical sous Léon Martinaud-Déplat.
Cette vision est exactement la même que celle des fondateurs de la quatrième République, tels Léon Blum, Vincent Auriol et André Philip[52]. À sa naissance, la quatrième République était conçue comme un régime parlementaire appuyé sur un petit nombre de partis bien organisés et disciplinés[53]. C'est ce que Maurice Duverger devait appeler rétrospectivement, après son ralliement à une sorte de régime présidentiel, « les théories de 1945-1946[54] ». À la Libération, il y avait beaucoup d'autres partisans de cette thèse, y compris les dirigeants du MRP[55] et Raymond Aron[56]. Mendès France lui-même ajoute d'ailleurs, après le passage cité précédem-

ment, que « c'est une idée qui a été bien souvent exposée autrefois par Léon Blum ». De fait, les grands dirigeants socialistes, eux aussi, avaient exprimé une critique très sévère des partis d'avant-guerre et du régime parlementaire fondé sur eux[57]. Ils ont surtout partagé avec PMF la conviction qu'il fallait suivre le modèle anglais du parlementarisme, tout en rejetant le scrutin d'arrondissement.

Deuxièmement, rappelons également qu'au début de la quatrième République, la SFIO et le MRP voulaient, tout comme PMF en 1955, réaliser une rénovation politique *par la force militante*, et qu'ils entendaient l'un et l'autre être des partis composés d'une masse de militants servant de liaison entre les institutions et la nation. Le MRP écrivait par exemple dans une circulaire intérieure : « Nous ne voulons pas faire un parti, mais construire un mouvement », « le mouvement voulant en définitive par l'ensemble de son organisation, être le lien permanent entre l'État et le peuple[58] ». En somme, à son début, la quatrième République avait été conçue comme une République de militants, appuyée sur des partis à la fois bien implantés dans le pays et ouverts sur l'extérieur.

Malheureusement, en 1955, il était déjà évident que les dirigeants socialistes et MRP avaient complètement échoué dans la réalisation de ce rêve issu de la Libération. À partir de 1947, ces deux partis ont très vite perdu la grande majorité de leurs troupes[59]. En outre, au début des années 1950, les directions des deux partis ont réussi à établir en leur sein un ordre très oligarchique, diminuant ainsi fortement la démocratie interne, par laquelle la voix des militants de base était censée se faire entendre des dirigeants puis des gouvernements. Les caciques parlementaires MRP ont pris pour prétexte des actes d'indiscipline contre la CED pour étouffer puis expulser du mouvement les hommes comme Léo Hamon et André Denis, qui persistaient dans l'idée que le parti devait être sous le contrôle réel des militants[60]. Du côté des socialistes, Guy Mollet et son entourage ont réussi, également à travers le conflit intense sur la CED, à battre diverses minorités, tels les amis de Daniel Mayer et les pivertistes, et à renforcer l'autorité du secrétaire général en s'alliant avec les dirigeants des grandes fédérations[61].

Ce que Pierre Mendès France a entendu faire en rénovant le parti radical, c'est chercher une nouvelle fois à réaliser le rêve de la SFIO et du MRP à la Libération, rêve que tous deux avaient déjà abandonné : les partis de militants, dont le parti radical, servant de relais efficace entre le peuple souverain et l'État. Ce n'est donc pas par hasard qu'il a trouvé de nombreux amis parmi les minorités déçues de ces deux partis pendant et après la tentative radicale. Gourdon nous rappelle qu'il pensait alors : « Moderniser et moraliser ce parti [radical] seront d'un bon exemple pour une SFIO et un MRP qui, en suivant son exemple, apprendront à faire peau neuve[62]. »

Il est clair qu'Édouard Depreux avait raison en disant de PMF qu'il « n'était pas un homme de parti, il n'en avait ni les qualités ni les défauts[63] ». Mais il est aussi erroné de le qualifier d'adversaire permanent du règne des partis politiques.

Il serait plus exact de dire qu'il a persisté toute sa vie dans son pragmatisme vis-à-vis des partis politiques. Il est vrai que, pendant un moment, il a adhéré à l'idée du régime parlementaire fondé sur les partis organisés, mais cette idée ne l'a jamais contraint une fois qu'elle ne servait plus sa morale démocratique. Dès mai 1957, il a commencé à penser à une autre stratégie de rénovation (« opération type 1954 », « un petit cristal qui rallie des gens normalement inorganisés[64] »), en renonçant à ce projet de parti organisé. À la suite de ses luttes au sommet du parti radical, il est déjà arrivé à reconnaître que « l'opposition n'est pas toujours entre parlementaires et militants[65] », et à atténuer sa confiance dans les militants, qui lui avait fait entamer la conquête de la place de Valois deux ans auparavant. Son cas contraste bien, par exemple, avec celui de Guy Mollet, qui semble avoir persisté dans son concept du parti et de la discipline partisane.

C'est précisément cette indépendance vis-à-vis des normes concernant les partis qui lui a permis de jouer un grand rôle à plusieurs reprises pour la rénovation politique sous la quatrième République. En revanche, on ne peut que rappeler, à regret, que son attachement inébranlable au régime parlementaire l'a condamné le plus souvent à une certaine discrétion, ou plutôt à une immobilité relative, sous la cinquième République.

La liberté d'esprit vis-à-vis de telle ou telle doctrine institutionnelle (y compris celle sur les partis), à condition qu'elle soit constamment encadrée et orientée par la morale démocratique, est toujours un des moteurs principaux de la rénovation quand on est en face de l'impasse politique. Voilà ce que nous apprend, à mon sens, l'exemple très original de Pierre Mendès France.

1. Pour l'intervention de J.-L. Quermonne, voir : « Table ronde : Pierre Mendès France et la République », *in :* Chêne, J., Aberdam, , E., Morsel, H. (dir.), *Pierre Mendès France : la morale en politique.* (Grenoble, Presses Universitaires de Grenoble, 1990), pp. 92-6. Pour celle de P. Leroy, voir : « Pierre Mendès France et les institutions de la IVe République », *ibid.,* pp. 53-66.
2. Sur les raisons pour lesquelles il *semblait,* aux yeux de l'opinion, lutter contre les partis : Berstein, S., « Le gouvernement Mendès France et les partis », *in :* Bédarida, F., Rioux, J.-P. (dir.), *Pierre Mendès France et le mendésisme* (Paris, Fayard, 1985), pp. 112-116.
3. Auriol, V., *Journal du Septennat.* tome VII (Paris, Armand Colin, 1971), p. 227.
4. Pour la SFIO, voir, parmi d'autres, l'intervention de Pierre Commin au Comité Directeur lors des indisciplines de vote sur la CED : « Le plus dangereux est que sous l'influence de Mendès France, on aboutisse à la dégradation de la notion de parti ou des mouvements organisés au sein de la démocratie », *in :* Compte rendu du Comité Directeur du parti socialiste SFIO (archives de l'Office Universitaire de Recherche Socialiste, OURS), 28 septembre 1954. Pour le MRP, voir, par exemple, les interventions de Robert Lecourt et Joseph Dumas à la Commission Exécutive du 19 juin 1954 (Archives Nationales, Fonds MRP, 350AP51). Plus généralement, sur l'hostilité du MRP vis-à-vis de PMF, voir : Zéraffa, D., « Le MRP et le gouvernement Pierre Mendès France », *in :* Bédarida, F., Rioux, J.-P. (dir.), *op. cit.,* pp. 109-120.
5. Cette allusion fut très courante à l'époque surtout chez les socialistes. Par exemple, Jean Texcier remarquait : « Mendès-France [*sic*] écarte les partis et il a, dans ce domaine, le même mépris que de Gaulle. Toute la politique de Mendès-France est marquée par la politique personnelle. » La réfutation de Jean Courtois (« Mais sur la forme, Mendès-France n'a jamais dit publiquement qu'il était contre les partis. ») ne fut pas écoutée (archives de l'OURS, Comité Directeur, 20 octobre 1954). Aujourd'hui, cette comparaison erronée est beaucoup plus rare, surtout depuis la rectification très convaincante de Serge Berstein : « Le Mendésisme », *in :* Chêne, Aberdam, Morsel (dir.), *op. cit.,* en part. pp. 33-35. Comme exemple récent de l'ancien contresens, on peut citer : Lauret, P., « Pierre Mendès France et le modèle de l'homme d'Etat républicain », *in : Pierre Mendès France et l'esprit républicain* (Paris, Le Cherche Midi, 1996), p. 149.
6. Le récent livre de Jean-Louis Rizzo nous permet de mieux connaître cette expérience parfois oubliée ou mal comprise : Rizzo, J.-L., *Mendès France ou la rénovation en politique.* Paris, Presses de la Fondation Nationale des Sciences Politiques, 1993. 267 p.
7. Voir les nombreuses notes et lettres écrites quotidiennement à Paul Martinet (archives de l'Institut Pierre-Mendès-France, DPMF, parti radical 2).
8. Pour la chronologie de cet incident, voir : Rizzo, J.-L., *op. cit.,* pp. 165-170.
9. La seule exception vient, à ma connaissance, de Jean-Thomas Nordmann (« Mendès France et le parti radical », *in :* Pouvoirs, 27 [1983], en part. pp. 66-68.) Il a, tout comme Claude Nicolet (« Mendès France, le(s) mendésisme(s) et la tradition républicaine », *ibid.,* en part. pp. 25-30), essayé d'expliquer la tentative radicale par un « attachement de Pierre Mendès France aux traditions du parti radical », surtout par « le prolongement des efforts de rénovation du radicalisme menée au lendemain de la deuxième guerre mondiale par les "Jeunes Turcs" ». Mais, au contraire de C. Nicolet, J.-T. Nordmann ne manque pas de reconnaître que la « volonté de dépasser le cadre parlementaire [...] suppose d'autre part la constitution d'un parti moderne à l'opposé des mœurs et des rites du parti radical, même si l'idéologie radicale par son équilibre entre la rationalité et le pragmatisme s'offrait de façon privilégiée aux réformistes mendésistes. »
10. Voir, par exemple, les témoignages de Harris Puisais, recueillis par Jacques Georgel : Georgel, J., *Mendès France inconnu* (Paris, Editions de l'Espace européen, 1991), pp. 47-49.
11. Cette attitude était très répandue parmi certains compagnons de Mendès France. Voir par exemple : Gourdon, A., *Mendès France ou le rêve français* (Paris, Ramsay, 1977), chapitre X. Plus récemment, P. Lauret reproduit cette vision (*op. cit.,* p. 151). En revanche, les commentaires de Claude Nicolet, autre proche de Mendès France, vont dans le sens contraire : « Si l'on réfléchissait, ce n'était pas ni impossible, ni de mauvais conseil » (Nicolet, C., *Pierre Mendès France ou le métier de Cassandre* [Paris, Julliard, 1959], pp. 108-112).
12. Par exemple, sur le rôle que le parti radical pourrait jouer pour la rénovation politique du pays, voir son intervention au Comité Exécutif du 15 février 1957 (FNSP, bibliothèque, microfilm, Compte rendu du Comité Exécutif, pp. 649-651). Sur le renforcement de la discipline au sein du groupe parlementaire radical, voir ses interventions aux Bureaux des 27 février, 2, 15, 22 et 23 mai 1957 (FNSP, archives Pierre Avril, RA 12 Dr.3). Voir aussi la lettre-circulaire du 5 avril 1957, signée de Mendès

France, expliquant les mesures prises contres les députés indisciplinés lors du vote de confiance du gouvernement Guy Mollet (Archives Nationales, Fonds Edouard Daladier, 496 AP 51).
13. Duverger, M., *Les partis politiques*. Paris, Armand Colin, 1951. Pendant la tentative de rénovation radicale, M. Duverger a joué un rôle d'idéologue. Ses chroniques dans *l'Express* n'ont cessé d'inciter le parti radical à devenir un « parti de masse », bien organisé et discipliné (*l'Express*, 18 janvier, 8 février, 3 mars, 7 juin 1957).
14. Rizzo, J.-L., *Pierre Mendès France* (Paris, La Découverte, 1994), p. 47.
15. *In : Pouvoirs*, 27 (1983), pp. 21-30.
16. Berstein, S., « Le Mendésisme », *op.cit.*, pp. 31-33.
17. Par exemple, s'il a refusé d'entrer dans le gouvernement Félix Gouin en janvier 1946, ce n'est pas parce que le groupe radical a refusé la participation, comme le dit le communiqué officiel du parti, mais à cause de son échec à faire accepter son programme financier par les « trois Grands » (voir : Mendès France, P., *Œuvres complètes*, tome II [Paris, Gallimard, 1985], pp. 165-168).
18. Par exemple : *ibid.*, pp. 326-7 ; *Œuvres complètes*, tome III (Paris, Gallimard, 1986), pp. 695-699.
19. Burdeau, G., *Traité de Science Politique*, tome I (Paris, LGDJ, 1949), chapitre II. Voir aussi : Goguel, F., « Les partis dans l'Etat », *in : Encyclopédie politique de la France et du Monde* (Paris, Editions de l'Encyclopédie Coloniale et Maritime, 2è éd. 1951), tome I.
20. Comme le souligne J.-L. Rizzo : « Il n'y a donc nulle idéologie dans les propositions institutionnelles de Pierre Mendès France, mais au contraire beaucoup de pragmatisme à la suite d'expériences vécues. » (*Mendès France ou la rénovation en politique, op. cit.*, p. 54).
21. Sur sa conception du régime parlementaire, qui doit s'appuyer sur les « grands partis organisés », voir, entre autres : Philip, A., « La crise de la démocratie parlementaire », *Revue politique et parlementaire*, 632 (novembre 1953).
22. Comité Directeur, 20 octobre 1954 (OURS).
23. Mendès France, P., « Les réformes électorale et constitutionnelle », *Œuvres complètes*, tome II, p. 326.
24. Mendès France, P., « La crise de la démocratie », *Œuvres complètes*, tome IV, p. 89.
25. Par exemple, voir le compte rendu du groupe parlementaire MRP, les 3 et 4 juin 1953 (archives de la Fédération de la Seine du MRP, actuellement consultables à la FNSP). Compte rendu du Comité National, 4-5 juillet 1953 (Fonds MRP, 350AP60).
26. Voir les interventions de Pierre-Olivier Lapie, Edouard Depreux, Christian Pineau, Max Lejeune (FNSP, Comptes rendus du groupe parlementaire socialiste, 3 et 4 juin 1953).
27. *Ibid.*, 4 juin 1953 (réunion commune avec le Comité Directeur). Gérard Jaquet partage cette opinion.
28. Comptes rendus du Comité Directeur, 13, 20 et 27 octobre 1954 (OURS). Seuls Courtois et Gaston Defferre ont soutenu la participation.
29. Compte rendu de la Commission Exécutive, 8 juin 1953 (Fonds MRP, 350AP51).
30. Intervention de Robert Prigent, Compte rendu de la Commission Exécutive, 4 juillet 1953 ; de Robert Buron, *ibid.*, 10 janvier 1954 (Fonds MRP, 350AP51) ; de Jean Catrice, Compte rendu du Comité National, 4-5 juillet 1953 (350AP60).
31. Comptes rendus de la Commission Exécutive, 15 et 29 octobre 1953, 10 janvier, 4, 6 et 20 mai 1954 (Fonds M.R.P., 350AP51).
32. Compte rendu de la Commission Exécutive, 30 octobre 1952 et 4 mars 1953 (350AP50).
33. À partir de 1952, l'effectif du Mouvement remonte pour la première fois depuis son effondrement de 1947. Voir : Letamendia, P., *Le Mouvement Républicain Populaire* (Paris, Beauchesne, 1995), pp. 197-198.
34. Témoignage de Jacques Mallet, responsable des Affaires européennes et secrétaire international du MRP (1952-1958), au colloque du 10 décembre 1995 : « Regards sur le Mouvement Républicain Populaire » (repris dans *France-Forum*, 316 [1997], p. 50).
35. Compte rendu de la Commission Exécutive, 29 octobre 1953 (Fonds MRP, 350AP51).
36. Témoignage de Jacques Mallet, *l. c.*
37. Sur cet aspect, voir : Laboire, P., « Le gouvernement Mendès France et l'opinion : la logique de l'exceptionnel », *in :* Bédarida, F., Rioux, J.-P. (dir.), *op. cit.*
38. Mendès France, P., *Œuvres complètes*, tome IV, pp. 86-87.
39. *Ibid.*, p. 47.
40. Malgré la richesse des archives de l'Institut Pierre-Mendès-France, j'y ai trouvé très peu de documents sur la période allant de février à mai 1955. La plupart des dossiers de sa correspondance ne com-

mencent qu'en mai 1955. Voir propos de PMF recueillis par Jean Lacouture : *Pierre Mendès France* (Paris, Le Seuil, 1981), p. 397.
41. Mendès France, P., *Œuvres complètes,* tome IV, pp. 317-330.
42. Reclus, P., *La République impatiente ou le club des Jacobins (1951-1958)* (Paris, Publications de la Sorbonne, 1987), pp. 69-72.
43. J.-L. Rizzo (*op. cit.,* pp. 135-141) donne une esquisse de la division du travail à la place de Valois. Sur leurs activités, voir les archives de Pierre Avril : RA 13, dossiers 1-3 (Fédérations) ; RA 11, dossier 1 (Questions de propagande). Voir aussi : archives de l'Institut Pierre-Mendès-France, DPMF, Radicaux 12 (Maurice Bertrand, Doctrine du parti).
44. Voir, par exemple, les numéros des 2 et 3 novembre 1955 et celui du 14 décembre 1956.
45. Les plus connus sont le discours provocant au Comité Exécutif du 20 avril 1956, et la fameuse tentative de candidature aux élections partielles du premier secteur de la Seine de janvier 1957, refusée par les militants.
46. Pendant deux ans, elle envoya à PMF plus d'une centaine de lettres et de notes comportant de telles propositions. Ce dernier lui donna autant de réponses, souvent très détaillées et sérieuses (archives de l'Institut Pierre-Mendès-France).
47. Voir les comptes rendus du Bureau du parti : 27 février, 6 et 20 mars, 3 et 24 avril 1957 (FNSP, archives Avril, RA 12 Dr.3). Voir aussi les interventions de Humbert et Servan-Gros : Compte rendu du Comité Exécutif du 15 février 1957 (FNSP).
48. *Information Radicale-Socialiste,* numéro spécial, mai 1955.
49. Rizzo, J.-L., *op. cit.,* p. 102.
50. *Cf.* Nicolet, C., *op. cit.,* p. 26.
51. Les citations suivantes viennent de : Mendès France, P., *Œuvres complètes,* tome IV, pp. 88-89.
52. Auriol, V., *Hier... Demain* (Paris, Charlot, 1945), tome 2, pp. 32-33, 45-52. Philip, A., « Thèse pour servir à la discussion sur la future Constitution », *Les Cahiers politiques,* août-septembre 1945. *Cf. L'œuvre de Léon Blum, 1945-1947* (Paris, Albin Michel, 1958), pp. 143-157.
53. La synthèse la plus claire se trouve dans : Shennan, A., *Rethinking France. Plans for renewal, 1940-1946* (Oxford, Clarendon Press, 1989), chapitre 5.
54. Duverger, M., *La VIe République et le régime présidentiel* (Paris, Fayard, 1961), pp. 102-106.
55. François de Menthon, « Projet relatif à la Constitution de la IVe République », le 7 août 1945 (Fonds MRP, 350AP55).
56. Aron, R., *Chroniques de guerre. La France Libre, 1940-1945* (Paris, Gallimard, 1990[1945]), pp. 803-845.
57. Auriol attribue le désordre et l'impuissance de la IIIe République à des « innombrables groupes parlementaires, sans doctrine, sans affiliation à des partis nationalement organisés » (Auriol, V., *op. cit.,* pp. 32 et 45) ; *cf. L'œuvre de Léon Blum, 1940-1945* (Paris, Albin Michel, 1955), pp. 431-433.
58. Circulaires du Secrétariat Général, 3 et 20 janvier 1947 (Fonds MRP, 350AP100).
59. Pour la SFIO, voir : Morin, G., *De l'opposition socialiste à la guerre d'Algérie au PSA (1954-1960)* (thèse de doctorat, Paris I, 1992), p. 27 ; pour le MRP : Letamendia, P., *op. cit.,* p. 197-198.
60. Léo Hamon n'a pas été seulement de l'aile « gauche dure » du mouvement. Contrairement à son image ultérieure de ministrable gaulliste de gauche et de professeur éminent à la Sorbonne, il était un des partisans les plus fervents de la démocratie intérieure du parti, et agissait, tout comme André Denis, Francisque Gay et d'autres, toujours en champion des militants de base quand il prenait la parole aux instances directrices du MRP. Par exemple : Compte rendu de la Commission Exécutive, 17 mai, 2 décembre 1947, 30 août 1948 (Fonds MRP, 350AP46), 11 et 28 décembre 1948 (350AP47), 17 février, 9 mars, 1er juin 1950 (350AP48), 15 novembre 1951 (350AP49) ; Compte rendu du Comité National, 17-18 juillet 1953 (350AP60).
61. On trouve l'analyse la plus fine et la plus structurée de ce processus dans : Morin, G., *De l'opposition socialiste à la guerre d'Algérie au PSA (1954-1960), op. cit.,* première partie. Voir également : Lafon, F., *Guy Mollet, Secrétaire Général du parti Socialiste SFIO, 1946-1969* (thèse de doctorat, EHESS, 1993), chapitre 12.
62. Gourdon, A., *op. cit.,* pp. 174-175.
63. Cité dans Rizzo, J.-L., *op. cit.,* p. 216.
64. Mendès France, P., *Œuvres complètes,* tome IV, p. 328. *Cf.* note de Philippe Grumbach du 25 juin 1957, « Note sur le discours de vendredi » (archives de l'Institut Pierre-Mendès-France).
65. Lettre à Merainy (militant de Nice), 27 septembre 1957 (archives Pierre Avril, RA 21 Dr.2).

Les « modernités » de Pierre Mendès France

Jean-Denis Bredin *

Mendès France, un rêve pour intellectuels à cheveux blancs ?

J'aurais souhaité évoquer pendant quelques instants la modernité de Pierre Mendès France, pour tenter de répondre à une objection qui nous est parfois présentée : Pierre Mendès France aurait illustré, de manière exemplaire, la politique d'un autre temps.
Qu'est-ce, en réalité, que l'éthique de Pierre Mendès France, l'exemple qu'il nous a laissé ? C'est une très haute idée de la démocratie. « La démocratie », nous a-t-il dit, « c'est beaucoup plus que la pratique des élections et le gouvernement de la majorité, c'est un type de mœurs, de vertus, de scrupules, de sens civique, de respect de l'adversaire », et il ajoutait « c'est un code moral ». Pour lui, la démocratie attendait, exigeait un certain nombre de règles morales. Le devoir de vérité d'abord, premier devoir, but et méthode de gouvernement ; le devoir de justice impliquant l'intolérance des injustices collectives, des injustices sociales, mais l'intolérance aussi des injustices individuelles, et l'on trouve chez Pierre Mendès France, à travers tout ce qu'il a dit, écrit et vécu, cette double intolérance de toutes les formes d'injustice. Ainsi le « mendésisme » – je sais qu'il n'aimait pas ce mot – se présente à nous comme la revendication d'une forme supérieure et exigeante de la démocratie.
À l'instant même où se définit cet idéal de la démocratie vient une objection, souvent faite, que l'on ne peut éluder. Il nous est dit : oui, c'est vrai, Pierre Mendès France fut une image éblouissante de la vie politique, mais cette image éblouissante qui reste si chère au cœur d'une large par-

* Avocat au barreau de Paris, membre de l'Académie française.

tie de la gauche française, au cœur de beaucoup d'intellectuels, si chère à nous qui sommes ici réunis, ne serait-elle pas une utopie déjà vieille, une sorte de monument dressé à l'idéal démocratique? Vite, on voit venir un certain nombre d'arguments, lus ici ou là, ou entendus: Pierre Mendès France était l'héritier des Lumières, l'un des derniers représentants de l'héritage des Lumières, l'enfant de l'école laïque, d'une certaine conception de l'école laïque qui confiait à l'enseignement la mission de porter l'intelligence, la raison, la connaissance et le respect des autres, enfant de Condorcet, de Gambetta, de Jean Jaurès, de Léon Blum.
Bref, Pierre Mendès France serait un rêve d'un autre temps, fait pour des intellectuels à cheveux blancs. Pierre Mendès France serait l'un des derniers nostalgiques de la troisième République, détestant toute personnalisation du pouvoir alors que nous sommes entrés dans un temps où la puissance des médias oblige à la personnalisation du pouvoir, dans un temps qui pousserait les institutions à devenir présidentielles sinon monarchiques. Et la fréquence des refus de Pierre Mendès France, la fréquence de ses départs tout au long de sa vie, cette manière de s'en aller chaque fois qu'une politique cessait d'être conforme à ce qu'il exigeait, ne caractériserait-elle pas aussi une époque disparue? Pierre Mendès France ne serait-il pas le symbole d'une démocratie parfaite? Et nous serions ici, rassemblés, recueillis, dans un souvenir éblouissant, mais qui n'enseignerait rien au troisième millénaire, pas même au siècle qui vient.
Tout ceci, qui nous est souvent dit, me semble fait d'erreurs, et je voudrais, très rapidement, évoquer les raisons qui peuvent au contraire nous faire penser que Pierre Mendès France incarne une véritable modernité de la démocratie, qu'il n'est pas du tout un monument, un souvenir, qu'il est en réalité celui qui a tracé le plus clairement l'avenir de la démocratie moderne. En quoi Pierre Mendès France est-il beaucoup plus moderne que la plupart de ses détracteurs?

Les «modernités» de Pierre Mendès France

D'abord, à la différence de beaucoup d'hommes politiques de son époque, il a compris qu'était venu le temps d'un nouveau citoyen. Il a compris que le citoyen de la fin du vingtième siècle n'était plus du tout le citoyen de la

fin du dix-neuvième, ni même celui du milieu de notre siècle, que l'école et tous les progrès qu'elle a suscités, que tous les développements de l'enseignement, de la connaissance, que les progrès de la technique, que les médias, que la mondialisation non seulement de l'économie mais de la culture, avaient fait un nouveau citoyen. Un nouveau citoyen ? Je veux dire un citoyen dont la revendication morale est exigeante et porte une nouvelle idée du politique. Devant son écran de télévision, écoutant sa radio, ce citoyen décrypte beaucoup mieux qu'autrefois le mensonge, la duperie qui tente de le séduire, et encore les mots vains, les mimiques, et aussi la fatuité, le verbiage, l'astuce du discours. À force de regarder les visages et les gestes, ce citoyen sait lire l'intelligence, sait lire la conscience, et se méfie des fausses séductions. On parle fréquemment du mépris que les citoyens auraient de la politique, mais ne peut-on pas dire qu'en réalité c'est le mépris que la politique semble souvent avoir pour le citoyen qui provoque en retour ce prétendu mépris de la politique ? Est aujourd'hui venu un citoyen beaucoup plus exigeant qu'il n'était autrefois, parce qu'il a le sentiment d'exercer personnellement sa souveraineté, et non plus seulement par son représentant. Il peut apparemment se désintéresser de la politique, il peut vouloir se tenir à l'écart d'elle, en réalité il attend beaucoup d'elle.
Ainsi est venu, chez chaque citoyen, que la mort des idéologies a rendu solitaire, l'attente d'un homme ou d'une femme politique qui satisfasse ses exigences, qui soit intègre, compétent, capable d'écouter, capable de comprendre, capable aussi d'humour, un homme politique qui soit conforme à l'idée que le citoyen moderne s'en fait. Et quand on lit Pierre Mendès France, on observe que sa conception du citoyen, qui n'était pas forcément fondée il y a cinquante ou soixante ans, est la conception d'un citoyen moderne devenu majeur, qui revendique de l'homme politique qu'il lui explique ses problèmes, qui attend de lui de n'être pas traité comme un imbécile.
De la même manière, et ceci aussi dit la modernité de Pierre Mendès France, il a mieux compris que beaucoup de ses contemporains la grande transformation que les médias faisaient subir à la politique. Nous sommes quelques-uns à nous souvenir des causeries radiophoniques du samedi. À bien réfléchir, ces causeries traduisaient ce qui nous semble aujourd'hui tout à fait essentiel, ce que beaucoup d'hommes politiques n'ont pas encore compris, l'obligation nouvelle d'avoir une relation directe avec le citoyen,

de lui expliquer les problèmes qui se posent à la société où il vit, où vivront ses enfants. Pierre Mendès France nous a dit : « Ne me dites jamais quand je vous parle que je vous parle de choses compliquées, non. Tout peut se dire, tout peut s'expliquer, afin que vous fassiez librement vos choix. » Cette puissance qu'il a eue, exceptionnelle en son temps, d'intégrer les médias dans sa réflexion, dans sa pédagogie, et du coup dans sa conception du citoyen, le sépare irrémédiablement de tous ceux qui veulent faire des médias un instrument de propagande. Beaucoup aujourd'hui se disent : je vais tâcher de plaire aux Français devenus téléspectateurs, je vais choisir une belle cravate, un costume de bonne couleur, je vais aller chez le coiffeur pour être coiffé comme il convient, je vais faire les mimiques qui conviennent, j'apprends par cœur un certain nombre de formules que je tiens absolument à sortir, et surtout je demande à un professeur de communication de m'enseigner les moyens du succès. Ceci est l'inverse de l'idée que Pierre Mendès France se faisait des médias. Son idée était que l'homme politique doit être ce qu'il est, qu'il doit parler au citoyen vraiment et sérieusement, et il me semble que sur ce point aussi Mendès France est plus moderne que beaucoup d'entre nous.
Par ailleurs, et c'est un autre aspect de sa modernité, il a prévu avant beaucoup d'autres l'agonie des utopies, la mort des catéchismes. Nous n'allons pas revenir sur ce point, mais il est vrai que pendant un siècle une très large partie de la gauche a vécu nourrie par l'illusion marxiste, nourrie par les certitudes que portait le marxisme, et dans l'espérance du Grand Soir. Mendès France, lui, a cru que la politique n'était pas un article de foi, il a cru qu'elle n'était pas fondée sur des dogmes auxquels il suffisait de se soumettre, il a cru que la politique ne serait jamais faite de recettes écrites dans des livres. Il a cru qu'elle était un patient et dur effort pour vaincre les injustices et maîtriser le règne de l'argent, rendre le citoyen plus mature et plus libre. En ce sens, Mendès France fut incontestablement plus moderne que beaucoup de ceux qui se trouvaient en compétition avec lui.

Faut-il en outre rappeler cet autre aspect de sa modernité ? Il a cru en la compétence. En un temps – ce fut toute la tradition de la troisième République, et encore largement celle de la quatrième – où l'on considérait volontiers que la politique était ouverte aux généralistes pourvu qu'ils eussent de la culture, du talent, et du courage aussi parce qu'il en

faut beaucoup, mais qu'on ne devait pas s'embarrasser de la compétence, il a cru, lui, et il l'a montré dès sa jeunesse, dès ses premiers écrits, que l'homme politique devait savoir de quoi il parlait, qu'il devait être compétent, notamment en politique économique et en politique financière. Pierre Mendès France croyait qu'il était bon de connaître les dossiers, il croyait qu'il fallait comprendre et savoir pour parler, il croyait qu'il ne fallait pas se contenter de lire ou de réciter le dernier document qu'un excellent collaborateur aurait préparé. Il croyait que la politique était tout autre chose, et que parler au citoyen, et le gouverner, c'était lui faire l'honneur de la compétence, de la réflexion, du travail, du sérieux. Pour cela aussi il me semble que Pierre Mendès France fut plus moderne que beaucoup d'autres.
Et il fut plus moderne encore dans son refus de la loi du court terme, dont il a été très bien parlé tout à l'heure. Nous sommes aujourd'hui entrés dans des temps où l'un des grands risques de la politique est le risque du court terme, de la politique à trois mois, de la politique à six mois, de la même manière que dans nos vies, dans un monde imprévisible, dans un monde inquiétant, nous risquons nous aussi d'avoir pour seule perspective le dimanche qui vient, les prochaines vacances. Les gouvernements successifs semblent avoir les yeux fixés sur le court terme des sondages, ou celui des élections prochaines. Pierre Mendès France lui s'est toujours méfié du court terme. Il a cru au « plan », je veux dire à la politique sur une longue durée, il a cru que la politique ce n'était pas la loi de l'opportunité, ce n'était pas la loi du spectacle, c'était une perspective de temps qui permette la recherche d'une véritable action. Il me semble, observant le monde autour de nous, que Pierre Mendès France fut en cela plus moderne que la plupart.

Et, enfin – dernier point qui nous dit sa modernité –, Pierre Mendès France a pensé que la politique ne consistait pas seulement à gouverner le mieux possible, mais que la politique était en soi une pédagogie du citoyen, de chacun et de chacune. Ceci, dira-t-on, rejoignait chez lui le rêve de l'instituteur ou du professeur laïque, l'idée que la connaissance s'enseigne, qu'un citoyen mieux informé, plus éclairé, devient plus intelligent, plus raisonnable, et plus respectueux des autres. Pierre Mendès France savait que la politique pouvait enseigner le pire – ce qu'elle a fait, hélas, en tant de circonstances –, mais qu'elle pouvait aussi enseigner le meilleur, qu'il y avait une vocation pédagogique particulière, en démocratie, de la politique. C'est pourquoi il ne voulait pas du règne des despotes éclairés. C'est pourquoi il a été sévère à l'égard d'institutions qui lui semblaient créer une monarchie républicaine ou une république monarchique. Il croyait profondément que le problème n'était pas que des citoyens soient conduits malgré eux, ou sans eux, vers le progrès. La politique était pour lui un progrès du citoyen lui-même, du citoyen marchant en avant dans des chemins difficiles. Si éclairé que fût le souverain, il ne pouvait être dépositaire du progrès du citoyen.

Un éclaireur de l'avenir

Voilà, me semble-t-il, quelques-unes des « modernités » de Pierre Mendès France, qui peuvent faire penser à beaucoup d'entre nous qu'il ne fut pas le fondateur ou l'héritier d'un certain nombre de beaux mythes, d'une merveilleuse utopie, mais qu'il nous renvoie tous les jours à l'avenir de la démocratie.

Le problème que l'on pourrait se poser, si l'on est pessimiste, serait de savoir si la démocratie n'aura été qu'un moment de l'histoire de l'humanité, si en réalité l'avenir de ce millénaire ne laisse pas pressentir d'autres formes de gouvernement. Tout est périssable, et pourquoi la démocratie ne le serait-elle pas ? La France, nous le savons, a toujours eu un rapport fragile avec la démocratie. Nous savons que, grands donneurs de leçons, exportant sans cesse les droits de l'homme, nous avons une vraie difficulté à les pratiquer chez nous. Nous savons que la démocratie nous est peu naturelle, et souvent nous fait souffrir.

Pierre Mendès France, lui, ne cesse de nous montrer la voie ouverte à la véritable démocratie menacée par bien des forces qui lui sont contraires, et que nous voyons agir autour de nous. À la veille de l'an 2 000, Pierre Mendès France ne nous semble pas incarner un souvenir admirable que nous aimons évoquer. Il éclaire notre avenir. Ce que nous faisons ici, ensemble, ce n'est pas célébrer un mythe, un souvenir, c'est regarder avec lui, aidés par son exemple et sa leçon, le difficile chemin que doit choisir la démocratie moderne.

Éthique et démocratie en politique étrangère

«C'est toujours un chemin rocailleux
et douloureux qui conduit à la paix.»

Pierre Mendès France
(Entretien avec *Le Nouvel Observateur,* 17 mai 1976.)

Introduction

Marie-Claire Mendès France *

Pour ouvrir les débats de notre table ronde de politique étrangère, quelques mots sur le Proche-Orient dont la situation, comme vous le savez, me tient particulièrement à cœur.

L'année 1998 verra le cinquantième anniversaire de la proclamation d'indépendance de l'État d'Israël et le centième anniversaire de la tenue du premier congrès sioniste à Bâle sous la présidence de Théodore Herzl. Aux délégués présents dans la cité helvète, le journaliste viennois avait déclaré, en brandissant un exemplaire de sa brochure, *L'État juif:* « Si vous le voulez, ce ne sera pas un rêve ! »
C'était l'époque où l'Europe rêvait beaucoup. Nous savons que certains de ses rêves se sont tragiquement terminés. Le rêve de Herzl, aussi généreux fût-il, pourrait, lui aussi, se terminer en cauchemar. Le nationalisme, qu'il soit juif ou non juif, est souvent, pour ne pas dire toujours, synonyme de fermeture, de chauvinisme, d'exclusion et de refus de l'autre. Israël n'a pas failli à la règle. L'on vit en effet un peuple – du moins ses gouvernements successifs – refuser aux autres, en l'occurrence les Palestiniens, ce qu'il avait voulu pour lui-même : l'indépendance nationale et la création d'un État souverain.
C'est contre cette injustice flagrante que Pierre Mendès France s'était insurgé et avait accepté, le premier, en 1975, à la demande de Lova Eliav[1], ancien secrétaire général du parti travailliste, d'être le témoin et le conseiller de contacts directs entre Israéliens et Palestiniens réunis dans notre maison du Gard. Issam Sartawi[2], proche collaborateur de

* Présidente de l'Institut Pierre-Mendès-France.

Yasser Arafat, qui paya de sa vie son courage, et ses interlocuteurs israéliens, dont le général Peled[3], tracèrent ainsi la voie qui devait aboutir en 1993 aux accords d'Oslo et à la rencontre historique, à la Maison Blanche, entre Yitzhak Rabin, Shimon Peres et Yasser Arafat. Comme le disait Pierre Mendès France :

> *Les deux nations peuvent et doivent vivre là-bas, côte à côte, sans qu'aucune menace l'autre et la mette en danger. C'est la seule solution qui conduira à la paix parce qu'elle leur assurera la dignité et la sécurité auxquelles leurs peuples aspirent*[4].

Ces lignes n'ont rien perdu de leur actualité, tout au contraire. Car, fruits d'efforts initiés entre autres par Pierre Mendès France, les accords israélo-palestiniens n'ont jamais été, malheureusement, appliqués dans leur totalité. L'actuel Premier ministre d'Israël, Benjamin Netanyahou, par des provocations successives, n'a eu de cesse, au contraire, d'en limiter la portée ou d'en freiner la mise en œuvre, au point que le processus de paix paraît aujourd'hui compromis.
Une telle situation profite aux extrémistes des deux camps et contrarie les efforts sincères de celles et ceux pour qui la reconnaissance mutuelle des Israéliens et des Palestiniens pouvait ouvrir une nouvelle ère de paix et de prospérité au Proche-Orient. Des pas très importants en ce sens avaient été faits : établissement de relations diplomatiques et commerciales entre l'État juif et nombre de ses voisins, ouverture des frontières, échanges culturels et intellectuels. Tout cela est aujourd'hui arrêté par la faute d'un Premier ministre irresponsable – il nous en donne la preuve chaque jour.

Malgré cette conjoncture défavorable, il ne faut pas perdre l'espoir et plus que jamais se cramponner à la vision des prophètes de l'ancien Israël qui s'assignaient comme but la recherche de la justice et de la paix. Toute servitude est contraire à la tradition même du judaïsme. Si l'on a pu dire avec raison des juifs qu'ils sont le « peuple de la mémoire », il convient d'encourager tous ceux qui tentent de faire évoluer la situation du Proche-Orient en ayant recours à l'histoire, dont on ne peut mépriser les leçons.

1. Arieh Eliav, plus communément appelé « Lova » Eliav. Né en 1921 à Moscou, de parents sionistes qui émigrèrent en Palestine quand il avait 3 ans, membre de la Haganah depuis l'âge de 15 ans, il s'engage dans l'armée britannique pendant la Deuxième Guerre mondiale, puis dans Tsahal, qu'il quitte avec le grade de lieutenant-colonel. Après diverses missions secrètes, il devient vice-ministre de l'Intégration en 1967, et secrétaire général du MAPAI (parti travailliste israélien) en 1970. Promis au plus brillant avenir, il se prononce, dans une interview au *Time Magazine*, pour un compromis avec les Palestiniens, ce qui ruine sa carrière politique. Il est encore membre de la commission des Affaires étrangères pendant la guerre du Kippour, mais il démissionne de la Knesset pour devenir aide-infirmier, et signe un appel en faveur de la paix affirmant qu'il y a place pour deux États, un État israélien et un État palestinien. À partir de 1976, il entame des conversations secrètes avec Issam Sartawi chez Henri Curiel, puis chez Pierre et Marie-Claire Mendès France, puis à Vienne, ce qui lui vaut d'être considéré comme un traître en Israël. Professeur à Princeton, il devient chef du CHELLI (parti socialiste indépendant). [notes de D.F.]
2. Issam Sartawi, ancien chirurgien cardiologue, s'enfuit d'Israël en 1948. D'abord installé à Beyrouth, il part faire carrière aux États-Unis, mais, en 1967, après la guerre des Six Jours, il s'engage parmi les *fedayin*. Devenu conseiller politique de Yasser Arafat, il est assassiné le 10 avril 1983 à Lisbonne lors d'un attentat revendiqué par le groupe palestinien d'Abu Nidal. Henri Curiel, qui avait joué un rôle pionnier dans les conversations secrètes, a lui aussi été assassiné, le 4 mai 1978, à Paris.
3. Mattityahou (« Matti ») Peled, général de réserve, professeur de littérature arabe à l'Université de Tel-Aviv, président du Conseil israélien pour la Paix israélo-palestinienne (CIPIP). Fondé à la fin de 1975, le CIPIP publia en mars 1976 un manifeste en douze points posant le principe de la « coexistence de deux États souverains, chacun ayant son identité propre », ce qui provoqua une tempête de violentes protestations en Israël.
4. Texte ms. de Pierre Mendès France (archives de l'Institut Pierre-Mendès-France).

Le sel de la terre : Le parti radical italien et l'exemple de Pierre Mendès France

Gianfranco Dell'Alba *

Le radicalisme italien s'est profondément nourri de l'exemple de Pierre Mendès France. On peut même dire que c'est grâce à son action gouvernementale et à sa pensée politique que le parti radical est revenu à la vie en Italie.

En effet ce parti, qui était assez proche de son homologue français au début du siècle, avait succombé au fascisme. À la Libération, aucun espace n'existait pour lui permettre de renaître : que faire d'un parti résolument laïque, républicain et soucieux des prérogatives de l'État, quand toutes les autres formations politiques s'inscrivaient dans la logique du développement de l'économie nationale, et au moment où les partis populaires issus de la Résistance et de l'Église avaient joué le rôle que l'on sait dans la vie politique italienne ?

C'est seulement en 1955, au lendemain des sept mois et demi du gouvernement Mendès France, qu'un groupe de libéraux de gauche – réunis pour la plupart autour d'un hebdomadaire qui a fait date en Italie et qui s'appelait *Il Mundo,* comme les mendésistes autour de *l'Express* –, quittèrent le parti libéral. Sur un programme économique et social assez proche de celui préconisé par Pierre Mendès France, ils fondèrent le parti radical italien avec l'objectif de donner le jour, dans leur pays aussi, à ce cartel de gauche non dominé par le parti communiste qui fut, à mon avis, le but de toute la vie de PMF.

Ce groupe, hélas, n'a pas eu son Mendès italien. Les circonstances politiques étant différentes, le parti communiste italien a pu garder sans contestation son leadership à gauche. La formidable impulsion donnée

* Député européen.

à cette dernière par Pierre Mendès France, impulsion qui a sans aucun doute préparé le terrain aux années Mitterrand, n'a donc pas eu son pareil chez nous.
Néanmoins, parmi les fondateurs de notre parti figurait déjà un certain Marco Panella, très jeune leader national, étudiant – ce qui n'est pas sans rappeler que Pierre Mendès France fut aussi un très jeune leader national de la Ligue d'Action universitaire républicaine et socialiste[1]. C'est Marco Panella qui, tout naturellement, imposa le bonnet phrygien aux radicaux italiens, sur le modèle de l'emblème du parti radical français, et c'est encore Marco Panella qui décida, longtemps après, que la rose au poing deviendrait le symbole du parti radical italien dans les années soixante-dix.

«Amateurs» et «professionnels» : la méthode Mendès France

Notre parti doit beaucoup à la méthode Mendès France, à sa rigueur, et à l'exemple de sa différence profonde par rapport à l'ensemble de la classe politique traditionnelle. Trente ans durant on nous a dit que notre parti n'était pas un véritable parti, que ce n'était qu'un mouvement d'opinion, bref, que nous n'appartenions pas au club des gens bien. On l'a dit à propos de Marco Panella comme à propos d'Emma Bonino. Cela ne peut manquer de nous rappeler une célèbre formule d'Édouard Herriot, le président à vie du parti radical, lors de la désignation du radical Mendès France à la présidence du Conseil. Au moment où la quatrième République était vraiment l'homme malade de l'Europe, l'investiture de PMF – plus jeune député de France, élu au Parlement depuis 1932, secrétaire d'État sous Léon Blum, résistant, ministre du général de Gaulle – avait inspiré à Édouard Herriot cette phrase que tout le monde connaît : « On aurait dû faire appel à un professionnel[2]... » Quand on n'a pas envie d'une politique nouvelle, qui heurte les habitudes, on la définit ainsi avec quelque hypocrisie, on jette l'anathème sur elle en disant qu'elle n'est pas professionnelle...
Et pourtant, quelle est la méthode Mendès France ? Rigueur, sens de la responsabilité : voilà les caractéristiques qui marquent le plus son action internationale, celle d'un homme qui, jusqu'en 1954, était connu pour d'autres talents que la diplomatie. C'est en effet Pierre Mendès France qui, parmi les premiers, avait placé l'économie au premier rang de ses

préoccupations d'homme d'État, d'homme de gouvernement, d'homme politique. Il l'avait fait non sans rencontrer les oppositions les plus vives, tant chez les partisans du général de Gaulle que chez les communistes. Ceux-ci, dès 1945, craignaient en effet que le réformisme de Pierre Mendès France n'amende trop bien le capitalisme et qu'il ne compromette la révolution à venir. D'où leur hostilité permanente à son égard.
Comment s'exprime cette méthode sur le plan diplomatique ? En plein drame d'Indochine, après la chute de Diên Biên Phu, par du jamais vu. Le système qui avait érigé l'immobilisme et la combinaison permanente en méthodes de gouvernement venait de s'effondrer totalement. Militaires et négociateurs attendaient des instructions qui ne pouvaient certainement plus arriver du système des partis. Et voilà que Pierre Mendès France propose à une Chambre des députés qui détenait alors tous les pouvoirs le pacte des trente jours : trente jours pour la paix ou je démissionne[3]. Voilà indiscutablement du nouveau, du jamais vu. S'installer, en tant que président du Conseil, symboliquement au Quai d'Orsay plutôt qu'à Matignon jusqu'au dénouement de cette crise, cela aussi il fallait le faire, et il fallait surtout le réussir.
Sur le plan intérieur, cette méthode lui fit décider de rendre compte chaque semaine à la radio de son action auprès de l'opinion publique[4]. Il lui fallait également du courage pour agir ainsi, connaissant les susceptibilités de la Chambre des députés, assemblée de notables fort soucieuse de ses prérogatives. Mais lui seul, à ce moment, pouvait de la sorte rendre à la France et à ses citoyens la confiance nécessaire. C'est cette méthode enfin qui le poussa à aller dénouer lui-même sur le terrain, de façon impromptue, les fils de l'imbroglio tunisien[5], donnant ainsi une application évidente et concrète de son célèbre dogme « Gouverner, c'est choisir », qui faisait défaut à beaucoup hier, et qui fait cruellement défaut aujourd'hui, notamment en politique internationale et en particulier au sein de l'Union européenne.

Rigueur et sens des responsabilités

De pair avec sa méthode vont sa rigueur et son sens des responsabilités. Ils signifient très clairement, à l'époque de son gouvernement, le renoncement à la présence française en Extrême-Orient. Tous en étaient conscients, personne n'osait le proposer. Cela est typique des « professionnels » de tout genre, qui sont souvent incapables d'assumer la responsabilité principale qui est précisément la leur : celle de choisir au nom de l'intérêt général, y compris sur la vie et sur la mort. Lui le fit. Plus tard, un autre, de toute évidence non « professionnel », devait le faire aussi en mettant fin à la guerre d'Algérie qui, elle-même, aurait certainement connu une tout autre évolution au lendemain de la victoire du Front républicain, si Mendès avait été appelé à Matignon à la place de Guy Mollet – mais ceci est une autre histoire.

Le sens des responsabilités et la rigueur de Pierre Mendès France se reconnaissent également dans le courage dont il fit preuve en choisissant d'aborder la question de ce véritable « cadavre dans le placard » qu'était le traité de la Communauté Européenne de Défense. De nombreux partisans de l'Europe, des Italiens entre autres, ont toujours eu ce reproche à formuler contre Mendès ; ils disent : « Magnifique ! mais il a fait rejeter le projet de Communauté Européenne de Défense », qui avait d'ailleurs suivi un itinéraire fort tortueux. Pour ma part, je ne pense pas que Mendès soit le tueur de la CED. Je crois au contraire qu'il a eu, comme souvent, le courage de soumettre au Parlement et à la classe politique française, en août 1954, le texte d'un traité qui avait été signé deux ans auparavant : il les a placés ainsi devant leurs responsabilités, alors que la commission compétente était saisie depuis un an et demi et que tout le monde laissait traîner cette affaire gênante[6]. L'accuser d'avoir tué la CED est donc lui faire un mauvais procès. C'est de nouveau une hypocrisie de professionnels de la politique : en Italie par exemple, où l'on était tout aussi ennuyé par ce dossier, on a attendu la ratification française ; de cette manière, le gouvernement italien s'en est bien sorti car il n'a pas dû soumettre le traité à l'examen du Parlement, puisque la CED avait été rejetée par la France. De toute façon, le volet d'intégration politique avait disparu depuis 1953. Or la France était pressée de toutes parts – y compris par les Américains – de ratifier au plus vite, faute de quoi on laissait entendre que l'on réarmerait l'Allemagne sans tenir compte de l'avis des Français. Voilà pourquoi je pense, au contraire de ses accusateurs, que c'est grâce à la personnalité de Pierre Mendès France et à l'estime internationale qui l'entourait que le rejet de la CED, exprimé par

un procédé clair, non ambigu, où chacun dut prendre ses responsabilités, a pu déboucher sans trop de secousses, quelques semaines après, sur la signature, à Paris justement, du traité instituant l'Union de l'Europe occidentale. Et ce traité demeure, aujourd'hui encore, le bras armé de l'Union européenne.
Ce véritable cas d'école du sens des responsabilités n'est pas unique dans la vie de Pierre Mendès France, loin de là. Car c'est aussi son sens des responsabilités qui devait le faire démissionner du poste incommode de ministre d'État sans portefeuille du gouvernement Guy Mollet lorsque celui-ci, avec la violence propre aux impuissants, créa les conditions qui devaient déboucher sur l'embrasement de l'Algérie et la fin de la quatrième République[7]. Et c'est ce même sens des responsabilités qui fit prendre au juif Mendès France les positions courageuses que l'on sait en faveur d'une paix durable au Proche-Orient : une paix fondée sur la reconnaissance et sur le respect mutuel des Israéliens et des Palestiniens, ce qui était un concept certainement très difficile, voire révolutionnaire, pour l'époque[8].

Le sel de la terre

Méthode, rigueur, sens des responsabilités, passion – sa manière, par exemple, d'aller jusqu'au bout en renonçant à se présenter comme candidat à la présidence de la République parce qu'il en contestait le fondement institutionnel –, sont à mon avis les legs les plus importants que nous a laissés Pierre Mendès France en politique internationale.
Nos pays, l'Union européenne et ses institutions, semblent ne plus avoir ce sens des responsabilités : ils restent éberlués, ils demeurent silencieux, indifférents, impuissants en tout cas, devant les tragédies rwandaise et congolaise, devant le régime moyenâgeux d'Afghanistan, et bien d'autres drames qui secouent la planète sans que l'on n'y prête guère d'attention. Quant au Proche-Orient, voilà belle lurette que l'on a renoncé à toute velléité de médiation européenne dans ce conflit.
En venant ici ce matin, j'ai croisé un député européen italien auquel je disais que j'allais à un colloque consacré à Pierre Mendès France. Il m'a dit cette phrase très belle : « PMF ? C'était le sel de la terre. » Je crois que

c'est très vrai. Je conclurai ainsi : dans notre monde actuel, apparemment, certaines habitudes de la quatrième République imprègnent nombre de nos pays, et même l'exécutif européen, de sorte que l'on se sent souvent paralysé dans l'Union européenne comme on l'était au Parlement français de l'époque. Il est donc bon qu'il y ait quelqu'un comme Emma Bonino qui essaie, très modestement évidemment, d'appliquer quelques principes légués par Pierre Mendès France. Il gouverna peu, mais son exemple demeure.

---

1. La LAURS, fondée en 1924 et groupant des étudiants de gauche – sauf les communistes –, avait une action de type antifasciste. Ses membres faisaient souvent le coup de poing contre les Camelots du Roi, en particulier dans le quartier latin mais aussi en province. PMF en fut membre dès sa création, alors qu'il avait 17 ans. En 1926, il devint secrétaire général de la section parisienne et représenta la LAURS au congrès du parti radical. Cette ligue compta parmi ses membres des personnalités appelées à des destins fort divers : Georges Pompidou, Léopold Senghor, Maurice Schumann, Léo Hamon, Roger Ikor ou Jacques Soustelle. [notes de D.F.]
2. Apprenant que Vincent Auriol appelait Mendès à la présidence du Conseil, Edouard Herriot aurait dit à PMF : « C'est un guet-apens... Auriol n'est pas gentil : il aurait dû faire appel à un professionnel » (voir : Lacouture, J., *Pierre Mendès France*, p. 207).
3. « Il faut donc que le "cessez-le-feu" intervienne rapidement. Le gouvernement que je constituerai se fixera – et il fixera à nos adversaires – un délai de quatre semaines pour y parvenir. Nous sommes aujourd'hui le 17 juin. Je me présenterai devant vous le 20 juillet et je vous rendrai compte des résultats obtenus. Si aucune solution satisfaisante n'a pu aboutir à cette date, vous serez libérés du contrat qui nous aura liés et mon gouvernement remettra sa démission à M. le président de la République. » (déclaration d'investiture de Pierre Mendès France, 17 juin 1954 : *Œuvres complètes*, tome III, p. 52).
4. Il s'agit des « causeries du samedi », qui furent ensuite publiées. Lorsqu'il était ministre du général de Gaulle, à la Libération, PMF avait déjà donné ce type de « causerie » à la radio pour expliquer l'action gouvernementale aux citoyens.
5. À peine sorti du bourbier indochinois, le 31 juillet 1954, PMF arrivait à Tunis, accompagné du maréchal Juin et de Christian Fouchet, ministre des Colonies. Dans sa « Déclaration de Carthage », il annonçait l'autonomie interne de la Tunisie et amorçait ainsi une décolonisation pacifique, alors que le pays était en proie aux violences depuis deux ans. On a parlé du « coup », voire du « *putsch* », de Carthage, en raison de la surprise qui fut générale.
6. Voir note explicative dans le texte de J.-L. Quermonne, *supra*.
7. Guy Mollet avait été investi comme président du Conseil à la suite de la victoire du Front républicain en janvier 1956. Mendès France, que les partisans du Front avaient espéré voir redevenir chef du gouvernement, n'avait qu'un poste de ministre d'Etat sans attribution précise. Pour protester contre la politique répressive menée en Algérie – en dépit des promesses électorales qui avaient été faites –, PMF démissionna le 23 mai.
8. En 1976, dans *Le Nouvel Observateur*, PMF appela l'Etat d'Israël à reconnaître les droits des Palestiniens. En septembre, il organisa des rencontres entre personnalités israéliennes de gauche et personnalités palestiniennes proches de l'OLP. Voir les textes de L. Shahid et H. Bulawko, *infra*.

L'attitude de Pierre Mendès France à l'égard de l'Allemagne

Sunna Kristina Altnöder *

Éthique et démocratie : les relations franco-allemandes au vingtième siècle témoignent de manière exemplaire de cette coexistence difficile et fragile.

1870, 1914, 1939 : trois dates qui ont contribué à anéantir la confiance française dans le voisin allemand. Cette triple expérience guerrière contre l'Allemagne est le point de départ pour la compréhension des relations franco-allemandes après 1945. En 1954, la République fédérale restait encore une jeune démocratie, face à l'État-nation démocratique français. Le souvenir atroce du national-socialisme demeurait omniprésent, et, de ce fait, des doutes existaient quant à la volonté de continuité démocratique des Allemands.

Dans les années cinquante furent néanmoins établies des structures politiques durables, qui ont constitué l'ordre d'après-guerre pendant trois décennies. Les accords de Paris du 23 octobre 1954 furent l'aiguillage qui orienta dans cette direction. Négociés et signés par Pierre Mendès France et Konrad Adenauer, ils sont le véritable point de départ de la réconciliation franco-allemande, comme Helmut Kohl l'a souligné en 1988[1].

Pourtant, l'importance des accords de 1954 est rarement mise en évidence dans la littérature, et, comparé à d'autres hommes d'État français, Pierre Mendès France n'occupe que peu de place dans les recherches sur les relations franco-allemandes. Ce fait apparaît d'autant plus paradoxal que d'autres facteurs viennent renforcer l'intérêt d'une analyse de la manière dont il considérait le voisin d'outre-Rhin : son ascendance juive et alsacienne du côté maternel, son combat dans la Résistance, son

* Doctorante, auteur d'un mémoire de *Magister : Pierre Mendès France und die frühe Bundesrepublik Deutschland.* Kiel, 1997. 191 p., annexes.

appartenance à un parti politique traditionnellement plutôt réservé à l'égard de l'Allemagne.
On examinera donc ici l'évolution de l'attitude de Pierre Mendès France envers l'Allemagne, des années vingt jusqu'à la chute de son gouvernement en 1955 – en précisant que, lorsqu'il parlait de « l'Allemagne » après 1949, c'est de l'Allemagne de l'Ouest, de la République fédérale, dont il s'agissait.

Pierre Mendès France et l'Allemagne

Mendès France a suivi très tôt l'évolution politique, économique et sociale de l'Allemagne avec un vif intérêt. En témoignent, par exemple, de multiples articles de presse des années vingt : ils montrent, outre l'attention avec laquelle il suivait le débat public en Allemagne, une connaissance profonde de l'état de sa société[2].
Suivent les expériences dures et douloureuses de la Seconde Guerre mondiale. Elles influencent sans doute d'une manière décisive sa vision du monde et, par là, sa conception politique à l'égard de l'Allemagne. Toujours est-il qu'il en garde une image très nuancée : la lecture de son journal de guerre, *Liberté, liberté chérie,* montre qu'il ne se laisse pas emporter par ses émotions et qu'il y distingue systématiquement les nazis des autres Allemands. De cette triste époque date aussi sa rencontre avec un Allemand qui fut son ami depuis lors : Hans Kluthe, un éditeur, confident d'Adenauer après 1949, avec qui Mendès France a entretenu une correspondance régulière.
Après la guerre, Mendès France reconnaît, en 1947, la nécessité « de remettre l'Allemagne au travail[3] » et celle de soutenir sa reconstruction. Mais il exige que l'on procède avec vigilance, et que l'Allemagne soit désarmée économiquement pour empêcher toute possibilité d'expansion. D'après lui, c'est un « acte de justice et de sagesse politique[4] ».

De 1949 à 1954, sa perception de l'Allemagne fédérale tourne principalement autour de trois axes thématiques :
– il montre le danger d'une prépondérance *économique* de l'Allemagne en Europe occidentale. C'est pourquoi il se montre très sceptique à

l'égard du « *Wirtschaftswunder*». Il note la rapidité avec laquelle ce pays achève sa reconstruction, mais il reproche aux Allemands leur pratique de *dumping* sur le marché de l'acier, pratique qui laisse la France dans une situation de perdant ;
– il se prononce sur le problème *militaire* et souligne le fait que l'Allemagne, faute d'armée, peut procéder à un investissement productif, contrairement à la France qui doit entretenir un appareil militaire lourd, donc pratiquer un investissement improductif qui pèse sur son économie nationale ;
– à partir de 1952, il alerte sur le danger d'une *hégémonie politique* de l'Allemagne, d'autant plus dangereuse que ce pays poursuit en Europe, selon lui, des buts égoïstes qui ne servent pas la solidarité européenne.
On perçoit un changement de poids de l'Allemagne fédérale entre 1949 et 1952. Nation dévalorisée après 1945, elle se révèle être à nouveau un pays dynamique avec lequel les États doivent envisager une coopération, une simple domination n'étant plus réaliste. En 1952, Pierre Mendès France prononce ainsi, au Congrès du parti radical, des paroles enthousiastes sur la coopération franco-allemande. Cependant, la même année, il esquisse une tout autre image de l'organisation européenne dans un article intitulé « La France et l'Allemagne dans la construction européenne » : cette dernière devrait se constituer à partir d'un centre de gravité qui serait nécessairement français, car l'Allemagne vise une « prééminence redoutable », et non pas des buts européens[5]. Sa prise de position le rapproche d'Édouard Herriot qui, en 1953, doute d'une évolution paisible et démocratique en Allemagne. Selon lui, ce pays pense seulement à son développement et à son devenir.
En 1953, l'Allemagne ne tient que peu de place dans les discours de politique extérieure de Mendès France : c'est sur l'axe franco-britannique qu'il insiste. En donnant la priorité à la reconstruction nationale, en se référant à une tradition radicale, patriote et jacobine, et en refusant tout enthousiasme religieux pour la construction européenne, Mendès France n'est pas germanophobe pour autant : il est un « Européen de raison, non de cœur », méfiant et distant vis-à-vis de l'Allemagne. En 1954, son programme de gouvernement exige pour la première fois depuis la guerre un compromis entre exigences de politique extérieure et potentiel national, bien que cela implique une certaine renaissance française qui a

fait naître, à l'étranger, des doutes quant à la continuité de la politique française vis-à-vis de l'Allemagne.
Quels problèmes cardinaux subsistent entre la France et l'Allemagne en 1954, lorsque Pierre Mendès France vient au pouvoir ?
– La difficulté de faire aboutir le concept d'intégration militaire, malgré la réussite, sur le plan économique, de la Communauté européenne du Charbon et de l'Acier (CECA) en 1951 ;
– le problème de la Sarre, hautement symbolique, pomme de discorde entre les deux pays ;
– la position traditionnelle de Moscou au milieu des relations franco-allemandes, qui donne lieu à un conflit permanent et à une défiance réciproque ;
– enfin s'ajoute un problème tout aussi crucial, à savoir la méfiance des gouvernements étrangers, en particulier de Bonn, envers l'arrivée au pouvoir de Mendès France.

La peur allemande d'un renversement des alliances par le nouveau président du Conseil, qui s'avérerait neutraliste, est renforcée à Bonn notamment par le secrétaire d'État américain Foster Dulles. On imagine des scénarios multiples, comme en témoigne une lettre de Kluthe datant de juillet 1954. Dans le pire des cas, l'Allemagne se verrait réduite à être l'instrument d'une politique d'alliance franco-russe, et l'on accuse Mendès France d'être anti-européen et anti-allemand :

> *Le chancelier Adenauer m'a prié de prendre contact avec vous pour obtenir par une conversation tout à fait privée une impression plus claire de votre politique. [...] J'ai déjà fait mon possible pour corriger l'impression défavorable, créée par certains éléments français. On avait l'impression d'une campagne de calomnies délibérée. On se raconte à Bonn des histoires incroyables sur vous. On dit, par exemple, que vous voulez renverser les alliances et reconstruire le Front populaire, qu'il y a dans votre « brain-trust » deux demi-communistes, que vous êtes anti-européen et anti-allemand*[6].

C'est là une situation qui présente une extrême difficulté pour Mendès France. Il se plaint de cette sorte de « diplomatie parallèle[7] » et demande à François-Poncet d'agir contre des « campagnes d'insinuation intolérables[8] ». La situation s'améliore après le mois de septembre 1954, les critiques semblant rassurés par la déclaration du président du Conseil devant la presse américaine[9].

Le doute sur sa crédibilité s'explique en majeure partie par le manque de clarté de ses positions en matière de politique étrangère, notamment allemande. Dans la France d'après 1945 existent en effet deux conceptions de la politique à mener vis-à-vis de l'Allemagne, sans qu'aucune des deux soit prédominante : d'une part, la politique d'intégration, consistant à intégrer l'Allemagne dans le tissu européen afin de neutraliser ses penchants jugés dangereux ; d'autre part, la politique de domination, qui suppose, *grosso modo,* l'établissement d'une hégémonie de la France sur l'Allemagne. Or, Mendès France n'entre pas dans l'une de ces deux logiques, et d'autant moins qu'il représente une nouvelle génération d'hommes politiques, celle des économistes.

Pour lui, les prémices d'une politique allemande sont les suivantes :

– il vise à empêcher le danger d'un binôme germano-américain et à consolider l'alliance franco-britannique, en bref à pratiquer une politique classique d'équilibre de forces[10] ;

– une autre composante essentielle de sa politique allemande est sa volonté d'empêcher une politique de parité avec l'Allemagne ;

– ensuite, dans un cadre plus large, il souhaite un dialogue réaliste, ferme et sérieux avec l'URSS, conception qui évoque sur certains points la « *Ostpolitik* » prônée par Willy Brandt dans les années soixante-dix (d'ailleurs, Mendès France se sentira proche de celui-ci surtout à cette époque, pendant leur collaboration au sein de l'ICIDI[11]).

Mais Mendès France, tout en ayant le pouvoir, n'est pas un sujet autonome. Bien qu'il soit un travailleur plutôt solitaire, il recourt à des conseillers auxquels il accorde sa confiance. Justement, ses conseillers constituent un problème pour Bonn. Adenauer n'est pas le seul à le constater : Mendès France est mal représenté[12]. Ce sont ses collaborateurs, adhérents d'une politique tournant autour de l'axe Paris-Moscou, qui provoquent l'irritation à l'étranger : Georges Boris, Jules Moch, Simon Nora[13]. Ils soulignent la nécessité primordiale d'une politique de sécurité

en Europe et de désarmement au centre de celle-ci. Pour eux, le danger réel réside en premier lieu dans une « collusion germano-américaine[14] ». Autre facteur qui contribue à entretenir la méfiance envers le nouveau venu : Mendès France détruit une « harmonie », celle de la troïka démocrate-chrétienne, personnifiée par Schuman, Adenauer et de Gasperi. De plus, pour la première fois depuis la guerre, le MRP ne figure pas dans le gouvernement, à part deux membres qui ont été exclus de ce parti (Monteil et Buron). Mais il y a davantage encore :
– sur demande du chancelier, l'ambassadeur à Paris et conseiller d'Adenauer, Wilhelm Hausenstein, vérifie les convictions religieuses de Mendès France. Résultat : néant. « Le chancelier aurait été favorable à un président du Conseil qui pratique une religion. Ceci aurait sans aucun doute été de bon augure pour la rencontre, mais malheureusement cela ne fut pas le cas[15] » ;
– le parti radical n'a pas d'équivalent, ni de correspondant, ni de *lobby* en Allemagne, même si Alfred Grosser et Joseph Rovan essayent d'y faire connaître les convictions de Mendès France. Le FDP, travaillant au sein de l'Internationale libérale comme le parti radical, est jugé trop conservateur, tandis que Mendès France n'a que peu de contacts avec le SPD. Certes, il y jouit d'un capital de sympathie, en particulier auprès de Carlo Schmid et de Fritz Erler, qui ont une réelle affinité avec lui (pour eux, c'est l'homme qui a participé au cabinet Léon Blum, celui qui a critiqué la politique gouvernementale jusqu'en 1954, un homme différent de l'image plutôt conservatrice que l'on a du parti radical en Allemagne). Mais les sociaux-démocrates allemands n'arrivent pas à établir un contact avec lui. Après la signature des accords sur la Sarre, vivement critiqués par le SPD, le ton va être moins chaleureux, voire distant ;
– outre ce manque de contacts entre personnes et entre partis, Mendès France appartient à une autre génération. Contrairement aux « pères de l'Europe », il pense plutôt en termes économiques. Sa génération est marquée par un certain désenchantement, elle ne se laisse pas aller à l'euphorie à l'égard de l'Europe. Ce n'est pas tellement une union politique, mais une union économique que souhaite Mendès France, contrairement à Adenauer et à d'autres qui sont poussés d'abord par des motifs politiques[16] ;
– joue encore la véritable haine à l'encontre de Mendès France, haine qui vient du MRP[17]. Elle est en quelque sorte exportée vers l'Allemagne à tra-

vers les liens que ce parti entretient avec la CDU. À titre d'exemple, on peut citer un voyage de Franz-Josef Strauss à Paris, fin juillet 1954 : son but est d'apprendre par le MRP (en l'occurrence, Joseph Laniel et Antoine Pinay) les motifs politiques réels du nouveau numéro un français ; un télégramme du Haut-Commissariat à Bonn rapporte : « On a dit, que téléphonant de Paris à la Bühler Höhe, il [Strauss] aurait employé des formules telles que celles-ci : " Le patron ne restera plus longtemps dans la maison. " " L'affaire sera bientôt en liquidation. " [...] Pour terminer il aurait affirmé qu'il fallait maintenant s'arranger pour déboulonner Mendès France [18] » ;

– enfin, il ne faut pas sous-estimer l'aspect individuel du contact Mendès France-Adenauer, et l'influence qu'il a exercée sur la politique. Dès le début, Adenauer n'aime pas Mendès. Pourtant, ce dernier a plutôt, en 1954, une bonne chance de réussir dans les cercles gouvernementaux allemands car il souhaite rompre avec l'immobilisme ; de plus, bien qu'ayant en tête un autre modèle économique que la « *Soziale Marktwirtschaft* », il est un interlocuteur très compétent pour Adenauer, qui aspire à une croissance des échanges économiques entre les deux pays [19]. Mais le *leitmotiv* de la politique européenne d'Adenauer est à peu près ceci : « Qu'importe l'institution, pourvu que l'esprit y soit. » Pour Mendès France au contraire, la fin ne justifie pas les moyens, mais les moyens desservent la fin s'ils s'en éloignent. Cet abîme qui sépare mentalement les deux hommes marque non seulement *la fin d'une communauté d'esprit, mais aussi la fin d'une communauté d'intérêt.*

La politique allemande du gouvernement Mendès France

L'analyse de la politique allemande du gouvernement Mendès France montre un règlement des problèmes franco-allemands, aussi bien au niveau européen qu'au niveau bilatéral.

Pendant une première période de son gouvernement, dominée par le débat autour de la CED, le but du président du Conseil a surtout été « d'enchaîner » l'Allemagne de l'Ouest à l'Occident :

> *L'avantage le plus important que je vois à la ratification, celui qui [...] domine tous les autres et qui a une valeur politique que nous ne pouvons pas sous-estimer, c'est que la CED lie politiquement – je pourrais presque dire : enchaîne – la République fédérale au monde occidental. C'est une considération dont personne ne peut méconnaître la valeur*[20].

À ce moment, les relations franco-allemandes sont marquées chez Mendès France par une rivalité – économique et politique –, voire un antagonisme :

> *La participation à l'Europe nouvelle [...] n'est concevable que si nous [les Français] consolidons l'Union française et notre économie, si nous nous mettons en état de faire figure honorable dans la confrontation franco-allemande.*
> *[...] Je crois qu'il y a danger pour un organisme affaibli à entrer soudain en compétition avec des concurrents vigoureux et bien armés pour la lutte*[21].

Après la crise provoquée par l'échec de la CED, une réorientation et une concertation entre les États européens ont dû être envisagées le plus vite possible. Les conférences de Londres témoignent du succès de l'esprit de conciliation et ouvrent donc une deuxième période. On perçoit ce changement de climat en septembre 1954. La détérioration causée par l'interview d'Adenauer au *Times* le 3 septembre, qui est perçue à Paris comme « une déclaration de guerre personnelle d'Adenauer à Mendès France[22] », n'est que circonstancielle. D'autant plus que plusieurs journaux et politiciens allemands, comme le président du parti libéral, Thomas Dehler, prennent position en faveur de Mendès France et se distancient publiquement des paroles de leur chancelier[23].
Néanmoins, les négociations des accords de Paris s'avèrent difficiles. Mendès France plaide pour la reconnaissance d'une souveraineté limitée de l'Allemagne fédérale[24]. Plus délicat est le problème de l'OTAN, où apparaît une impossibilité d'ajuster les vues du Français et celles de son homologue anglais, Anthony Eden. Le premier veut la participation de l'Allemagne au pacte de Bruxelles reformé, et seulement plus tard son

adhésion à l'OTAN, de crainte que « l'entrée [de l'Allemagne fédérale] à l'OTAN n'entraîn[e] automatiquement pour elle une possibilité de réarmement inconditionnel, illimité et incontrôlé[25] ». L'intégration au sein du pacte de Bruxelles, autonome et existant au milieu de l'OTAN, ne nécessite pas, selon lui, une adhésion immédiate à ce dernier. Pierre Mendès France ne réussit pas à se faire entendre, et il doit céder le 18 septembre. Mais il est convaincu que ce fait ne favorisera aucunement l'entente franco-allemande.

Le consensus plus ou moins fermement établi n'a pas pu cacher la persistance d'un désaccord profond, en particulier s'agissant de la fondation d'une agence européenne pour l'armement. La conciliation des principes de sécurité, d'économie et d'intérêt national a dominé l'attitude de Mendès. Son souhait d'une participation de l'Allemagne à l'industrie française de l'armement en dehors de la métropole en est une illustration[26]: il a l'espoir de moderniser ainsi les colonies tout en avalant la pilule amère du réarmement allemand[27]. Mais l'Allemagne reste réservée devant ces projets. Dans le « Communiqué franco-allemand sur la coopération économique » du 23 octobre 1954, l'idée n'est plus abordée[28]. Un changement important était intervenu pendant les négociations : le remplacement du professeur Carl Friedrich Ophüls, aux principes surtout intégrationnistes, par le ministre de l'Économie Erhard, que préoccupaient avant tout les réalités économiques et la défense des principes de la « *Soziale Marktwirtschaft* ». Le sort du problème de l'agence de l'armement et d'une éventuelle coopération allemande dans la construction d'usines extra-métropolitaines va être finalement scellé par la chute du gouvernement Mendès France, le 5 février 1955 : le nouveau ministre des Affaires étrangères, Antoine Pinay, se rapproche alors des thèses allemandes, et négocie dès le début avec le même gouvernement sur la base d'une coopération multilatérale des États de l'Union européenne.

Les accords de Paris n'ont pas seulement posé les fondations de la coopération franco-allemande au niveau européen. Ils ont aussi formé la base d'un règlement des grandes querelles bilatérales, notamment la question économique et le problème de la Sarre.

Pierre Mendès France a toujours insisté sur l'importance prioritaire des échanges franco-allemands et sur le nécessaire établissement d'accords de longue durée. Loin des craintes exprimées encore en 1952 quant aux « buts égoïstes » de l'Allemagne fédérale, il voit en 1954 la coopération économique entre les deux pays comme permettant leur complémentarité sans rivalité destructrice :

> *La coopération, il faut la concevoir et la réaliser en vue d'un élargissement des champs d'activités et des débouchés. Ce n'est pas ici un cas où l'on doit renoncer à ce que l'on a, mais où l'on accroît, par un effort coordonné, la quantité des richesses produites ainsi que leurs débouchés. [...] la perspective de l'expansion économique, une coopération entre la France et l'Allemagne [...], loin de porter atteinte aux activités existantes, servira l'intérêt général en contribuant au relèvement du niveau de vie des uns et des autres*[29].

Le voisinage géographique était idéal pour une interpénétration des marchés, car il y avait des problèmes analogues. Mais, outre la politique économique très différente pratiquée en Allemagne, le dynamisme de celle-ci s'est heurté à une France rongée par les problèmes de la décolonisation, par le vide des caisses publiques, et par la perte de marchés dans ses colonies.

Adenauer et Hallstein se sont réjouis publiquement du projet de Mendès France, et ils ont pensé à un « vaste plan de coopération économique franco-allemand ». Mais, en réalité, l'Allemagne n'a pas été tellement intéressée à l'idée de devenir un marché pour la France, qui voulait y exporter plus spécialement des produits tels que le sucre et les céréales. De plus, sur le plan technologique, l'Allemagne envisageait un vaste rapprochement avec les États-Unis. L'enthousiasme de Mendès France s'est alors perdu en novembre, quand il a commencé à reprocher aux Allemands leur manque d'élan dans l'exécution des projets. Les rôles dans la politique d'intégration semblent à présent inversés : cette fois, c'est Paris qui apparaît déterminé, et Bonn qui hésite...

Les relations entre les deux hommes politiques donnent lieu à une première dégradation au mois de juin 1954, quand Mendès France refuse l'invitation des ministres des Affaires étrangères à Luxembourg, pour une réunion concernant la CED[30]. Début juillet s'ensuit le voyage de

Strauss à Paris. Après son retour, Adenauer critique sévèrement dans une interview la possible réorientation de la politique française. Il annonce, au cas où la CED serait abandonnée, sa volonté de promouvoir une armée nationale en Allemagne[31]. Par suite, un déplacement à Bonn du secrétaire d'État aux Affaires étrangères, Guérin de Beaumont, est annulé par Mendès France, qui est en colère contre son homologue allemand, et qui refuse d'accomplir le premier geste. Kluthe est alors convaincu que la détérioration des relations franco-allemandes est causée au premier chef par Strauss, « encouragé sans doute par certains milieux français[32] ». Toutefois, il s'étonne qu'Adenauer suive le mouvement, « car envers moi Adenauer n'a pas exprimé son admiration pour cet homme [Strauss], plutôt le contraire[33] ». Avant la conférence de Bruxelles est prévu un entretien, pour établir enfin une « atmosphère favorable[34] » ... mais on assiste à un silence total des deux côtés. Aucun des deux n'ose faire le premier pas.
Kluthe essaie de jouer le rôle de médiateur afin d'arranger une entrevue, qui a finalement lieu après l'échec de la conférence de Bruxelles, le 22 août. Les deux hommes en reçoivent une impression favorable, et Adenauer fait par la suite l'éloge de Mendès France, aux journalistes et à son cabinet : « C'est la première fois que j'entends un Français dire exactement ce qu'il pense ; jusqu'à présent nous n'arrivions pas à savoir ce que voulaient les Français[35] » – ce qui n'est pas très flatteur pour de Gaulle. Néanmoins, un dialogue sans tension n'a pu s'établir qu'après la conférence de Londres.
Le 19 septembre, Mendès France inaugure un monument à la mémoire des résistants de la Nièvre : il est le premier chef d'État français à accomplir un tel acte politique, tout en incluant dans son discours un plaidoyer ardent pour la réconciliation franco-allemande. C'est aussi la première fois depuis son arrivée au pouvoir qu'il parle de l'Allemagne en termes bienveillants. Il évoque, non plus un tête-à-tête égoïste de deux voisins, mais une coopération constructive qui, cependant, aurait plus de possibilités d'aboutir dans le cadre d'une coopération européenne :

> *Notre réponse comporte avant tout l'affirmation d'une volonté sincère de réconciliation définitive entre la France et l'Allemagne. Oui, je veux le dire justement dans cette cérémonie*

> *qui commémore la lutte menée par les maquis contre l'Allemagne hitlérienne [...]. Au-delà de notre lutte de 1940 à 1945 [...], ce n'est pas vers une autre lutte encore que nous souhaitons voir le pays s'engager après la Libération si chèrement acquise. [...] Une compréhension loyale, réelle, durable, entre la France et l'Allemagne, demande pour se réaliser pleinement autre chose qu'un tête-à-tête entre les deux nations. L'association doit être plus vaste. Elle doit comporter d'autres pays voisins près de nous par l'histoire, par les épreuves passées et par le cœur*[36].

L'avenir est un avenir de paix et non de rancune. La France et l'Allemagne constituent alors pour Mendès France le noyau d'une coopération européenne. Cette position rappelle celle de 1952, mais à la différence qu'il parle maintenant d'une égalité et d'une concordance de buts. « La France et l'Allemagne ont besoin l'une de l'autre » : avec cette formule simple, Mendès signale sa position nouvelle.

D'un intérêt particulier est la rencontre de La Celle-Saint-Cloud entre les deux chefs de gouvernement. Le dialogue dans l'ancienne résidence de madame de Pompadour fonde une coopération économique et politique multiple. D'abord, tous les deux sont d'accord pour se consulter à l'avenir sur les questions soviétiques. Trois contrats symboliques sont conclus par ailleurs : des accords sur la déportation, sur les tombes de guerre, et un accord culturel. Ce dernier a toutefois dû attendre 1963 pour entrer dans les faits.

En décembre 1954, seul le problème de la Sarre jette encore une ombre sur les relations entre les deux États. Pour l'opinion publique française, confrontée quotidiennement entre 1948 et 1954 aux problèmes de l'Indochine, ainsi qu'à ceux d'Afrique du Nord, la Sarre représente plutôt un problème secondaire, tandis qu'il est un enjeu national de l'autre côté du Rhin. La Sarre, c'est, entre les deux nations, un symbole, un test du succès ou de l'échec de la politique européenne, une question de confiance. Pierre Mendès France a reconnu la large culture allemande de la Sarre, mais il veut s'assurer d'avantages économiques. Il s'inscrit dans la continuité de la politique française en Sarre et défend les mêmes exigences que Schuman en 1952. La signature des accords sur la Sarre, le 23 octobre 1954, a été remise en question notamment par l'interprétation de l'esprit du texte, le statut – définitif ou provisoire ? – ainsi que par des divergences concernant l'autorisation de partis pro-allemands et des aspects économiques. À la fin de l'année, la polémique se termine néanmoins par l'adoption du traité à l'Assemblée nationale.

Une amélioration définitive des relations franco-allemandes s'accomplit du côté allemand à la suite d'une réunion du gouvernement allemand, le 28 décembre. Selon un télégramme de François-Poncet : « Le chancelier avait déclaré qu'il avait sous-estimé Mendès France mais qu'il croyait maintenant qu'il était de l'intérêt de la République fédérale de soutenir sa politique et de rechercher un accord avec lui[37]. » Même s'il est alors trop tard pour sauver le gouvernement français, la rencontre entre Adenauer et son homologue français à Baden-Baden, le 15 janvier, est détendue. On a reproché par la suite à Mendès France d'avoir choisi Baden-Baden et non Bonn comme lieu de rencontre, car sa visite était hautement symbolique : c'était la première fois qu'un chef de gouvernement français venait en visite officielle en Allemagne depuis la Seconde Guerre mondiale.

Jusqu'en 1955, le tandem franco-allemand a été marqué par la prépondérance française. Quand la différence de statut a pris fin, Pierre Mendès France a visé à garder la position française de *primus inter pares,* ce qui est perceptible à travers son projet pour l'Union européenne occidentale (UEO), sa politique nucléaire et son désir de sauvegarder le potentiel sarrois. Ainsi, sa proposition d'un triumvirat au sein de l'OTAN et sa volonté de construire l'arme nucléaire étaient motivées, moins par une nécessité militaire que par l'exigence française de jouer un rôle aux côtés des États-Unis et de l'Angleterre afin d'empêcher une parité avec l'Allemagne fédérale.

La communication avec cette dernière passait d'abord par le cadre européen : la politique européenne était pour lui un moyen de maîtriser la politique allemande. Pour parler d'une manière plus imagée, seule l'Europe était en mesure de digérer l'Allemagne, ce que montre l'exemple de la Sarre.

Mendès France a cherché à contrebalancer la croissance économique allemande en augmentant l'intensité du lien franco-britannique. Car il avait une conception historique traditionnelle des liens étatiques comme unissant d'abord les nations, ensuite les gouvernements actuels : les liens historiques, c'est par sa politique qu'il entendait les dévoiler. Ce raisonnement permettrait de comprendre son scepticisme latent à l'égard de l'Allemagne, scepticisme qu'il n'a jamais pu surmonter vraiment au long de sa vie. Selon lui, il ne suffisait pas de réaliser les intentions du MRP pour que l'Allemagne fût incitée à suivre le chemin de la démocratie. En ce cas, qu'en est-il du national-socialisme comme phénomène d'une époque ? S'il le voyait comme un phénomène *sui generis,* pourquoi la peur subsistait-elle, et pourquoi les appels à l'encontre d'un nouveau « danger allemand » ne cessaient-ils pas ? C'est que le « naturel allemand », avec sa dynamique agressive, lui resta suspect.

Voilà pourquoi Pierre Mendès France visait une politique d'équilibre avec l'Angleterre plutôt qu'un axe exclusif Paris-Bonn. Mais il se trouvait entre deux chaises : d'un côté, il était confronté à un engagement minime de l'Angleterre sur le continent, à un échec pour jouer un rôle d'interlocuteur avec l'URSS, et à des difficultés pour faire entendre ses exigences nationales par les États-Unis ; d'un autre côté, il voyait de plus en plus dans l'Allemagne un partenaire égal dans la politique européenne et dans la coopération économique, ainsi que des avantages pour la France à initier la construction européenne et la réconciliation franco-allemande.

À partir de septembre 1954, on perçoit donc un subtil changement de vue dans les relations franco-allemandes. Une nouvelle dimension s'est révélée quand la relation n'a plus semblé imposée par Londres et Washington. En novembre, Mendès France voulait de l'Allemagne, non plus comme « alliée », mais comme « associée », et il croyait à une communauté d'intérêt qui lierait les deux États. Par la suite, il a plutôt parlé d'une « liaison », à connotation positive, que d'un « enchaînement » de la République fédérale à l'Ouest. Fin décembre, il soulignait que l'entente franco-allemande était le pivot des accords de Paris. Il rappelait les grandes traditions positives des deux cultures et plaidait pour qu'elles se mêlent. Une bonne entente avec la Grande-Bretagne était toujours primordiale, mais, indépendamment de cela, il développait la prise de conscience d'un voisinage fructueux entre la France et l'Allemagne. Dans ce dernier pays, cela étonna le SPD, qui s'attendait à un engagement ponctuel, et non pas à long terme, de la part de Mendès France.

L'exemple de Pierre Mendès France

Rares sont les présidents du Conseil qui ont joui d'une telle aura en Allemagne. Thomas Mann écrivait ainsi, en 1954 :

> *Le temps, cadeau précieux, nous est donné afin qu'en lui nous devenions plus mûrs, plus sages, plus parfaits. Il est la paix même, et la guerre n'est que la sauvage négation du temps, la percée hors de lui dans une exclusion d'impatience démente. [...] Qu'un patriotisme ardent n'exclut pas la faculté et la volonté d'entreprendre et de réussir par la négociation ce que l'assassinat et le meurtre ne peuvent accomplir, la France, en la personne de son grand premier ministre, Pierre Mendès France, vient encore de le démontrer. La France a un homme. Puisse-t-elle avoir le temps.*

Malheureusement, du temps pour gouverner, Pierre Mendès France n'en a pas eu beaucoup.

Avec le temps, la France et l'Allemagne se sont rapprochées l'une de l'autre, comme en ont témoigné récemment encore les actes de reconnaissance mutuelle de Weimar.
Contrairement à ce qui se passait pendant l'année 1954, on constate à présent non plus une crise de confiance *entre* les deux pays, mais plutôt *à l'intérieur* de ceux-ci. Il semble que le grand problème de notre temps soit que les hommes politiques n'arrivent plus à obtenir la confiance des citoyens. Cette crise est actuellement peut-être plus aiguë en Allemagne qu'en France, si l'on en croit des sondages et articles de presse récents[38].
Le « modèle allemand » ne fait plus rêver : il se heurte à des problèmes de chômage massif, à un manque d'élan économique et à un blocage des réformes. L'incertitude s'ajoute à cela : qui viendra après Kohl ?
En même temps existe un effort perceptible d'examiner les choses cachées, ce « passé qui ne passe pas », selon l'expression de Conan et Rousso : en France – avec le pesant héritage de Vichy –, en Suisse, en Italie, ou en Allemagne – avec la problématique née de la réunification.
Ce qu'il faut aujourd'hui, c'est regarder le mal en face, c'est admettre l'existence du mal en soi. L'Histoire nous enseigne que la démocratie n'est pas un acquis définitif, mais seulement le résultat provisoire de conflits

sociaux et de combats politiques. L'Histoire nous montre aussi que, cinquante ans après Auschwitz, hélas! un génocide a pu se reproduire au Rwanda. Voilà pourquoi le principal enseignement de l'Histoire est que, si la disposition de l'homme pour la justice rend la démocratie et la tolérance possibles, la disposition de l'homme pour l'injustice rend la démocratie et la tolérance nécessaires.

---

1. Voir: Institut Pierre-Mendès-France (IPMF), Dossier Accords de Paris II, sous-dossier 4. [notes de l'auteur]

2. Dans « L'idéologie française vue d'Allemagne » (*in:* Mendès France, P., *Œuvres complètes,* I, pp. 115-118), publié en 1930, Mendès France répondait à deux articles allemands sur l'évolution de la politique française. Il y incluait un flamboyant plaidoyer pour une image juste de la France; non pas une France sous l'influence des idées de Barrès et de Maurras, mais imprégnée de celles de Jaurès, Alain et Briand sur le nécessaire rapprochement franco-allemand. Même si la réalité s'est avérée différente par la suite, il est intéressant de noter que Mendès France s'engageait concrètement à cette époque pour dissiper – en vain, malheureusement – les malentendus et les images fausses que les voisins se faisaient l'un de l'autre.

3. « ...pour qu'elle ne coûte plus aux pays occupants, mais qu'au contraire, elle leur paie les réparations qu'elle leur doit et afin qu'elle assure à ses populations un niveau de vie convenable. [...] mon pays [la France] n'admettrait pas que ce niveau de vie soit supérieur au sien propre. [...] l'Allemagne doit être orientée vers les activités productrices; les voies de l'économie militaires comme celles de l'autarcie doivent lui être interdites. » (Mendès France, P., « Le problème allemand », *O.C.,* II, pp. 226-229; citation: p. 228 *sq.*)

4. Une « sagesse politique », car restaurer complètement la force économique de l'Allemagne impliquerait le risque d'une éventuelle résurgence de sa force militaire; un « acte de justice », car la réduction du potentiel allemand s'effectuerait au profit des autres nations occidentales: « La priorité n'appartient pas à l'Allemagne, [...] la priorité appartient aux pays dévastés. » (*ibid.,* p. 227)

5. « La France et l'Allemagne dans la construction européenne », *ibid.,* pp. 366-368; citation p. 367.

6. Kluthe à Mendès France, lettre du 15/07/1954 (IPMF, Correspondance, Kluthe).

7. Mendès France, télégramme circulaire, 8/08/1954, *in:* Ministère des Affaires étrangères (MAE), *Documents diplomatiques français 1954* (*DDF*) (Paris, Imprimerie nationale, 1987), n° 46, p. 101 *sq.*

8. Mendès France à François-Poncet, télégramme n°2306/08, 26/07/1954, *in:* Hildebrand, K., Möller, H. (Hg.), *Die Bundesrepublik Deutschland und Frankreich: Dokumente 1949-1963* (München, K.G. Saur, 1997), I, n°132, pp. 434-435; citation p. 434.

9. Mendès France, P., « À la veille de la conférence de Londres », interview du 27/09/1954, *in: O.C.,* III, pp. 356-365. Voir aussi la réaction de Raymond Aron dans *le Figaro* du 29/09/1954.

10. Mendès France pense qu'une entente bilatérale avec l'Allemagne ne suffit pas pour cela; Washington et Londres devraient en outre jouer le rôle de médiateur et de garant, souhait matérialisé dans les accords de Paris par l'article concernant la présence des troupes américaines et anglaises sur le continent. « ...retirer les forces du continent, c'est livrer les clefs de notre sécurité à un gouvernement allemand que ses revendications territoriales et sa situation géographique orienteront vers un rapprochement avec l'Est » (Mendès France, télégramme circulaire, 2/11/1954, *in: DDF 1954, op. cit.,* n°309, pp. 641-643).

11. L'Ouest ne doit pas fermer définitivement la porte à un dialogue, car une politique de rappro-

chement avec l'URSS contribuerait à rebalancer l'équilibre européen et assurerait en même temps plus d'indépendance à l'égard des États-Unis. Brandt et Mendès France ont entretenu une correspondance régulière dans les années soixante-dix, et ils ont collaboré au sein de l'ICIDI (*Independant Commission on International Development Issues*) de 1977 à 1979.

12. Voir : Adenauer, K., *Erinnerungen*, II, 1953-1955 (Stuttgart, 1966), p. 278 ; Elgey, G., *Histoire de la IVe République. La République des tourmentes (1954-1959)*, III (Paris, Fayard, 1992), p. 215.

13. Les partisans d'une politique ayant pour priorité l'axe Paris-Bonn (Philippe Baudet, Jean-Marie Soutou, Roland de Margerie, Jean Laloy, André Bettencourt, Roland de Moustier) ont insisté sur une politique de sécurité de l'Ouest et de réarmement allemand. Après la conférence de Berlin, ils ne croient plus au changement de politique allemande de Moscou. Ils plaident pour une politique européenne ferme, préférant même la réalisation d'une alliance franco-allemande avant une éventuelle ratification du traité sur le réarmement allemand. Par contre, ils n'ont envisagé un dialogue avec Moscou qu'après une solution du problème du réarmement allemand. C'est surtout Jean-Marie Soutou qui a dominé les affaires allemandes au gouvernement Mendès France. C'est lui qui a organisé avec Blankenhorn et Spaak l'entrevue Mendès France-Adenauer après l'échec de la conférence de Bruxelles, fin juillet 1954.

14. Boris a peut-être été le plus méfiant à l'égard de l'Allemagne. Il a vécu douloureusement l'héritage de la guerre, comme Moch qui dit, à propos des années cinquante : « ...j'éprouvais une véritable répulsion pour tout ce qui, de près ou de loin, avait touché au nazisme, avait collaboré avec lui ou s'était incliné devant lui. [...] À l'époque, j'avais tendance à prendre tous les Allemands pour des suppôts de Hitler [...] il m'était odieux d'avoir à accueillir des délégués allemands, tous anciens officiers des armées hitlériennes. » (Moch, J., *Histoire du réarmement allemand depuis 1950* [Paris, Laffont, 1965], p. 268 *sq.*). Après la mort de Staline, en mars 1953, Boris et Moch ont cru à un changement de climat, et ils ont eu l'espoir de réaliser un rapprochement sincère avec l'URSS, pour rendre obsolète un réarmement allemand, de même que Simon Nora, qui a souhaité un dialogue sérieux avec Moscou. Dans cet esprit, Maurice Duverger s'est demandé, en novembre 1954, si l'on n'arriverait pas bientôt, non pas à européaniser l'Allemagne, mais à germaniser l'Europe (*in : Le Monde*, 8/11/1954).

15. Traduit de : Hausenstein, W., *Pariser Erinnerungen. Aus fünf Jahren diplomatischen Dienstes 1950-1955* (München, 1961), p. 108.

16. Par exemple, après la conclusion des accords de Paris, Mendès France a expliqué ceux-ci au cours des « Causeries du samedi » en faisant notamment allusion aux avantages qui en résulteraient pour l'agriculture française ; de même pendant sa rencontre avec Adenauer en janvier 1955 : « La conclusion de l'accord est donc un événement d'une grande portée, et d'autant plus qu'il met fin à un long et pénible litige. [...] C'est sur ce point de vue que je voudrais vous parler ce soir de mes conversations avec le chancelier Adenauer sur des sujets de caractère économique, auxquels j'attache une grande importance [...] » (Mendès France, P., « France et Allemagne ont besoin l'une de l'autre », *O.C.*, III, pp. 411-414). Voir aussi sa conversation avec Adenauer le 22/08/1954 à Bruxelles (IPMF, Dossier CED II).

17. Pour le MRP, comme pour la plupart des autres partis, Mendès France est porté au pouvoir afin de régler le problème indochinois. Après la conclusion des accords de Genève, il est perçu comme une charge. Le MRP lui garde une rancune particulière à la suite de son conflit avec Georges Bidault et de son choix d'entrer en négociation avec le Viêt-minh communiste. Cette haine est aggravée par l'échec de la Communauté Européenne de Défense, « le crime du 30 août ». La réussite européenne de Mendès France, avec la conclusion du traité de Paris, a constitué l'autre coup grave pour le MRP, le parti européen par excellence : les MRP supportent d'autant moins cette concurrence que Mendès exerce une attirance croissante sur leur clientèle électorale – les femmes et le catholicisme progressiste et de gauche (Alfred Grosser et François Mauriac, notamment, aident à l'ouverture des milieux catholiques envers Mendès France).

18. Télégramme du Haut-Commissariat de la République française en Allemagne à Mendès France, 18/09/1954 (MAE, Europe 1944-1960, Allemagne, t. 386, f. 96).

19. Kluthe à Mendès France, lettre du 5/08/1954 (IPMF, Correspondance, Kluthe) : « Loin de se fâcher du ton un peu aigri de quelques passages, il [Adenauer] a noté le caractère positif de ce que vous dites. [...] Vos succès lui donnent une vive satisfaction, et il est plein de sympathie et d'admiration pour vous. Il m'a dit que la chute de votre gouvernement serait une catastrophe pour le monde libre ». Par ailleurs, Mendès et Adenauer ont des points communs : tous deux ont lutté pendant la Seconde Guerre mondiale dans la Résistance, et ils occupent tous deux en 1954 le poste de chef de gouvernement de pair avec celui de ministre des Affaires étrangères.
20. *Journal officiel de l'Assemblée nationale* (*JOAN*), 29/08/1954, p. 4434.
21. Citations extraites de discours prononcés par PMF à l'Assemblée nationale le 9 juin et en août 1954 (*L'Année politique, 1954*, p. 386 *sq.* ; *JOAN*, 2/08/1954, p. 4017) ; nos italiques.
22. Voir le titre d'un article de la *Frankfurter Allgemeine Zeitung*, 6/09/1954 : « *Paris spricht von einer "Kriegserklärung"* ».
23. Voir : *Frankfurter Allgemeine Zeitung*, 7/09/1954 ; *Die Zeit*, 9/09/1954.
24. Selon PMF, si l'on admettait la pleine souveraineté de l'Allemagne fédérale, cela impliquait la reconnaissance de l'existence des deux États souverains allemands et le fait que l'Allemagne fédérale serait à la merci de l'URSS. Si l'on admettait la pleine souveraineté pour l'ensemble de l'Allemagne, cela provoquerait par contre l'impossibilité de résoudre le problème de la Sarre, l'anticipation du traité de paix et l'exclusion d'une future réunification allemande en accord avec l'URSS. C'est pour cette raison que Mendès France plaidait pour la reconnaissance d'une souveraineté limitée.
25. *JOAN*, 7/10/1954, p. 4572.
26. Mendès France à Haussaire (Bonn), télégramme n°4569/73, 23/12/1954 (MAE, Europe 1944-1960, Allemagne, t. 387, f. 130) : « le réarmement de l'Allemagne paraîtra aux Français comme beaucoup moins dangereux si les Allemands s'approvisionnent en France d'une partie de leurs armes et s'ils se dirigent [...] vers la création d'usines de fabrication franco-allemandes, qui pourraient être situées par exemple dans certains de nos territoires d'Outre-Mer. »
27. « ...il n'y a aucune raison pour que nous refusions la contribution que l'industrie allemande pourra peut-être fournir ici ou là pour contribuer au développement de territoires insuffisamment développés jusqu'à ce jour. » (*JOAN*, 23/12/1954, p. 6817).
28. Voir : *Europa-Archiv*, 9 *Jg.* (1954), p. 7020.
29. « La France et l'Allemagne ont besoin l'une de l'autre », *op. cit.*, p. 413.
30. *Le Monde*, 26/06/1954.
31. Voir : Wettig, G., *Entmilitarisierung und Wiederbewaffung in Deutschland 1943-1955. Internationale Auseinandersetzungen um die Rolle der Deutschen in Europa...* (München, 1967), p. 568 *sq.*
32. Kluthe à Mendès France, 21/09/1954 (IPMF, Correspondance, Kluthe).
33. *Ibid.*
34. *Ibid.*
35. Cité d'après : Mendès France, P., *Choisir. Entretiens avec Jean Bothorel* (Paris, Stock, 1974), p. 74.
36. Mendès France, P., « De la Résistance à la réconciliation franco-allemande », *op. cit.*, p. 328.
37. Haut-Commissariat de la République française en Allemagne à Mendès France, télégramme, 8/01/1955 (MAE, Europe 1944-1960, Allemagne, tome 388).
38. Voir : Proissl, W., « Die blockierte Gesellschaft », *Die Zeit*, 19/09/1997.

Pierre Mendès France homme d'action

Claude Cheysson *

L'action de Pierre Mendès France en politique extérieure n'a jamais été aussi marquante que quand il a exercé le pouvoir en tant que président du Conseil, ayant alors une véritable capacité de décision. Il s'est révélé dans ces circonstances comme un homme d'action. N'oublions pas que, quand en juin 1954, il est appelé au gouvernement, la situation est grave en Indochine, et l'on compte sur lui pour agir.
Agir, il va le faire selon sa méthode. Il faut choisir. Pour choisir, il faut avoir examiné tous les éléments de la décision. Il faut alors décider. Et cette décision doit engager la France, donc être appuyée par l'ensemble du peuple. Et il faut s'engager résolument, donc se donner les moyens de l'action.

La conférence de Genève

Choisir, pour Pierre Mendès France, en 1954 – mais c'était sa conviction depuis longtemps –, cela comporte sans aucun doute de reconnaître au peuple vietnamien le droit à l'indépendance. Mais cela n'est possible que dans certaines conditions, celles mêmes qui sont discutées à Genève. Il n'est pas question que ce peuple, qui affirme son droit à l'indépendance, soit aussitôt soumis à des contraintes, à un régime insupportable.
Se donner les moyens de l'action, cela comporte l'appui de l'opinion, et, pour la première fois – nous y reviendrons –, PMF multiplie les actions directes auprès du peuple de France, pour que celui-ci se sente engagé. Il marque cette volonté en obtenant, aussitôt, du Parlement une décision

* Ancien ministre des Relations extérieures, ancien collaborateur de Pierre Mendès France.

surprenante, mais fondamentale, à savoir que le contingent pourra être envoyé en Indochine. C'est donc le peuple français lui-même qui, si les conditions satisfaisantes ne peuvent pas être réunies à Genève, ira combattre. Car l'action comporte l'éventualité du combat. Ce n'est pas seulement en invoquant la paix que l'on peut aboutir.

Se donner les moyens de l'action, ensuite examiner la situation avec le plus grand réalisme. La carte militaire est détestable. Les Américains, qui devraient être importants compte tenu de leur puissance, ne souhaitent pas que la conférence de Genève aboutisse ; ils l'ont bien marqué : la délégation américaine menace de ne pas revenir à Genève. La Chine donne un appui inconditionnel au Viêt-minh. En revanche, le réalisme permet aussi de constater, – et cela va donner une orientation particulière à la politique étrangère du président Mendès France pendant un temps –, que les rapports entre l'URSS et la Chine ne sont pas cordiaux ; en d'autres termes, l'URSS, représentée par Molotov à Genève, ne souhaite pas que la Chine étende son influence, sa puissance grâce à une victoire spectaculaire de son allié viêt-minh. Un autre phénomène intéressant se manifeste à Genève, à savoir que l'Inde, très désireuse d'éviter un conflit majeur en Extrême-Orient, est prête à s'engager ; certains diront que l'Inde n'est pas puissante ; Mendès, lui, a compris depuis longtemps que l'Inde et les pays non alignés étaient importants à terme, et que, dès cette époque, leurs actions seraient, sinon déterminantes, tout au moins lourdes d'effets. Mendès va donc multiplier les contacts directs. Il rencontre Chou En-lai, le Premier ministre de la Chine. Il rencontre Pham Van Dong, le chef de la délégation viêt-minh, et joue habilement de la fierté nationaliste vietnamienne par rapport à la Chine. Il met les Américains au défi de ne pas revenir à Genève.

En outre, toutes les habiletés sont utilisées : puisqu'il est évident que l'on n'arrivera pas à un traité de paix, eh bien, il n'y aura pas de traité ! On parle depuis lors des « Accords de Genève ». Il n'y a jamais eu d'« Accords » de Genève, il y a des conventions militaires entre chefs militaires, vietnamien et viêt-minh, khmer, laotien, et français bien sûr, mais il n'y a pas de traité de paix. Bien plus, chaque pays est invité à faire une déclaration politique fondamentale à la fin de la conférence de Genève. Ces déclarations sont largement contradictoires, mais elles sont considérées comme partie intégrante des « Accords de Genève ».

Moyennant quoi, on boucle à Genève. Est-ce le début d'une grande politique Nord-Sud dans une région particulièrement sensible et intéressante ? Les beaux esprits naturellement le souhaitent. Le président Mendès France, lui-même, le voudrait. Mais il a bien d'autres problèmes, beaucoup plus urgents, à traiter. S'il a dû se consacrer à régler l'affaire d'Indochine, ce n'était pas pour engager une politique Nord-Sud ; il l'aurait volontiers encouragée, mais ce n'est pas sa priorité du moment. La politique Nord-Sud, il la marquera ailleurs, plus tard, cela a déjà été dit ici, en offrant à la Tunisie l'autonomie interne, et en s'engageant profondément cette fois, ce qui n'a pas été le cas pour l'Indochine.

La crise des relations franco-américaines et le réarmement allemand

La conférence de Genève aura d'autres conséquences en politique extérieure. Première conséquence, la relation avec les États-Unis a été gravement affectée. John Foster Dulles, chacun le sait, était un apôtre, un champion, un obsédé de la lutte anticommuniste. Il ne pardonne pas aux Français d'avoir abandonné une base d'action sur la frontière chinoise. Au cours d'une rencontre avec le chef de la délégation française, pendant l'intérim entre les gouvernements Laniel et Mendès France, John Foster Dulles avait mis en garde : « En tout cas, il faut garder les positions militaires au Nord-Viêtnam, à partir desquelles nous pourrons directement menacer la Chine. » John Foster Dulles ne pardonne pas l'abandon du Tonkin. Plus grave encore, il est convaincu, et honnêtement convaincu – c'est un homme simple –, que Mendès a été l'instrument des Soviétiques ; il remarque qu'on n'aurait jamais abouti à Genève, si les Soviétiques n'avaient pas, en coulisses, fait pression ; comment expliquer autrement que le Viêt-minh ait renoncé à une carte militaire qui était en réalité, sur le terrain, infiniment meilleure que celle tracée à Genève ? Le ministre américain est convaincu que Mendès est dans la main des Soviétiques. Ce seront alors les pressions sur la France, que vous connaissez : la chute du franc, le jeu en Bourse…, les actions dont les Américains sont capables dans de tels cas.

Pour Mendès, ceci n'est pas acceptable, mais c'est une réalité. Alors, de nouveau, nous voyons apparaître l'homme d'action. Il décide de voir au

plus tôt le président des États-Unis. Mais il fait précéder la rencontre d'une visite au Canada ; il sait que les Canadiens se feront l'écho de ce qu'ils auront entendu. Il annonce qu'aussitôt après Washington, il ira faire un grand discours aux Nations Unies[1]. Peu avant, d'autre part, et je ne puis m'empêcher de noter le moment, il a procédé à des consultations à Paris au cours desquelles il s'est engagé à poursuivre et à accélérer les recherches, puis les essais qui permettront à la France de disposer de son arme nucléaire sans recourir à l'aide américaine. La décision formelle ne sera prise qu'en décembre, mais les Américains en auront vent avant la visite de PMF[2]. Et je reste persuadé que ces démonstrations d'indépendance et d'influence auront puissamment contribué à l'apaisement de la crise.
Cette crise avec les Américains avait eu, et aura encore, d'autres conséquences. Sunna Altnöder a évoqué les rapports entre la France et l'Allemagne, et elle a noté la difficulté de relations entre le président Mendès France et le chancelier Konrad Adenauer. Ce qu'elle n'a pas rappelé est qu'Adenauer a été mis en garde par John Foster Dulles contre Mendès, contre ce partenaire de l'URSS. Il semble qu'Adenauer l'ait écouté, ce qui est bien regrettable. Il est probable qu'il écoute d'autant plus volontiers qu'il ne sent pas chez son partenaire français, le chef de l'exécutif Pierre Mendès France, l'engagement européen qu'il souhaiterait.
Nous en venons ainsi à un aspect important de la situation en 1954-1955. Mendès, à cette époque en tout cas, accepte certes qu'il y ait une réduction des contrôles imposés à l'Allemagne, que celle-ci recouvre une possibilité de développement, conjointement avec les autres Européens occidentaux, dont la France en particulier ; il a accepté sans joie la Communauté européenne du Charbon et de l'Acier (CECA), mais je ne crois pas qu'il ait encore admis un réarmement allemand substantiel. Certes, il faut tenir compte de la volonté des Américains qui estiment qu'ils ont besoin d'un corps de bataille allemand sur le front européen. C'est une réalité : Mendès est réaliste ; il ne pense pas pouvoir s'y opposer totalement, mais c'est pour lui bouleversant, telle est ma conviction. Alors, en effet, il ne fera évidemment rien pour que la Communauté Européenne de Défense (CED) soit approuvée par le Parlement français. Et, puisque ce réarmement allemand paraît indispensable à nos alliés américains, il faudra l'encadrer strictement, dans le cadre contraignant de l'OTAN. L'Europe a besoin de la protection américaine face aux Soviétiques ; s'il doit y avoir réarmement

allemand, qu'il soit totalement encadré. Et c'est ainsi que l'on ressortira le traité de Bruxelles – un traité qui avait été conclu contre l'Allemagne ! Il sera transformé par les accords de Londres ; mais, dans l'esprit de Mendès, l'Union européenne occidentale (UEO) est réveillée pour que l'Allemagne soit strictement encadrée dans l'OTAN.

Choisir

Nous avons ainsi vu Pierre Mendès France dans l'action ; nous avons tenté d'analyser son mode de faire. Choisir : se donner les éléments du choix, puis s'engager. Pour lui, l'engagement doit être clair. Et, une fois pris, il doit être loyalement, fermement respecté, accompli. Agir comporte évidemment le respect des grands principes démocratiques. Là où la France s'engage, il doit être clair que c'est l'engagement du peuple. Cet engagement du peuple, Pierre Mendès France le cherchera en toute circonstance, cela a été dit par plusieurs intervenants, dans une relation directe avec le peuple, en passant au-dessus des partis. Mendès France a du respect, mais n'a pas de sympathie pour les partis politiques ; il faut dire que le parti radical ne l'a pas enchanté, que la SFIO est dans un état redoutable à l'époque, et est singulièrement conservatrice, sinon arriérée, sur tous les problèmes du tiers monde, en particulier sur les problèmes d'Afrique du Nord – pensez à Guy Mollet –, tandis que le parti communiste est un adversaire. Donc, agir auprès du peuple, non seulement globalement, à travers des causeries radiophoniques telles que celles du samedi, mais, chaque fois que c'est possible, en s'adressant directement à des responsables de secteurs d'action ou d'activité. J'étais auprès du président, comme un très modeste membre de son cabinet, quand il a engagé la négociation avec la Tunisie ; aussitôt, il a tenu à rencontrer des militaires français engagés en Tunisie ; il a ainsi obtenu un appui remarquable de leur part. Je me souviens d'un jour où j'étais dans son bureau de Matignon[3] ; il recevait le général commandant les troupes françaises en Tunisie. Celui-ci, après avoir déjà pris congé du président du Conseil, revient sur ses pas, claque des talons, et lui dit : « Avec vous, Monsieur le président, tout est possible. »

Donc chercher l'appui direct du peuple sous toutes ses formes. Refuser absolument l'inertie des citoyens – l'expression qu'a employée Robert

Badinter–, dans la recherche d'une certaine vérité, de l'affirmation d'une certaine justice.

Alors, une question grave se pose, notamment pour les gens de ma génération – nous étions jeunes à l'époque : comment expliquer qu'un homme de cette trempe, qu'un homme qui a donné tant de preuves de son patriotisme – oui, j'ai bien dit patriotisme–, qu'un homme aussi engagé au service de la France, aussi sincère, aussi honnête, et reconnu par tous comme tel, comment se fait-il que la France n'ait eu recours à lui, au niveau suprême de responsabilité, qu'une seule fois... et pour traiter d'une catastrophe ? À cette question, grave, François Mitterrand, auprès de qui j'ai travaillé beaucoup plus tard, donnait une réponse, que je n'aime pas car, malheureusement, elle s'est révélée exacte : « Il ne faut pas, m'a dit le président de la République, proclamer avec force ce qui est juste et ce qui est vrai, car alors, on se prive de toute possibilité de manœuvrer », et d'ajouter, à une autre occasion : « Et cela, Mendès ne l'a jamais compris. Alors, il a été au pouvoir sept mois. Sept mois au pouvoir, à quoi ça sert ? »

---

1. Pierre Mendès France séjourna en voyage officiel au Canada du 14 au 17 novembre 1954, puis aux États-Unis (Washington du 17 au 19, New York du 20 au 23). Il parla à la tribune de l'ONU, à New York, le 22 au matin, après sa visite à Washington ; le projet de discours prévoyait de demander l'interruption des explosions nucléaires ; le discours effectivement lu n'en fait pas mention, tout en plaidant pour le désarmement et l'utilisation pacifique de l'atome, et en se montrant très ferme à l'égard de l'URSS. Une partie de l'allocution a trait aux pays « en voie de développement » et à l'aide que les Nations Unies doivent leur apporter. Le choix de commencer ce séjour en Amérique du Nord par une visite au Canada, et d'abord par Québec – où l'accueil fut triomphal –, avait visiblement pour buts de montrer aux États-Unis que l'influence française ne se limitait pas à la France, et de préparer les entretiens avec Eisenhower et Dulles, notamment en créant un climat plus favorable par une première démonstration de fermeté vis-à-vis des propositions soviétiques. Succès à titre personnel, le voyage de PMF eut des résultats très mitigés par rapport à ses objectifs. [notes de D.F.]

2. Pendant la conférence de Londres (28 septembre-3 octobre 1954), Pierre Mendès France défendit avec acharnement la possibilité pour la France de construire l'arme nucléaire. En effet, devant les demandes du chancelier Adenauer, qui revendiquait ce droit pour l'Allemagne fédérale, États-Unis et Grande-Bretagne trouvaient plus simple de le refuser à la fois à l'Allemagne et à la France. Mendès France dut déployer toute son obstination pour préserver l'avenir : il s'abstint même de participer à un dîner officiel sous prétexte d'une maladie qui exprimait son indignation de manière diplomatique, et refusa de recevoir Anthony Eden dans sa chambre, où il dînait joyeusement. Américains, Britanniques et Allemands furent obligés de s'incliner devant la volonté française : la conférence de Londres déboucha sur l'interdiction faite à l'Allemagne de construire les armements ABC (atomiques, bactériologiques, chimiques), tandis que la France gardait ce droit. Il semble que c'est lors de ces discussions que Pierre Mendès France acquit la conviction qu'il fallait se doter de l'arme nucléaire, en dépit de l'opinion contraire donnée par Henri Longchambon (secrétaire d'Etat à la Recherche scientifique), Jules Moch (représentant de la France à la commission de l'ONU sur les

problèmes de désarmement), et Francis Perrin (haut-commissaire à l'Énergie atomique), qui essaya de le convaincre dans l'avion emmenant les deux hommes vers l'Amérique du Nord en novembre, et qui relut la partie relative à l'arrêt des expérimentations atomiques dans le projet de discours que PMF devait prononcer à l'ONU. Interrogé à ce propos, Claude Cheysson a précisé : « La décision formelle relative à l'arme atomique est postérieure au voyage en Amérique, mais PMF est décidé auparavant et je reste convaincu qu'il en fait état auprès des Américains, au plus tard à la veille de sa rencontre avec le Président Eisenhower. C'est d'ailleurs parce qu'il est décidé à aller de l'avant qu'il se garde bien de recommander l'interdiction des essais nucléaires dans son discours à l'ONU. » (lettre à D. Franche, 15 mars 1998, consultable à l'IPMF). G. Elgey va dans le même sens en écrivant que PMF suggéra à Dulles l'interdiction des explosions nucléaires expérimentales, mais que son interlocuteur refusa « tout net » (*Histoire de la IVe République, La République des tourmentes*, tome I, p. 286). Quoi qu'il en soit, le dimanche 26 décembre 1954 se tint une réunion au cours de laquelle, après avoir écouté les avis de personnalités civiles et militaires, le président du Conseil annonça que la décision était prise : la France construirait l'arme nucléaire et deux sous-marins atomiques. Le lendemain, une fuite, organisée ou non, relatait la réunion dans *Le Monde*. H. Longchambon, J. Moch et F. Perrin tentèrent à nouveau de convaincre PMF qu'il ne fallait pas se hâter, la France n'ayant pas encore atteint la « patte d'oie » à partir de laquelle les recherches nucléaires civiles et militaires allaient se séparer. Le Conseil des ministres du 25 janvier 1955 décida d'ajourner la décision d'octroi de crédits, à la demande du ministre des Finances, Edgar Faure, qui temporisait, et le gouvernement Mendès France fut renversé avant que la décision prise le 26 décembre n'entrât dans les faits. Néanmoins, pour les pionniers de l'arme nucléaire, cette réunion du 26 décembre marque un tournant (archives de l'Institut Pierre-Mendès-France, dossier Energie atomique, et témoignage de Bertrand Goldschmidt recueilli par D. Franche ; voir aussi : Elgey, G., *op. cit.*, I, pp. 255-259).

3. PMF, qui s'était d'abord installé au quai d'Orsay, avait alors regagné le bureau traditionnel du président du Conseil à l'Hôtel Matignon.

Pierre Mendès France et la paix au Proche-Orient (1)

Leïla Shahid *

Il est primordial de se rappeler que, lorsque Pierre Mendès France est intervenu au Proche-Orient, il se trouvait dans une position très différente de celle qui vient d'être évoquée à propos de l'Allemagne : il n'était pas dans une position de responsabilité, il n'était pas directement impliqué – n'étant ni israélien, ni palestinien. Et pourtant, l'action qu'il a entreprise a sûrement énormément contribué à nous amener là où nous sommes aujourd'hui, c'est-à-dire dans une situation où Israéliens et Palestiniens se reconnaissent, où ils se parlent, où ils essaient, tant bien que mal ces jours-ci, de construire une coexistence.

Pierre Mendès France et les premiers contacts israélo-palestiniens

Pour comprendre la clairvoyance de Pierre Mendès France, il faut réaliser qu'en 1976, lorsque commencèrent les contacts secrets, et même ultra-secrets – puisqu'il existait une loi israélienne interdisant à tout officiel de rencontrer un responsable de l'OLP –, il fallait que ces contacts restent totalement clandestins. Depuis la fondation de l'État d'Israël en 1948 et la disparition de la Palestine, il n'y avait pas eu de reconnaissance, ni d'un côté ni de l'autre. Les Israéliens continuaient à dire que c'était une terre sans peuple pour un peuple sans terre, ou, comme Madame Golda Meir, affirmaient que les Palestiniens n'existaient pas ; et les Palestiniens continuaient à dire dans leur charte qu'ils ne reconnaissaient pas l'entité sio-

* Déléguée générale de la Palestine en France.

niste, qu'ils ne nommaient même pas comme un État. Il faut se souvenir aussi que, de 1949 à 1964, il n'y avait pas eu d'organe politique représentant les Palestiniens : en 1948, ils s'étaient retrouvés en majorité réfugiés à l'extérieur de la Palestine, et ceux qui étaient restés en Palestine et qui étaient devenus citoyens israéliens n'avaient pas de représentation politique. Leur première expression politique, en tant que nation, se manifesta par la fondation de l'OLP, en 1964. Mais, pendant les années s'étendant de la fondation de l'OLP jusqu'à 1974, il n'y eut pas de contact, ni même de souhait de contact, entre Israéliens et Palestiniens.

La première expression d'un désir de la part de l'OLP de nouer des relations politiques avec des élus israéliens suivit la guerre de 1973 : pour la première fois dans les textes du Conseil national palestinien, l'OLP dit qu'elle voulait fonder un État *sur une partie du territoire palestinien,* et non plus sur toute la Palestine, et qu'elle lutterait avec ceux qui, parmi les Israéliens, reconnaissaient le droit à l'autodétermination du peuple palestinien. Cette position s'expliquait par deux changements : les résultats de la guerre de 1973, perçus comme un premier équilibrage stratégique ; mais aussi, en second lieu, un fait très important que l'on tend à oublier, la reconnaissance de l'OLP aux Nations Unies en 1974. L'OLP était dorénavant traitée comme un organisme représentant un peuple et des droits nationaux.

C'est dans ce contexte qu'en Israël, au sein du parti travailliste, se manifesta un premier intérêt réel pour un débat. Mais cet intérêt restait encore trop fragile, trop hésitant. On avait donc besoin d'un tiers, et j'insiste sur ce point, car c'est de là que vient l'importance de l'engagement de Pierre Mendès France. À partir d'une position qui n'était pas celle d'un Premier ministre, ni d'un ministre des Affaires étrangères, ni d'un Israélien, ni d'un Palestinien, il prit le risque de réunir chez lui l'envoyé de Yasser Arafat, le docteur Issam Sartawi, et Lova Eliav – et plus tard le général Peled[1] –, pour tenter d'établir les premiers contacts. Il essaya de voir si ce terrain neutre, qu'étaient la maison de Marie-Claire dans le Gard et leur appartement à Paris, était un lieu pouvant rapprocher les deux parties.

Dans ce risque qu'il prit – car il y avait un risque puisque personne ne savait à l'époque si cette tentative allait mener à une reconnaissance mutuelle –, il fit preuve d'une grande clairvoyance politique. C'est là un point très important quand on parle de la vision de Pierre Mendès France

en matière de politique internationale : sa *clairvoyance* qui, bien sûr, venait largement de l'approche qu'il avait eue à l'égard des sociétés colonisées par la France, en particulier l'Algérie et la Tunisie ; mais aussi son *éthique*, et, en matière d'éthique, on ne peut pas ne pas souhaiter pour les autres ce que l'on revendique pour soi-même, en l'occurrence le principe de la reconnaissance par l'autre. Cela semble aujourd'hui peut-être quelque chose d'évident pour certains. Cependant, ils comprendront que ce n'est pas si évident en réalisant que, jusqu'à aujourd'hui, il n'y a pas de reconnaissance réelle de l'égalité des droits, puisque les Palestiniens négocient mais n'ont pas encore obtenu la reconnaissance d'un État.
Le début de reconnaissance mutuelle a donc commencé à travers un certain nombre d'initiatives comme celle de Pierre Mendès France, et, plus tard, bien sûr celle de personnages éminents comme Nahum Goldmann[2]. Ces initiatives ont été les étapes qui ont mené à la reconnaissance de l'autre. Mais ce ne fut que bien longtemps après : la reconnaissance officielle n'est arrivée qu'en 1993, à travers les échanges de lettres de Messieurs Rabin et Arafat. Pensez à ce temps perdu : seize ans pour aboutir à une reconnaissance officielle !

Une reconnaissance mutuelle mise en danger

Aujourd'hui, regardons où nous en sommes. L'édifice de la paix repose toujours sur la pierre angulaire qui fut posée à Madrid, et sa construction s'est poursuivie à Oslo[3]. Nous sommes à une étape dont on ne connaît pas encore la nature : fin de la paix, ou crise profonde de laquelle on sortira ? Mais si nous regardons globalement, nous pouvons dire qu'il s'est passé quelque chose d'irréversible : pour la première fois dans un conflit long de cent ans, on peut définir les protagonistes comme *deux peuples* qui revendiquent le droit de vivre sur une même terre. Même si les négociations s'arrêtent demain, cela est irréversible.
Il y a un autre fait irréversible. Tous les dirigeants de l'OLP, que ce soit Yasser Arafat ou ses compagnons, sont des exilés issus des camps de réfugiés et qui ont mené une lutte armée à partir des territoires limitrophes de la Palestine ou d'Israël pour essayer de revenir en Palestine, pour avoir le droit au retour qu'a tout juif. Depuis que les accords d'Oslo ont été

signés, depuis que l'autorité palestinienne est entrée avec sa direction politique représentée par l'OLP à Gaza et en Cisjordanie, c'est la première fois que l'on peut dire que ce mouvement national est chez lui : il n'est plus en train de mener une guerre de libération à partir de l'extérieur, et donc il lui est beaucoup plus facile de passer d'un mouvement de guérilla, de lutte armée, à un mouvement politique qui, sur le terrain, peut devenir le partenaire de négociations. C'est ce qui se passe, comme vous le savez tous, avec de grandes difficultés, certes, mais une page historique a ainsi été tournée : c'est à partir du sol national que la discussion ou la négociation se fait.

Dernier aspect qui me paraît irréversible : nous marchons vers la constitution d'un État. Assurément, ni le texte des accords d'Oslo, ni le gouvernement israélien, ne reconnaît un État palestinien. Néanmoins, dans la réalité, sur le terrain, il y a une dynamique de la mise en place d'institutions étatiques, et d'institutions qui ont le potentiel d'une vraie démocratie. Pourquoi parler du *potentiel* d'une démocratie ? Parce que ce n'est jamais acquis. Le premier fait très important, et qui résulte des accords d'Oslo, c'est que nous avons un parlement, élu dans le respect du pluralisme, après une campagne électorale qui a été surveillée par des observateurs. C'est un petit parlement, qui ne représente pas tous les Palestiniens – les réfugiés n'y sont pas encore représentés –, mais du moins les deux millions de personnes qui résident en Cisjordanie, dans la bande de Gaza et à Jérusalem-Est. Ce parlement, appelé Conseil législatif, a la fonction de créer un État de droit, une législation, d'établir des rapports qui permettront d'aborder avec le gouvernement israélien les négociations encore plus difficiles que les actuelles, celles concernant le « statut final » – statuts de Jérusalem, des colonies, des réfugiés, et statut final du territoire palestinien.

Cependant, il est évident qu'à côté de ces acquis irréversibles se produisent des événements qui nous mènent, depuis bientôt un an et demi, sur une pente très grave et très inquiétante.

Premièrement, le processus de paix était fragmenté dans le temps et dans l'espace. Il était donc évident que sa viabilité résidait dans le respect de son calendrier. Chaque étape doit être suivie de l'autre. Si l'on s'arrête à mi-chemin, c'est un marché de dupes : les Palestiniens se retrouvent dans

des « bantoustans » alors qu'Israël a acquis un statut de pays reconnu par les autorités palestiniennes et par ses voisins arabes. Il était donc primordial de respecter le calendrier, et surtout la poursuite des étapes de ce processus géographiquement divisé en territoires A, B, et C. Pour le moment, nous sommes coincés dans le premier territoire autonome : cela veut dire le retrait de l'armée israélienne de sept villes palestiniennes, et encore, pas entièrement puisque Hébron continue à être à vingt pour cent occupée par des colons, et que ces sept villes ne constituent que trois pour cent de la Cisjordanie, donc les quatre-vingt-dix-sept autres pour cent de la Cisjordanie sont encore sous des lois militaires.
Nous sommes dans une situation où la souveraineté de l'autorité issue du vote populaire palestinien, issue de l'acte le plus symboliquement démocratique, est remise en cause puisque nous n'avons pas les moyens militaires, ou politiques, ou autres, d'obliger le gouvernement israélien actuel à mettre en œuvre ce que le gouvernement précédent a signé, et que Monsieur Netanyahou a lui-même ratifié – en janvier 1997, il a paraphé ce que l'on appelle le protocole d'Hébron, par lequel il s'engageait à continuer les étapes de l'accord d'Oslo. Cet aspect est très important, car tout le reste se rattache à la souveraineté sur le sol, qui signifie la libre circulation des personnes, des biens, la liberté d'importer et d'exporter. Le développement économique est entièrement lié à la souveraineté sur le sol, qui n'est pas seulement un principe idéologique : elle est une condition *sine qua non* de la viabilité économique et sociale d'une nation. S'autodéterminer veut dire s'autodéterminer sur un sol précis avec des frontières précises.
Or, cette souveraineté est remise en cause par le gouvernement actuel, qui refuse de continuer à retirer l'armée israélienne des zones B et C, donc de la majorité du territoire (la zone B représentant vingt-sept pour cent de la Cisjordanie, et la zone C tout le reste). Par ailleurs, de nouveaux territoires sont confisqués, de nouvelles colonies sont créées, et l'on se trouve dans une situation de guerre larvée. Devant cette détérioration très grave, la violence monte, depuis ses manifestations les plus directes – confrontations violentes dans des manifestations – jusqu'aux attentats terroristes qui coûtent la vie à des centaines de civils israéliens et palestiniens, plus souvent israéliens dans cette dernière période. Les acquis de quatre ans semblent démolis par une violence qui répond à une autre violence.

Nous sommes comme deux frères siamois liés l'un à l'autre bien malgré nous. Nous n'avons pas choisi de naître siamois, mais nous sommes pourtant des frères siamois : nous sommes rattachés par ce territoire. Nous ne rentrerons pas dans le débat de savoir s'il appartient aux uns ou aux autres pour des raisons bibliques, anthropologiques et historiques. Le fait est que ce territoire nous lie ensemble, et que tout ce qui se passe dans une société a automatiquement un répondant dans l'autre. Face à la montée de forces extrémistes d'une société, il y a les mêmes forces qui apparaissent dans l'autre. Face à la violence des colons, à leur agressivité, à leur hégémonie, monte la violence du Hamas, du Jihad islamique, de courants fondamentalistes qui considèrent que les choix faits par l'autorité palestinienne sont une langue que l'extrême droite israélienne ne comprend pas.
Se trouve ainsi en grand danger, aujourd'hui, la reconnaissance mutuelle pour laquelle Pierre Mendès France avait tellement œuvré, et qui coûta la vie à Issam Sartawi, assassiné par un militant du groupe d'Abu Nidal, c'est-à-dire de dissidents palestiniens qui refusaient le principe de la reconnaissance. Tout cet édifice de paix est en péril. Et les solutions sont d'autant plus difficiles à trouver que le « nouvel ordre international » est entièrement sous l'hégémonie d'une superpuissance américaine qui décide de l'issue de tous les conflits régionaux dans le monde. Or, d'évidence, elle n'a pas encore choisi de s'investir dans ce conflit, même si les Américains et les Russes sont les parrains officiels du processus de paix. Et l'Europe, qui a été le premier partenaire économique, n'arrive pas réellement à intervenir au niveau diplomatique, ou du moins pas assez pour calmer les esprits.

Le soutien des justes

C'est pour toutes ces raisons que je voudrais revenir à l'engagement en faveur de la paix chez des personnes comme Pierre Mendès France, des personnalités, des hommes d'État, mais aussi d'autres citoyens.
Je veux dire combien il est important que, dans une situation comme celle que nous traversons aujourd'hui, des justes s'engagent et soutiennent ceux qui ont choisi de faire la paix. Nous avons accompli un énorme pas en avant : il y a déjà la moitié des Israéliens qui se sentent

aussi engagés que nous, et il y a encore une autorité palestinienne représentative qui souhaite continuer cette paix.
C'est la seule manière pour que Palestiniens et Israéliens, Juifs et Arabes, puissent vivre dans l'équité, dans le respect et la reconnaissance mutuels, et surtout pour que cette Méditerranée, que l'Europe souhaite avoir comme partenaire, puisse voir un jour la paix.

---

1. Sur Issam Sartawi, « Lova » Eliav et le général Peled, voir les notes du texte introductif de Marie-Claire Mendès France. [notes de D.F.]
2. Nahum Goldmann, décédé en 1982, s'engagea dans l'action sioniste en 1927. Elu président du Comité d'action sioniste en 1933, représentant de l'Agence juive pour la Palestine à la SDN en 1935, il avait organisé la première conférence juive mondiale à Genève, en 1932. Un des fondateurs du Congrès juif mondial en 1936, il en devint président (jusqu'en 1977). Il était aussi président de l'Organisation sioniste mondiale (de 1946 à 1968), et de la *Claims Conference ;* c'est à ce dernier titre qu'il mena les négociations avec les gouvernements d'Allemagne de l'Ouest et d'Autriche, qui aboutirent aux accords de Luxembourg de 1952 visant à l'indemnisation des victimes juives du nazisme. Le 2 juillet 1982, quand l'armée israélienne assiégeait Beyrouth pour en chasser les dirigeants palestiniens, Nahum Goldmann signa, avec Pierre Mendès France et Philip Klutznick (ancien ministre de Jimmy Carter), un appel à la fin de la guerre du Liban et à la reconnaissance réciproque, appel dont le texte est reproduit dans la communication de Henry Bulawko, *infra.*
3. Les accords israélo-palestiniens furent paraphés à Oslo le 20 août 1993.

Pierre Mendès France et la paix au Proche-Orient (2)

Henry Bulawko *

Je suis très ému aujourd'hui, non seulement parce que l'on évoque la mémoire d'un homme qui m'a été très cher, mais à cause aussi d'une situation un peu paradoxale qui veut que je sois assis à côté d'une jeune Allemande alors que je suis le président de l'Amicale des anciens déportés d'Auschwitz. C'est un autre débat, certes, mais je suis reconnaissant à Sunna Altnöder, qui a bien voulu rappeler à la fin de son intervention qu'il y a cinquante ans –52 ans en fait–, nous connaissions pleinement la réalité d'Auschwitz.

Pour beaucoup d'entre nous, cela fait partie d'une mémoire qu'on ne peut effacer et, comme disent les historiens, d'« un passé qui ne peut passer ». Je suis sensible à cette possibilité, non pas de pouvoir engager un dialogue aujourd'hui, mais d'avoir pu écouter une jeune Allemande nous dire comment elle voit à la fois l'histoire de son pays et les perspectives d'un passé qu'il lui faut assumer.

En ma qualité de porte-parole des anciens d'Auschwitz, j'ai été appelé à être le récipiendaire d'un certain nombre de manifestations de « repentance » que la presse a largement évoquées. À Drancy, ce sont les évêques de France qui ont tenu à demander pardon. C'est un peu gênant peut-être comme expression, mais, en fait, le texte lu était beaucoup plus subtil parce que l'on y demandait pardon à Dieu, et pas à nous, ce qui nous aurait mis dans une situation difficile. Puis un syndicat de policiers en tenue a tenu à évoquer également l'activité zélée de policiers au service de l'occupant. Puis nous avons entendu le président du Conseil de l'Ordre des Médecins présenter à son tour ses

* Journaliste, écrivain, fondateur du Cercle Bernard Lazare.

regrets. Nous guettons actuellement un geste qui viendrait du Vatican, où ce problème est à l'ordre du jour.
Au moment où nos pensées sont dirigées vers Bordeaux[1], nous savons que nous vivons une période où la guerre est encore, malheureusement, présente dans notre réalité. Il y a des conflits, des bains de sang, des persécutions. Certains s'attachent à raviver des perversions xénophobes, racistes et antisémites. Dans ce contexte, il est bon que des actions soient entreprises, non seulement pour évoquer ce passé, mais pour qu'il serve de mise en garde contre un retour possible de pulsions néfastes, même si je suis plus optimiste que certains. En vérité, je suis optimiste non pas parce que je crois que l'humanité est devenue soudain, par un coup de baguette magique, meilleure, mais parce que je crois que nous sommes mieux placés, mieux outillés et mieux décidés à lutter contre tous ceux qui voudraient ramener dans notre société ces perversions que nous avons connues il y a une cinquantaine d'années.
Cela dit, je tiens à réaffirmer combien je suis sensible à l'invitation qui m'a été faite d'évoquer ici, bien entendu sur le plan qui me concerne plus directement, c'est-à-dire le Proche-Orient, mes contacts avec Pierre Mendès France, et son action. Il est juste de rappeler, comme l'a fait Leïla Shahid, que l'action de Pierre Mendès France en Israël a eu une portée pionnière. Ses interventions ont eu un large écho, et elles en ont toujours. Il est important que dans ce colloque qui est dédié à sa pensée politique, on s'arrête particulièrement sur ses engagements concrets.

La rencontre Pierre Mendès France - Nahum Goldmann

Commençons par une anecdote. Dans le film, qui a fait date, *Le Chagrin et la Pitié,* Pierre Mendès France raconte qu'après son évasion de Clermont-Ferrand, il se retrouve à Genève, au siège du Congrès juif mondial. C'était alors un organisme qui aidait notamment les juifs à fuir la France occupée, et qui donnait les moyens, disons aux plus chanceux, de passer en Suisse et, de là, d'aller plus loin. Dans ce film, Pierre Mendès France évoque une jeune fille qui l'a accueilli et lui a donné une première assistance. Cette jeune fille est une amie que j'ai rencontrée à plusieurs reprises, et qui était émue à l'idée que cette personne qui est passée au bureau du CJM, à Genève, était Pierre Mendès France. Elle a beaucoup regretté, elle le regrette encore – elle vit toujours à Genève –, de ne pas avoir eu l'occasion de le rencontrer par la suite pour lui dire combien elle était heureuse d'avoir pu l'aider à un moment où il était un évadé, un réfugié, qui a fini tout de même par rejoindre Londres.

Cette anecdote est intéressante sur le plan politique, car, à un autre moment, Pierre Mendès France aurait pu rencontrer à Genève quelqu'un qu'il a retrouvé par la suite, et qui a joué un rôle important dans l'action qu'ils ont menée en commun : le docteur Nahum Goldmann. Ce dernier était alors président du Congrès juif mondial et il se trouvait déjà aux États-Unis.

Je voudrais rappeler comment ils se sont rencontrés. Le cercle Bernard Lazare avait organisé chez son vice-président (un de mes camarades d'Auschwitz, Hugues Steiner) une séance pour confronter nos vues sur le conflit israélo-arabe et palestinien. Cette réunion a rassemblé près d'une centaine de personnes. On y avait invité le docteur Nahum Goldmann, et j'ai eu l'idée d'y convier Pierre Mendès France. Il est venu, et c'est la première fois que ces deux hommes se sont rencontrés. Un photographe a immortalisé cette rencontre, et cette photo figure à l'Institut Pierre-Mendès-France à Paris.

Ce n'était qu'un départ. Les deux hommes ont dû se retrouver souvent, car il y avait tant de préoccupations qui leur étaient communes, tant de jugements qui les rapprochaient, et aussi une autorité que l'un et l'autre possédaient permettant à l'expression de leur vision d'avoir un retentissement à travers le monde. Il n'était donc pas possible que chacun agisse de son côté pour un objectif qui leur était commun.

Je me souviens avoir régulièrement suivi, dans l'assistance, Pierre Mendès France donnant des conférences de presse après celles du président de la République, Charles de Gaulle. Nous venions à la fois pour entendre son analyse pertinente, et aussi pour lui exprimer, par notre présence, notre admiration, notre respect. Nous savions que, durant la période brève où il fut aux affaires, il avait fait beaucoup plus que d'autres qui sont restés plus longtemps que lui. À l'époque assez agitée où l'État d'Israël n'existait pas encore – la période de l'immigration clandestine, de l'aventure de l'*Exodus*–, le moment n'était probablement pas opportun pour que Pierre Mendès France s'exprime sur ce point. Je crois qu'il a pris position publiquement pour la première fois lors de la campagne de Suez : en 1956, la France, l'Angleterre et Israël avaient décidé de mener une action contre la nationalisation du canal de Suez, action malheureuse s'il en fut ; Pierre Mendès France eut des paroles très dures à l'égard de la France et de l'Angleterre, ajoutant qu'il pouvait, à la rigueur, comprendre qu'Israël puisse prendre une initiative pour assurer sa survie[2].

Le symposium de New Outlook et la visite d'Anouar el-Sadate à Jérusalem

Le moment le plus important a été le colloque de *New Outlook*[3], organisé à Tel-Aviv en 1977.

Simha Flapan, le rédacteur en chef de cette revue, était venu à Paris où il avait notamment réalisé, avec Jean-Paul Sartre et Claude Lanzmann, le numéro spécial des *Temps Modernes* consacré à la paix au Proche-Orient : pour la première fois, des Israéliens, des Arabes et des Palestiniens s'y exprimaient en commun[4]. Cette initiative, qui avait un caractère local français, fut suivie d'une autre qui était d'organiser à Tel-Aviv un colloque international. Je suis allé avec Simha Flapan chez Pierre Mendès France afin de l'inviter – son épouse Marie-Claire contribua beaucoup à l'amener à accepter.

Peu après, nous nous sommes retrouvés à Tel-Aviv dans un grand hôtel, où nous avions prévu quelques jours de débat. Le colloque s'ouvrit comme prévu. Mais soudain, un événement extraordinaire intervint. Tout d'un coup, on nous annonça qu'on arrêtait les débats. Dans la grande salle où nous étions réunis, on installa un immense écran afin de pouvoir suivre l'événement : l'arrivée du président égyptien Anouar el-Sadate[5]. Vous pensez bien qu'il n'était plus question d'avoir des échanges théoriques ou philosophiques, pour s'attacher à vivre intensément ce moment historique, non seulement pour le peuple d'Israël, mais aussi pour les peuples arabes, et je crois pour les juifs et les hommes du monde entier. Je me souviens de ce que nous avons ressenti en suivant la descente de l'avion blanc qui amenait Sadate. On aurait pu croire à une extraordinaire mise en scène, alors que c'était impressionnant en soi[6].

Quand il a atterri à Lod, à l'aéroport Ben Gourion, on a vu en descendre Sadate qui s'est dirigé vers les membres du gouvernement, parmi lesquels Madame Golda Meir. Il les a salués par leurs prénoms, comme s'ils se connaissaient, comme s'ils s'étaient rencontrés ou quittés la veille. Le plus curieux a été, à un moment donné, son arrêt soudain ; il regarde à droite, à gauche et il demande : « *Where is Moshe ?* » (Où est Moshe ?) Parce que Moshe Dayan, souffrant, était alors à l'hôpital. Je pense que ce n'est pas par hasard qu'il avait posé cette question. Il imaginait peut-être que son absence avait une signification politique. Et il savait que ce grand homme de guerre avait déjà joué, et allait jouer, un rôle très important dans les négociations de paix qui allaient s'ouvrir après cette visite exceptionnelle.

Anouar el-Sadate se rendit à Jérusalem, où il s'exprima à la Knesset. Chaque épisode était suivi par tout le pays grâce à la télévision. Une petite anecdote : un de mes camarades, présent dans cette salle, me dit :

« – Il faut que je sorte.

– Pourquoi ?

– Pour voir comment réagit la population israélienne. »

Il sort. Dix minutes après il est de retour. Je lui demande :

« – Et alors ? »

Il me répond :

« – Il n'y a personne dans les rues. »

Tout le monde était devant la télévision ! Dans la salle où nous suivions les événements sur grand écran, il y avait les cuisiniers, les femmes de chambre, tout l'hôtel était présent avec nous. Il est évident que vivre un tel événement n'était pas réservé à des gens choisis, mais c'était vraiment le peuple tout entier qui le vivait, peut-être plus intensément que nous, car nous n'étions que de passage, et eux, ils allaient – ils l'espéraient en tout cas –, cueillir les fruits de cet événement.

Au cours de ces rencontres, Sadate a accepté de recevoir une délégation du colloque. Cette délégation comprenait bien entendu Pierre Mendès France, le docteur Goldmann, David Susskind, Simha Flapan, et peut-être Lova Eliav. C'est tout naturellement vers PMF que s'est tourné

Anouar el-Sadate pour s'exprimer, car c'était la personnalité la plus remarquable de ce groupe[7].

Une autre anecdote « historique ». À un moment donné, parce que la conversation durait plus longtemps que prévu, Menahem Begin, Premier ministre, qui attendait son hôte, est entré dans la salle pour voir ce qui se passait. Il est resté quelques instants à écouter, et puis, discrètement, il est sorti. Il avait été intrigué par cette rencontre qui eut, on s'en doute, un impact énorme, car, par-delà les conversations officielles entre Sadate et Begin, il y avait un courant d'exaltation qui gagnait l'opinion publique – à travers le pays d'Israël, à travers le monde arabe, à travers le monde[8]. Les événements vont si vite, actuellement – surtout grâce à ces médias qui façonnent quelque peu notre mémoire –, que l'on ne saisit pas toujours leur importance.

L'appel de Pierre Mendès France, Nahum Goldmann et Philip Klutznick

De retour à Paris, j'ai eu l'occasion de participer à un dîner chez Nahum Goldmann, auquel participaient Pierre Mendès France, Léo Hamon, Jean Daniel. On a discuté des initiatives qu'on pourrait prendre. Des hommes politiques, aussi intelligents soient-ils, aussi engagés soient-ils, aussi maîtres soient-ils de la plume et de la parole, ont, avec raison, le souci de ne s'engager que quand ils ont le sentiment d'être efficaces. Alors, on hésitait. Mais cette hésitation n'a pas duré longtemps, puisque, quelque temps après, trois personnalités, dont une qui n'était pas au dîner, ont publié un document qui a fait date. Ce document a été signé par Pierre Mendès France, Nahum Goldmann et Philip Klutznick, qui était alors le successeur du docteur Goldmann à la présidence du Congrès juif mondial. Il n'a rien perdu de son importance :

> *La paix ne se conclut pas entre amis, mais entre ennemis qui ont lutté et ont souffert. Notre sens de l'histoire juive et les impératifs de l'heure nous conduisent à affirmer que le temps est venu pour la reconnaissance réciproque d'Israël et du peuple palestinien. Il faut mettre fin au débat stérile dans*

> *lequel le monde arabe conteste l'existence d'Israël et les juifs contestent le droit des Palestiniens à l'indépendance.*
> *La véritable question n'est pas de savoir si les Palestiniens ont ce droit, mais comment le réaliser tout en garantissant la sécurité d'Israël ainsi que la stabilité de la région.*
> *Des concepts tels que l'«autonomie» ne suffisent plus, car ils ont été davantage utilisés pour esquiver que pour clarifier. Ce qui s'impose, maintenant, c'est de trouver un accord politique entre les nationalismes israélien et palestinien.*
> *La guerre au Liban doit cesser. Israël doit lever le siège de Beyrouth pour faciliter les négociations avec l'OLP, qui conduiront à un règlement. La reconnaissance réciproque doit être recherchée sans relâche. Des négociations doivent être entamées en vue de réaliser la coexistence entre les peuples israélien et palestinien sur la base de l'autodétermination*[9].

Le commentaire paru dans *Libération* des 3 et 4 juillet 1982 a pour titre : « Mendès France appelle à la paix des braves. » Il est donc évident que cet appel, grâce à la notoriété de Pierre Mendès France – et sans nier le rôle de Goldmann et de Klutznick– a joué un rôle très important pour rallier à l'idée de paix maints adeptes à travers le monde, et cela avant que cette vision ne se concrétise dans les accords d'Oslo. Quels qu'en fussent les points obscurs, facilement imaginables à ce stade, ce message a apporté des lueurs d'espérance à tous ceux qui escomptaient un pas décisif vers la paix.
La dernière fois que j'ai vu Pierre Mendès France représente aussi un souvenir important. C'était après la mort du docteur Goldmann. La section française du Congrès juif mondial avait décidé d'organiser, au Sénat, sous la présidence de Michel Dreyfus-Schmidt, vice-président du Sénat, un hommage au disparu. Pierre Mendès France était là. On voyait qu'il était fatigué, mais il avait tout de même tenu à venir honorer la mémoire de celui qui était devenu son compagnon de combat[10]. Issam Sartawi était dans la salle. Je rappellerai ici ce qui n'est pas un secret pour les initiés : Issam Sartawi demanda au président de séance la possibilité de lire un message d'hommage au docteur Nahum Goldmann. Michel Dreyfus-Schmidt consulta quelques responsables. Quelques-uns

émirent la crainte de réactions négatives de certains éléments dont les excès sont bien connus dans la communauté. Toutefois, le président de séance tint à faire savoir qu'Issam Sartawi était présent et qu'il recevait son message d'hommage au disparu.
Malheureusement, peu après, Issam Sartawi était assassiné. Ceux qui n'avaient pas accepté alors qu'on lise son message ont dû le regretter amèrement. Mais on ne revient pas sur le passé. Issam Sartawi fut, en effet, un de ceux qui payèrent de leur vie le combat pour la paix. Plus tard, Sadate a payé lui aussi de sa vie la signature des accords de paix avec Israël. Il y a deux ans, ce fut le tour d'Yitzhak Rabin, à qui l'on rendra hommage dans quelques jours, deux ans après son assassinat sur la place de Tel-Aviv où il chantait – lui qui chantait rarement – le fameux chant à la paix, *Chir Hachalom,* qui est devenu l'emblème de toute une jeunesse israélienne qui aspire à la paix.

Le camp de la paix

On a donné des prix Nobel à des gens qui l'ont mérité : à Rabin, à Peres, à Arafat. S'il était possible de décerner un prix Nobel honoraire, il faudrait le donner aussi à Pierre Mendès France, au docteur Nahum Goldmann et à Philip Klutznick, qui ont éveillé la conscience juive, et qui ont permis de dégager une voie permettant d'arriver à un premier accord, même s'il est évident qu'un conflit aussi long ne peut pas être réglé par une seule conférence et par un seul accord, si porteur d'espoir soit-il.
Depuis lors, il y a eu de nouveaux bains de sang, il y a eu encore des affrontements, il y a eu des initiatives malheureuses, il y a eu des terroristes arabes faisant le jeu des Israéliens qui sont hostiles aux accords de paix, et vice versa bien entendu. On a énormément de raisons aujourd'hui d'être perplexe, comme beaucoup d'Israéliens le sont. Benjamin Netanyahou, quand il a fait sa campagne, n'a gagné en fait que grâce à un système électoral prévoyant l'élection du Premier ministre au suffrage universel, avec un slogan qui était : « La paix oui, mais dans la sécurité. » Le grand débat qui s'est instauré en Israël est de savoir de quelle paix il s'agit.
Je ne sais pas s'il peut y avoir plusieurs paix, mais, en fin de compte, une partie de la population israélienne a cru que Netanyahou leur apporte-

rait non seulement cette paix à laquelle la majorité aspire toujours, mais également la sécurité. On a oublié que la paix sans la sécurité ne durera pas, mais aussi que la sécurité sans la paix ne se fera pas non plus.
Israël, les Palestiniens, le monde arabe traversent une crise difficile. Les États-Unis jouent un rôle important, mais je sais que des États européens voudraient bien, et j'ai eu l'occasion d'en parler avec des hommes politiques français, pouvoir jouer un rôle plus important, ce qui serait notre souhait le plus grand.
Si nous prêtons attention aux initiatives des Américains dans cette région, c'est en fonction de leur capacité d'intervention qui est incontestable. Ce qui compte, ce n'est pas tant de suivre une grande puissance qui revendique un quasi-monopole dans la gestion des affaires du monde, mais d'espérer qu'elle pourra intervenir utilement pour mettre en présence, comme cela s'est vu, les Israéliens et les Palestiniens.
Pour ma part, je crois, en ayant évoqué ici le rôle de Pierre Mendès France et certains épisodes auxquels nous avons participé en commun, qu'il est évident que notre engagement doit être clair. Je serai toujours, comme je l'ai été avant même que les négociations ne commencent, du côté du camp de la paix, du côté de ceux qui portent en eux l'espoir, et non pas du côté de ceux qui essayent d'élever des obstacles, qui accumulent des entraves au processus de paix. Pour que la paix triomphe, les deux peuples – et Leïla Shahid l'a très bien dit –, qui sont appelés à vivre, à cohabiter sur une même terre, doivent trouver les moyens de le faire dans la fraternité, dans le dialogue, dans la reconnaissance réciproque. Cette paix, si elle s'instaurait dans la réalité du Proche-Orient, ne serait pas seulement un bienfait pour les peuples de la région, mais serait saluée par le monde comme l'accomplissement de l'espérance née à Oslo.

---

1. Au moment du colloque débutait à Bordeaux le procès de Maurice Papon. [notes de D.F.]
2. Dans *L'Arche* (février 1957, p. 26), PMF écrivait ainsi : « On peut comprendre le réflexe de défense qui s'est produit, il y a quelques semaines, lorsque, réagissant comme un assiégé dont la situation est de plus en plus menacée, le peuple israélien entreprit cette sortie destinée à détruire certaines des menaces les plus immédiates dont il était et, dans une certaine mesure, reste toujours entouré. » Dans *l'Express* du 9 novembre 1956, PMF fustigeait la France et la Grande-Bretagne : « Les faits montrent cruellement tout ce qu'avait d'irréfléchi et d'imprévoyant l'intervention que les gouvernements français et anglais avaient mis trois mois à préparer. Mais, si le résultat en est celui que nous constatons, c'est parce qu'une série d'erreurs majeures vouait l'entreprise d'avance à l'échec. » Dans une lettre du

20 décembre 1956 à un militant radical (publiée dans *L'Observateur de Seine-et-Oise* et reprise dans *La Dépêche de Louviers* le 29 décembre), PMF rapporte avoir énergiquement mis en garde Guy Mollet, dans la nuit du 29 octobre, contre les risques d'une action armée à Suez.

3. Revue israélienne de gauche, fondée par Simha Flapan. Le symposium (cinquième du genre), qui réunit environ quatre cent cinquante personnes, dont deux cents personnalités venues du monde entier, fut organisé à l'occasion du vingtième anniversaire de la revue. Les débats devaient se tenir du mercredi 16 au lundi 21 novembre 1977. Certains textes du symposium, dont celui de PMF, sont reproduits dans : *New Outlook*, XX, 8 (Dec. 1977-Jan. 1978), 76 p., phot.

4. *Le conflit israélo-arabe,* numéro spécial des *Temps Modernes* (253 bis [1967], 992 p.), comporte dix-sept articles d'Arabes non israéliens, quatre d'Arabes d'Israël, vingt-et-un articles de juifs israéliens, et un d'un druze israélien.

5. Anouar el-Sadate vint à Jérusalem du 19 au 21 novembre 1977 pour rencontrer le Premier ministre Menahem Begin et prononcer un discours à la Knesset. Le monde entier fut étonné. Ce voyage, qui devait déboucher sur les accords de paix de Camp David, suscita de violentes protestations dans le monde arabe, où plusieurs ambassades d'Egypte furent attaquées.

6. PMF déclara à Jean Daniel et Jean Lacouture : « Je n'ai jamais vu une émotion, un enthousiasme pareils. (...) Les gens dansaient dans les rues. Je crois vraiment que tout le monde a été impressionné et bouleversé et que l'opinion a été brusquement empoignée par un immense espoir de paix. (...) Pendant ces trois jours, tout le monde a vécu devant la télévision, il n'y avait plus personne dans les rues, c'était incroyable. À l'hôtel où j'étais, on a vu grâce à la télévision l'arrivée de Sadate à l'aérodrome ; l'avion avançait lentement, lentement, c'était bouleversant ! On n'avait encore vu personne, la porte de l'avion n'était même pas ouverte, mais cet avion qui s'avançait tout doucement, et puis les hymnes !... Beaucoup de gens m'ont dit : "On a pleuré." » (*Le Nouvel Observateur,* 682 [5-11 décembre 1977], pp. 45-46).

7. La rencontre eut lieu le 21 novembre à l'hôtel *King David* de Jérusalem. La délégation du symposium de *New Outlook* comprenait dix ou onze personnes (selon les sources) ; on a pu identifier : PMF, Nahum Goldmann, Sam Rubin, Shimon Shamir, Saul Friedländer, Simha Flapan, David Shaham, Dan Gillon, Inga Gibel, David Susskind. Il ne semble pas que « Lova » Eliav en ait fait partie.

8. Dans le *Jerusalem Post* (numéro du 20 novembre), Shalom Cohen titra son article : « *"Pinch me and I'll wake up"* » ; dans le quotidien du soir *Yediot Ahronoth,* Ziva Yariv imagina le dialogue suivant (traduit et cité par *Regards.* Cahiers du CCLJ, 117 [janvier 1978], pp. 24-25) :

« – Pince-moi encore une fois.

« – J'ai déjà mal aux doigts, toute la journée tu me demandes de te pincer.

« – Je n'arrive pas à y croire. Je n'y crois pas... je rêve.

« – Tu es sûr qu'il ne s'agit pas d'un "mirage" ?

« – En vérité je ne sais plus.

« – C'est de la folie, un rêve, un rêve... »

9. Texte reproduit *in :* Mendès France, P., *Œuvres complètes,* tome VI, pp. 667-668.

10. Nahum Goldmann est décédé le 30 août 1982. Un hommage lui fut rendu par la section française du Congrès juif mondial le 13 octobre suivant, au Sénat, en présence de PMF, qui s'éteignit à sa table de travail le 18.

Éthique et démocratie dans l'action économique selon Pierre Mendès France

«La science de l'économie doit s'accompagner du recours à la science de la communication. Le plus difficile c'est d'amener les hommes à se rendre compte que nul ne peut penser pour eux, qu'ils peuvent et qu'ils doivent exiger des informations complètes, constamment soumises au contrôle de l'opinion, et au débat public.»

Pierre Mendès France
(*Science économique et lucidité politique*)

Introduction

*François Stasse**

Je voudrais rattacher le thème de « la pensée économique de Pierre Mendès France » au thème général de ce colloque qui porte sur les relations entre Pierre Mendès France et la démocratie.

La démocratie c'est le régime où le pouvoir vient du peuple. Et c'est également, car les deux choses ont été immédiatement liées, aussi bien à Athènes que dans la Constitution américaine ou la Déclaration de 1789, un régime qui institue l'égalité, c'est-à-dire un régime dans lequel chacun a les mêmes droits, et, si possible, la même situation concrète que l'autre. Il s'oppose au régime théocratique, où c'est la religion qui confère le pouvoir, ainsi qu'à la dictature, dans laquelle c'est la force, ou encore aux régimes de tradition monarchique au sein desquels c'est la tradition qui organise le pouvoir.

Pierre Mendès France, pour sa part, était profondément ancré dans la tradition démocratique. Il y a plusieurs raisons à cela. La première est qu'il est né au début du siècle, à une époque où la République était en train de s'ancrer dans notre pays après de très difficiles batailles, sur la laïcité notamment. Il a été marqué par cette période, notamment à travers ce que ses parents ont pu lui en dire. Par ailleurs, Pierre Mendès France était un homme de raison. Les archives de l'Institut Pierre-Mendès-France le montrent, dès l'âge étudiant, avocat d'une gestion rationnelle de la chose publique et adversaire de la vision romantique de la politique. J'emploie le terme de raison dans le sens que nous avons hérité du siècle des Lumières, du siècle des encyclopédistes. Or le lien est très fort entre démocratie et raison. On le constate par exemple dans l'œuvre de

* Conseiller d'État.

Condorcet, telle qu'elle a été magnifiquement restituée par Élisabeth et Robert Badinter. Cette biographie dresse de Condorcet un portrait intellectuel très proche de celui de Mendès France. De même, la filiation est nette entre la pensée mendésiste et la philosophie d'Emmanuel Kant. Pour celle-ci, la dignité de l'homme c'est d'être capable, par sa raison, de décider de ses propres choix. On voit bien à travers cette définition tout ce qui peut différencier une politique fondée sur la raison, d'une politique fondée sur la tradition, sur des héritages, ou, *a fortiori,* sur la force.

Si la raison définit l'homme, il est condamnable de ne pas permettre aux citoyens d'exercer leur dignité d'êtres raisonnables. Cela appelle une attitude politique – c'est le lien que j'évoquais entre raison et démocratie – mais aussi économique, et j'en viens au thème de notre soirée.

Pour Pierre Mendès France l'essentiel sur le plan économique est que le peuple et ses représentants puissent exercer la maîtrise des choix économiques. Cette maîtrise s'exerce, à ses yeux, par de nombreux instruments, et d'abord par l'intervention de l'État dans la régulation économique. Cette intervention apparaît d'autant plus nécessaire à Pierre Mendès France qu'il exerce ses premières responsabilités politiques de parlementaire, puis de ministre de Léon Blum, en pleine crise économique des années trente. L'impuissance de la théorie économique libérale à vaincre la dépression était apparue éclatante, et l'œuvre de Keynes allait apporter un profond renouveau de la théorie économique. Pierre Mendès France fut très intéressé par cette pensée qui énonçait clairement les limites des mécanismes du marché et estimait souhaitable que l'État intervienne dans la régulation économique de manière à faire prévaloir un ordre, des priorités plus raisonnables, mieux construites, mieux capables d'atteindre certains objectifs que le pur fonctionnement du marché.

Cette intervention pouvait se produire *via* les mécanismes de la planification. Le concept a aujourd'hui un peu vieilli. À l'époque, il était en pleine jeunesse. Il signifiait que les représentants de l'État et les partenaires sociaux devaient se concerter pour définir des objectifs démocratiques, et arrêter les moyens les plus rationnels, les plus efficaces, pour y parvenir dans le temps le plus bref.

Autre instrument d'intervention de l'État: les nationalisations. L'idée était très discutée dans les années trente, puis pendant la guerre. Pierre Mendès France s'était rallié à une formule de son ami, le leader travailliste

Bevan : « La nationalisation des hauteurs dominantes de l'économie. » Cela voulait dire que dans une démocratie il n'est pas normal, il n'est pas sain, que les pôles dominants, ceux qui vont influencer la vie de milliers ou de millions de gens, répondent à une logique purement libérale, purement privative. Il convenait donc que la collectivité en maîtrise l'orientation. Sur le plan institutionnel, Pierre Mendès France souhaitait que le Parlement se modernise pour faire une place plus grande aux questions économiques. Il critiquait, de ce point de vue, le rôle du Sénat, qu'il estimait faire une place trop grande à la représentation rurale, qui n'avait plus sa justification avec la montée de l'industrialisation. Il était favorable à la transformation du Sénat en une chambre à caractère économique et social qui viendrait apporter un complément à l'Assemblée nationale qui devait rester chambre de la démocratie politique.

Enfin, Pierre Mendès France insistait beaucoup sur la nécessité d'une coopération politique internationale pour que la politique, c'est-à-dire l'expression de la démocratie, conserve la maîtrise des phénomènes économiques mondiaux. Je voudrais rappeler qu'un des tout premiers ouvrages de Pierre Mendès France, puisqu'il date de 1930, portait sur une banque internationale en création, la banque des règlements internationaux. Cet ouvrage était titré *La banque internationale,* mais comportait un sous-titre extraordinaire pour l'époque : « Contribution à l'étude du problème des États-Unis d'Europe. » Envisager un État fédéral européen en 1930 était une pensée peu commune. Par la suite, Pierre Mendès France eut une image assez anti-européenne parce que, lors du débat parlementaire de ratification du traité de Rome, en juillet 1957, il a voté contre. De ce vote opposé à la création du Marché commun, beaucoup d'analystes ont déduit un Mendès France anti-européen. Or je suis convaincu que c'est un profond contresens. Pierre Mendès France était contre l'Europe libérale, contre le fait que l'on commence l'Europe par le Marché. Mais il était profondément pour l'Europe politique parce qu'il estimait que seul le continent européen avait la capacité politique et économique de rivaliser avec les autres grands ensembles internationaux qu'étaient déjà à l'époque les États-Unis d'Amérique, et qu'allaient devenir plus tard le Japon et les autres grands ensembles asiatiques. Dès 1930, il avait cette prémonition très importante d'une Europe disposant de la capacité politique de maîtriser le développement économique.

Je conclurai sur cet aspect en soulignant que Pierre Mendès France acceptait le mécanisme du Marché en tant qu'expression de choix individuels (le niveau micro-économique, comme disent les économistes), mais qu'en revanche il refusait de donner au Marché le rôle de déterminer les choix de la collectivité. Au fond, il n'acceptait pas le principe fondamentalement libéral selon lequel la somme des choix individuels est équivalente au choix collectif. Dans son esprit, les choix de la collectivité devaient être faits à travers les procédures de la démocratie politique afin que la nation puisse maîtriser son agenda.

J'indiquais tout à l'heure que la démocratie était à la fois le régime dans lequel le pouvoir vient du peuple, et en même temps le régime qui cherche à instaurer l'égalité. Je voudrais très rapidement revenir sur ce thème qui était extrêmement fort dans la pensée de PMF. Sur le plan national, cela se manifestait d'abord par une grande priorité accordée à la politique des revenus, c'est-à-dire l'idée que pour qu'un pays vive dans une certaine fraternité, il faut veiller à ce que les écarts de revenus ne deviennent pas contraires à l'équité. Faute d'une équité minimale, on génère des sentiments de frustration, voire des sentiments de violence qui désagrègent petit à petit le tissu de la collectivité nationale. Le souci de justice sociale se traduisait également par une politique fiscale, qui est en quelque sorte le bras autoritaire et disciplinaire de la politique de revenus. La politique fiscale redistribue les revenus des plus aisés vers les plus nécessiteux, de manière, non pas à aboutir à une égalité absolue, qui ne serait pas souhaitable, mais à une équité permettant de vivre paisiblement au sein d'une même collectivité.

Cette attention aux problèmes de justice avait également, chez Mendès France, un prolongement international. Pierre Mendès France a vécu, est intervenu, à une époque où les questions de l'indépendance nationale étaient très présentes. C'était l'époque de la décolonisation, celle où les peuples anciennement colonisés se posaient non seulement le problème de leur libération, mais de leur développement. L'émancipation du tiers monde était à l'ordre du jour. Pierre Mendès France a beaucoup réfléchi à ces questions, d'abord parce que cet homme était un juste. Il ne supportait pas qu'il puisse y avoir dans ce monde, d'un côté une petite minorité développée et riche, et de l'autre côté une grande majorité de gens qui sont dans la misère. En sa qualité d'homme politique, d'homme d'État, il voyait aussi tout ce que l'injustice internationale pouvait constituer comme menace pour la paix. C'est la raison pour laquelle il a inlassablement plaidé pour le développement du tiers monde, en défendant une idée originale, qui était d'assurer à ces pays une garantie d'évolution des prix de leur principale richesse, les matières premières. En effet, les mécanismes du Marché font varier les cours des matières premières de manière erratique, ne permettant jamais à ces pays, et donc à leur peuple, de savoir sur quels revenus quotidiens ils peuvent compter. Pierre Mendès France proposait qu'une monnaie de réserve mondiale soit assise sur la valeur de ces matières premières, de telle sorte qu'elles forment une sorte de panier où la moyenne de ces valeurs soit plus stable que chacune d'entre elles. Par ce mécanisme ingénieux, il espérait qu'on aboutirait à la fois à la stabilité monétaire internationale et, en même temps, à la stabilisation des ressources du tiers monde. Cette idée n'a pas été retenue car elle présentait certaines difficultés techniques, mais sans doute pas plus grandes que celles constatées aujourd'hui pour stabiliser les relations monétaires internationales. Elle s'est surtout heurtée aux intérêts des grandes puissances.

Pour conclure, je dirai que ce système de pensée économique fondé sur la prédominance de la raison était très volontariste, assez nettement antilibéral. Il a paru nettement dépassé dans les années soixante-dix et quatre-vingt, au moment de l'explosion de l'idéologie libérale, qu'on a appelé l'ère reaganienne, ou l'ère thatcherienne. Or on aperçoit, partout dans le monde aujourd'hui, les conséquences négatives, non pas du libéralisme économique en soi, mais de ses excès, et il est à craindre que le libéralisme économique porte en lui, de manière structurelle, des excès, parce que sa loi même est de refuser toute maîtrise supérieure à ses propres lois économiques.
C'est justement cette maîtrise politique que Pierre Mendès France souhaitait. Devant les conséquences inquiétantes sur les plans humain, social, écologique, de certains excès du libéralisme, ne serait-il pas sage de s'inspirer à nouveau des conceptions mendésistes de la démocratie ?

Les idées économiques de Pierre Mendès France

Henri Morsel *

Présenter la pensée économique de Pierre Mendès France est une tâche peu commode car, sans vraiment varier, cette pensée s'est enrichie tout au long de sa vie. Ses écrits au fil du temps en témoignent. L'homme, en outre, a voulu constamment fonder son action politique et sociale sur une logique de nature économique.

Mais, comme il n'a participé au gouvernement de la France qu'à de trop rares et trop brèves occasions, il est difficile de juger de l'efficacité et des résultats de cette politique économique. La pertinence de ses idées doit en somme se mesurer plutôt aux objectifs qu'il s'était donnés.

Il n'a, en effet, guère eu la possibilité d'imposer ses convictions dans ce domaine autrement que par son discours ou ses écrits. Certes, il a fait partie une première fois du gouvernement de Léon Blum, pendant le deuxième ministère du Front populaire, mais pour une durée d'un peu moins de deux mois seulement. Autant dire qu'il n'a pas eu le temps d'imprimer ses idées à la marche des événements.

Au cours de sa deuxième participation – dans le gouvernement provisoire d'Alger puis lors du retour du général de Gaulle en métropole –, il a été plus directement mêlé à la modélisation de la future direction économique de la France. Sous la conduite du Général, il a eu ainsi la responsabilité du ministère de l'Économie. Il avait souhaité un grand ministère à la fois des Finances et de l'Économie, mais il ne lui a pas été accordé. Au total, il est resté entre Alger et Paris environ un an et demi au pouvoir dans le sillage du Général. Cette époque a été très féconde, mais entre les deux hommes, les points de vue sur les méthodes à utili-

* Professeur d'histoire économique contemporaine à l'université Lyon-III.

ser pour la reconstruction du pays avaient fini par les opposer. PMF était contre la politique d'emprunts et de facilités monétaires préconisée par Pleven, contre l'inflation et pour une politique de rigueur. En janvier 1945, le Général a fini par accepter sa démission.
PMF a été ensuite président du Conseil de 1954 jusqu'au début de 1955. Au cours de cette troisième période gouvernementale, il s'était fixé de faire la paix en Indochine et de mieux cerner les difficultés de relations qui existaient déjà entre la France et les pays du Maghreb. Le dossier de la décolonisation était suffisamment lourd pour qu'il confie la gestion des affaires économiques et sociales à Edgar Faure, avec lequel il était en forte connivence au moins pour maintenir l'équilibre du budget. Au total, force est de constater que PMF n'a guère eu le temps d'imposer directement ses vues économiques et sociales ; mais son influence n'en a pas moins été profonde car, par ses analyses de la situation et par ses propositions de politique, il a suscité des débats très féconds dans la cité.
Praticien de la politique économique, ses idées évoluent avec les difficultés subies par son pays. On peut ainsi distinguer trois périodes chronologiques dans le cheminement de sa pensée.

1. De 1924 à 1938, PMF envisage une finalité sociale à toute politique économique. Ses premières réflexions concrètes sur la science économique portent sur l'expérience monétaire de Raymond Poincaré de 1926 à 1928. L'essentiel, cependant, au cours de cette période, est son adhésion à la théorie keynésienne ; il devient même un précurseur de son application dans le deuxième gouvernement du Front populaire.

2. De 1939 à 1958, du second conflit mondial au retour de de Gaulle, les impératifs de guerre, la reconstruction et les luttes coloniales l'amènent à se convertir à la planification et à la rigueur monétaire.

3. Après 1958, sous le gaullisme, ses convictions démocratiques et socialistes s'affirment pour dénoncer le nouveau régime présidentiel. Il met alors en avant le rôle souhaitable des syndicats dans la réalisation d'un programme d'action économique. Il mène également une réflexion plus élaborée sur la régionalisation et sur les rapports que doivent avoir le secteur privé et le secteur public. Ses positions sont vigou-

reusement affirmées à cette époque dans une vaste étude sur les mérites de la planification qui fait l'objet de son livre *La République moderne*[1].

De l'analyse de la politique de Poincaré à l'adoption du keynésianisme (1924[2]-1938)

En 1928, PMF publie sa thèse sur *Le redressement financier français en 1926 et 1927.* Dans ce travail universitaire, il ne cache pas son admiration pour la prouesse technique réalisée par Raymond Poincaré en vue de stabiliser le franc. Il n'en porte pas moins un jugement sévère sur les conséquences sociales de cette stabilisation. Il aurait toutefois acquis à cette occasion la conviction que pour lutter contre l'inflation il fallait restreindre la consommation par le lancement d'emprunts publics pour éponger une partie de la masse monétaire en circulation[3]. Cette attention aux questions monétaires et financières se confirme, mais cette fois au niveau international, par la publication en 1930 de *La banque internationale* où il proclame sa foi dans les États-Unis d'Europe et la nécessité d'introduire une cohérence internationale dans les politiques d'échange et de crédits entre les nations. La Banque de Reconstruction internationale (BRI) pourrait, selon lui, se charger de cette harmonisation à grande échelle.

La dépression des années trente et la nécessité de lutter contre le chômage l'ont amené à analyser les politiques de déflation antérieures au Front populaire puis, sous l'instigation en 1936 de son ami Georges Boris, il a lu *La théorie générale de l'emploi, de l'intérêt et de la monnaie* de John Maynard Keynes. Dès lors, il a été très vite convaincu par les arguments de ce dernier. Il fait à ce moment-là sienne la critique du libéralisme et ne croit plus que l'équilibre entre l'offre et la demande résulte automatiquement de la loi des débouchés de Jean-Baptiste Say. Cette assertion n'est vraie, dit-il[4], que lorsque la demande précède l'offre. Le marché ne conduit pas forcément à l'équilibre des prix et la régulation par les taux d'intérêt n'engendre pas nécessairement l'investissement. Le capitalisme ne fournit donc pas obligatoirement le plein emploi et, pour lutter contre le chômage, l'État se doit d'intervenir y compris par le déficit budgétaire.

À partir de 1936, il est tout naturellement partisan de la relance de la consommation par l'augmentation des revenus des salariés et favorable à la croissance des investissements publics et privés. Dans le second gouvernement de Léon Blum de mars 1938 – auquel il participe comme secrétaire d'État au Trésor[5] – confronté à la nécessité de financer le réarmement, il est le premier à comprendre que le budget peut être un instrument efficace de la politique économique et à adopter une attitude keynésienne dans la relance par les industries d'armement. Il entend déjà aller fermement dans le sens d'une économie dirigée de gauche. Il prévoit un impôt sur le capital et peut-être le contrôle des changes. Ces mesures énergiques contribuent à faire tomber le ministère Blum devant le Sénat[6]. Pour Robert Salais, « jamais l'intervention de l'État ne présente chez Keynes la dimension stratégique, volontariste et positive qu'elle arbore chez Pierre Mendès France[7] ». Loin d'une adhésion « à l'américaine » au keynésianisme, Mendès France contribue à l'adoption, en France, d'une forme étatiste de ce courant pour résoudre les questions de structures. Il n'évacue pas pour autant la place du marché dans les ajustements entre les besoins de la population et les structures de production.

Planification, réformes de structures et lutte contre l'inflation (1939-1958)

À partir de la Seconde Guerre mondiale, la donne économique change complètement. Il ne s'agit plus de surproduction mais de reconstruire la France. Le chômage n'est plus à l'ordre du jour, mais la théorie keynésienne peut être tout de même reprise pour justifier un modèle de croissance équilibrée. La demande est considérable et la pénurie règne. L'inflation – voire le marché noir – est la calamité la plus visible du moment. Pierre Mendès France, ministre de l'Économie à Alger puis à Paris, doit gérer cette situation et surtout remettre le pays sur pieds. Son objectif est de trouver les moyens de financer la reconstruction sans pour autant provoquer une enflure des prix.

Quelle est la méthode préconisée dans ces circonstances par PMF ? Il s'agit pour lui de maintenir avant tout la stabilité du franc afin de permettre des importations de première urgence sans trop de détérioration du change ; conserver le rationnement et freiner la consommation au noir des gens riches ; éviter l'inflation en surveillant les prix et les salaires ; maintenir autant que faire se peut l'équilibre du budget mais pousser l'État à investir dans des domaines économiques indispensables en l'autorisant à prélever de manière forcée une partie des sommes placées sur les comptes en banque des épargnants. Les détenteurs d'importants capitaux liquides, frustrés par quatre ans de restrictions, risquent de provoquer une surchauffe des prix par des demandes de consommation précipitées et excessives ; ils peuvent encore acheter du dollar ou des francs suisses et les placer à l'étranger. Il n'y a donc pas lieu d'hésiter à ponctionner momentanément leurs avoirs, tout en leur promettant de les rembourser par la suite. Toujours dans l'objectif d'une reconstruction vertueuse, il est nécessaire, selon lui, d'éviter également le dérapage des taux d'intérêt et souhaitable d'introduire une fiscalité progressive plus juste afin de permettre une croissance indispensable des dépenses publiques. Son programme est donc très contraignant. Il réclame de tous des sacrifices proportionnés à leurs revenus. En définitive, pour le réaliser, cela exige de tous les partis et du général de Gaulle le courage politique de refuser à la population des satisfactions immédiates.

Ni la droite, ni la gauche – SFIO comprise – n'ont accepté cette politique de rigueur. D'où la démission de PMF. Dès lors, la reconstruction n'a pu se faire que dans un climat d'endettement et de dérive très forte des prix. La restauration économique a été en fin de compte tributaire de l'aide américaine et le franc est resté longtemps à la remorque du dollar.

En dehors de cette expérience avortée de pilotage de l'économie dans un contexte très difficile, Mendès France a bien entendu été favorable, avec l'ensemble du Conseil national de la Résistance, aux quatre dispositions structurelles qui ont été adoptées à la Libération ou au début de la quatrième République :

1. Nationaliser les secteurs clefs, et en particulier les banques de dépôts, afin de les amener à soutenir l'action de l'État ;
2. Mettre en place une Sécurité sociale généralisée et administrée par une direction paritaire ;
3. Adopter la planification proposée par Jean Monnet ;
4. Accepter progressivement l'ouverture des frontières dans la perspective de créer une Europe économique. Par la suite la planification, qui n'est pas dans la panoplie des outils keynésiens, est devenue dans l'esprit de PMF un des principaux instruments de coordination à moyen terme de l'action gouvernementale.

Quelles réflexions peut suggérer à son tour la présence d'Edgar Faure dans le gouvernement de Mendès en 1954 ? On sait que l'essentiel des préoccupations du président du Conseil était ailleurs et qu'il y avait un accord au départ entre les deux hommes sur la nécessité de maintenir l'équilibre du budget. Certes, Edgar Faure est peu attaché à la planification et aux réformes de structures annoncées, mais il prend en compte les promesses faites par le chef du gouvernement, notamment de mener une politique de concertation avec les syndicats. Le président du Conseil, de son côté, pèse de tout son poids pour faire avancer les dossiers de l'agriculture, la lutte contre l'alcoolisme[8], le logement, les restructurations industrielles, l'aménagement du territoire... Mais, à partir d'octobre 1954, les amis politiques de PMF l'avertissent que son gouvernement est « en train de perdre chaque jour du crédit en ce qui touche à la politique économique[9] ». En février 1955, PMF finit par remplacer Edgar Faure par le MRP Robert Buron. Ce n'est cependant qu'une question de quelques jours, car le gouvernement a trop d'ennemis politiques irréductibles, à droite comme à gauche, pour espérer durer. La décolonisation n'est pas propice à une grande politique structurelle.

Malgré son parcours politique difficile, déterminé par sa volonté de respecter les principes et les objectifs qu'il s'était fixés, l'originalité des positions de PMF pendant la quatrième République doit être soulignée. Interventionniste, il n'est pas un libéral au sens économique du terme ; il est donc éloigné de la droite réactionnaire sans pour autant rejeter tous les aspects du capitalisme à condition qu'il soit soumis à la loi. Il n'est pas marxiste et n'adhère ni aux thèses moscoutaires du PCF ni à celles adoptées par la SFIO encore empêtrée à l'époque dans la notion de luttes de classes et de prise du pouvoir. Il n'est donc pas aux marges de la gauche archaïque, il est ailleurs. Se donner les armes théoriques pour gouverner en économie, ce n'est pas appliquer dogmatiquement des idéologies politiques qui réduisent le réel à une simple illustration de lois historiques et qui mènent immanquablement à des fins que la politique – cantonnée à une force d'embrigadement – peut seulement hâter ou freiner. La science économique c'est l'analyse permanente des faits confrontés à des méthodes spécifiques – mais à affiner – pour améliorer la situation de tous.

À la recherche de la démocratie économique (à partir de 1958)

Sous la cinquième République, Pierre Mendès France marque de manière constante son opposition au régime présidentiel. S'il est favorable par principe à l'intervention économique de l'État et à la planification, il reproche cependant au gouvernement sa méthode de décision technocratique et, malgré la politique des revenus un moment annoncée, le peu de finalité sociale proposée. Selon lui, le gaullisme préfère une politique d'affichage des taux de croissance et la promesse d'une politique de participation aux bénéfices des entreprises plutôt que la concertation des syndicats. Pour faire contrepoids à l'arbitraire de la haute administration et pour mettre en place un véritable système de démocratie économique, il propose de créer une Chambre économique et sociale, composée des forces actives de la nation avec la participation des syndicats, des entreprises, des collectivités locales et régionales.
« Dans une économie évoluée, on ne peut maintenir l'entreprise de planification dans un corset de centralisation et de rigueur. On est conduit à des assouplissements, à des démultiplications, à des délégations de pouvoirs... » car, dit-il en 1962, « la population a pris le goût à la liberté, elle a besoin de comprendre, de participer aux choix ; il ne lui suffit pas de voir s'améliorer progressivement son sort, elle veut contribuer sciemment à une œuvre collective, dont elle connaît les fins, dont elle a le mérite et dont elle aura le profit[10] ». Faute d'une Chambre économique et sociale, la conciliation entre planification et liberté ne peut être obtenue que par la concertation permanente des syndicats ouvriers et professionnels. PMF cite encore une phrase lancée au cours du Congrès du Centre national des jeunes patrons de 1962 : « Être libre, dans les années soixante, c'est participer aux décisions. » Planifier, selon lui, c'est choisir démocratiquement.
En 1959, il quitte le parti radical pour se rapprocher de la nouvelle gauche (PSU). L'ancienne SFIO est moribonde. La Fédération de la gauche démocratique et sociale (FGDS), François Mitterrand en tête, se met avant tout en quête d'alliances électorales, alors que PMF cherche surtout à faire passer ses idées : rejeter toute forme de compromission, partager de manière plus juste les fruits de la croissance et, surtout, introduire la rigueur économique dans le nouveau programme proposé. Faut-il, par exemple, nationaliser ? Il ne suffit pas pour lui d'adopter ce moyen uniquement pour lutter

contre les féodalités économiques. Elles ne peuvent être une fin en soi et ne doivent être envisagées que si elles se justifient économiquement ou s'il y a volonté manifeste de la part des entreprises concernées de s'opposer à la planification et aux intérêts de la collectivité. En situation de concurrence, l'entreprise privée, pense-t-il, est dans de nombreux cas plus efficace que le secteur public. Elle peut grâce à la planification envisager ses investissements et sa rentabilité avec plus de certitude. « En ce sens, chaque entreprise est un service public et le plan est la chose de la nation tout entière. »

Pierre Mendès France, pendant la période gaullienne, a exprimé avec force et cohérence les principales critiques à l'égard de la politique suivie, mais il a fait également des propositions économiques et sociales constructives pour l'avenir. Il n'a plus eu l'occasion de revenir au pouvoir, car son influence sur les appareils de la gauche était faible, mais son ascendant a été considérable sur de nombreuses personnalités : journalistes, syndicalistes, grands commis de l'État qui ont été ses collaborateurs et qui ont appris auprès de lui que gouverner ce n'est pas seulement administrer mais choisir.
Jamais, selon le mot de Jean Bouvier, son « ministère de l'Intelligence » n'a été aussi rayonnant.

---

1. *La République moderne.* Paris, Gallimard, coll. « Idées », 1ère édition 1962. [notes de l'auteur]
2. En 1924, PMF adhère à la Ligue d'Action universitaire républicaine et socialiste, la LAURS.
3. *Cf.* Saly, P., « Pierre Mendès France critique de Raymond Poincaré », *in :* Margairaz, M. (dir.), *Pierre Mendès France et l'économie* (Paris, Odile Jacob, 1989), p. 21 et suiv. Les reproches que les historiens ont surtout faits par la suite à la politique monétaire de Poincaré est d'avoir provoqué dès 1927-1928 une tendance à la baisse des prix qui s'est prolongée dans la crise de 1929, et d'avoir entraîné une baisse importante des exportations françaises. *Cf. :* Marseille, J., « Les origines inopportunes de la crise de 1929 en France », *Revue Economique,* vol. 31, 4 (juillet 1980).
4. Lire à ce propos : Mendès France, P., Ardant, G., *La science économique et l'action.* Unesco-Paris, Juilliard, 1954.
5. Selon Jean Lacouture (*Pierre Mendès France.* Paris, Seuil, 1981, p. 97), PMF aurait été le vrai ministre des Finances.
6. *Cf.* Duroselle, J.-B., *Politique étrangère de la France, La décadence 1932-1939* (Paris, Le Seuil, coll. « Point Histoire », n° 63, 1979), p. 329.
7. Salais, P., « L'interprétation de Keynes par Pierre Mendès France », dans *Pierre Mendès France et l'économie, op. cit.,* pp. 103-108.
8. Il ne faut pas oublier que PMF est un élu du département de l'Eure qui est essentiellement agricole et gros producteur de lait et de pommes ; *cf.* Chapron, F., *Pierre Mendès France dans l'Eure, trente années de vie politique (1932-1962).* Thèse d'histoire contemporaine, 1984, 654 p.
9. L'avertissement avait été lancé par Simon Nora ; cité par Jean Lacouture, *op. cit.,* p. 326.
10. *Cf.* Mendès France, P., *La République moderne, op. cit.,* 1ère édition, 1962, p. 149.

Action économique et entreprise : l'exemple de Pierre Mendès France

Michel Bon *

Le rôle nouveau des entreprises

Pierre Mendès France s'est, au total, assez peu préoccupé de l'entreprise et, lorsqu'il en parle, l'entreprise lui apparaît plutôt comme un rouage de l'économie, dont d'autres déterminent l'action, que comme un vecteur. Aussi est-il difficile de chercher dans ses discours ou ses ouvrages, les clés utiles aux chefs d'entreprise aujourd'hui.

Le monde dans lequel agissait et réfléchissait Pierre Mendès France était celui d'une économie largement dirigée par l'État. Celui-ci contrôlait le crédit et, par ce biais, l'investissement des entreprises, au travers de mécanismes comme le FDES ou les prêts bonifiés du Crédit national. Il contrôlait les changes et donc le rythme d'internationalisation de l'économie et l'ouverture à la concurrence internationale des marchés. Il contrôlait les salaires : on se souvient des débats sur la politique des revenus, c'est-à-dire de la capacité pour l'État de contrôler l'enchaînement revenus-prix-croissance. Dans un monde ainsi dirigé par l'État, l'entreprise n'avait qu'une très faible visibilité. Il suffit pour s'en convaincre de voir la place qui lui était réservée à l'époque dans la presse. De même les chefs d'entreprise étaient, pour l'opinion, des inconnus. Ce contrôle de la sphère économique par l'État était rendu possible par le fait que celle-ci était encore largement fermée. Elle l'était tout à fait en 1954, lorsque Pierre Mendès France devint président du Conseil ; elle l'était encore largement en 1967-1968, lorsqu'il se présentait à Grenoble aux élections, avant le choc pétrolier qui a poussé toutes les entreprises hors de leur mar-

* Président directeur général de France Télécom, ancien collaborateur de Pierre Mendès France.

ché. Fermée au monde, l'économie l'était aussi à la concurrence. Tout incitait les entreprises à s'entendre : que ce soit par le contrôle des prix ou par le contrôle du crédit, l'entente paraissait favorable à chacun. Les meilleures entreprises y trouvaient des profits abondants et les plus mauvaises la garantie de la survie, cependant que le gouvernement y puisait la légitimité de son intervention.

La situation d'aujourd'hui n'a évidemment plus rien à voir. C'est le marché qui a remplacé l'État dans son rôle directeur ; l'État n'est plus qu'un acteur très affaibli du jeu économique. Il n'a presque plus de moyens de contrôle. Contrôle des prix, contrôle des changes, contrôle du crédit ont disparu, et le contrôle des salaires ne subsiste que très partiellement à travers le SMIC. Une partie de ses pouvoirs ont été aspirés vers le haut (Bruxelles, Organisation Mondiale du Commerce) et une autre vers le bas (collectivités territoriales). Les entreprises ont ainsi conquis une autonomie beaucoup plus grande vis-à-vis du politique, que reflète leur visibilité dans la presse ou leur notoriété dans l'opinion. Mieux, les entreprises les plus importantes sont maintenant à ce point internationalisées qu'elles sont en position d'arbitrer entre les gouvernements. On a ainsi pu entendre, dans le débat sur les 35 heures, certains chefs d'entreprise expliquer tranquillement que cette décision politique n'aurait pas d'autres effets pour eux que de les inciter à répartir autrement leurs moyens de production à travers l'Europe. Dans un monde pareil, le pouvoir du gouvernement sur l'entreprise est presque aux antipodes de ce qu'il était dans les années cinquante et soixante.

Il est donc inutile de chercher aujourd'hui à supputer ce que dirait le président Mendès France du rôle des entreprises dans l'économie. Oui, sûrement, il dirait des choses fortes et utiles. Mais on ne saurait les extrapoler des propos qui furent les siens dans un tout autre cadre. Ce que l'on peut extrapoler, en revanche, et c'est exactement le parti pris de ce colloque, c'est la méthode. C'est donc cette réflexion à voix haute que je voudrais faire avec vous : que pourrait être une approche « mendésiste » de l'entreprise, du rôle de l'entreprise, du devoir du chef d'entreprise ?

Les leçons de Pierre Mendès France pour un chef d'entreprise

J'ai eu, comme Grenoblois, la chance de rencontrer Pierre Mendès France à la fin de 1966, au début de sa première campagne de Grenoble, celle dont il sera parlé plus loin. J'avais vingt-trois ans, j'étais étudiant. Une chance pareille ne se gaspille pas et je ne l'ai plus quitté : membre de son équipe de campagne en 1968, puis du comité de rédaction du *Courrier de la République*, jusqu'à son dernier jour ou presque. Je ne prétends sûrement pas ni le connaître, ni l'expliquer. Il est tout simplement, et cela suffit à mon bonheur, mon modèle. Je n'en fais pas étalage – c'est ce soir la première fois –, parce que je mesure trop bien la distance qui me sépare de lui... Mais, puisque François-Xavier Stasse et Marie-Claire Mendès France me l'ont demandé, je vais essayer cet exercice intime, impudique même, de vous dire quelles sont pour moi les leçons de Pierre Mendès France dans ma vie en entreprise.

La vérité

La vérité est au cœur de la méthode Mendès France : « Il faut dire la vérité au pays » est son *leitmotiv.* Et lorsque, dans l'un de ses livres, il s'intéresse aux hommes qui l'ont marqué, il l'intitule *La vérité guidait leurs pas*[1]. Oui, la force principale du magnétisme de Pierre Mendès France, c'était cela. La vérité, la vérité comme exigence, la vérité comme discipline, mais aussi la vérité comme méthode, la vérité comme principe d'action. La vérité à la fois nécessité et vertu. C'est, je crois, cette lumière de la vérité qui le faisait briller si fort, et qui attira et fixa la luciole que j'étais vers Pierre Mendès France.

Ne pas dissimuler les choses, s'efforcer de savoir le vrai pour agir, refuser les artifices, autant de bons principes pour agir en entreprise.

Le respect du citoyen

Pierre Mendès France postulait l'intelligence des hommes et des femmes. Le programme de ce colloque a extrait d'un de ses livres la citation suivante : « Le plus difficile, c'est d'amener les hommes à se rendre compte que nul ne peut penser pour eux, qu'ils peuvent et doivent exiger des informations complètes constamment soumises au contrôle de

l'opinion et au débat public. » Confiance donc aux hommes, dès qu'on les place – c'est un devoir – en situation de responsabilité.
L'implication de cette attitude, de ce postulat, dans le *management* est immense. Elle fonde toute une école moderne de la gestion qui repose sur la responsabilité des acteurs le plus près possible du terrain. Cette approche très décentralisée n'existait que fort peu à l'époque de Pierre Mendès France où les grandes entreprises étaient d'assez lourdes machines peu éloignées finalement du modèle qu'offrait et qu'offre encore l'administration. Pour de nombreux théoriciens modernes du *management,* au contraire, l'avenir de l'entreprise n'est plus à la baleine, c'est-à-dire à l'armée d'hommes et de femmes capables d'agir et de décider instantanément, au plus près du terrain, au plus près du client. D'une certaine façon, ce que Mendès France voulait pour le citoyen, l'entreprise moderne essaie de le réaliser pour ses salariés.

Le recours au pays

Face à une difficulté insurmontable, Pierre Mendès France prônait systématiquement le recours au pays, c'est-à-dire à la fois à l'opinion et à son expression ou à la représentation nationale. Ce n'était pas pour lui une facilité permettant de contourner la difficulté, mais une exigence. Pour dire les choses autrement, ce n'était pas du tout une démocratie du sondage mais une démocratie, peut-être un peu idéalisée, dans laquelle le citoyen éclairé et responsable devait avoir le dernier mot et trancher les problèmes. Instrumentalement, ceci passait par l'écoute et par la communication, deux outils clés de la méthode Mendès France. Il passait beaucoup de temps à écouter. Je me souviens par exemple de sa réaction face aux événements de mai 1968 ; personne n'y comprenait rien, et chacun y allait de sa théorie. Lui voulut comprendre en écoutant et il demanda à Paul Legatte de réunir des jeunes – j'eus la chance d'en faire partie –, avec qui il discuta passionnément, des soirées entières, pour comprendre ce qui était en train de se passer. La communication aussi joue, dans son esprit, un rôle clé pour la bonne information du citoyen. Ce n'est pas la communication telle que la voient les gourous actuels de nos hommes politiques, mais une espèce de devoir démocratique concourant à éclairer l'opinion. Les « causeries » à la radio en 1954, ou le temps qu'il consacra au *Courrier de la République,* montrent l'importance de la communication pour lui.

L'implication de cette méthode dans l'entreprise est considérable. Toute personne, qu'elle soit cliente ou salariée de terrain, syndicaliste ou cadre dirigeant est bonne à écouter. Sa vérité est une part de la vérité et nous apprendrons ensemble. En écoutant sans relâche, je serai meilleur et plus fort que tout seul. Il y a des patrons un peu autocrates et qui savent tout, j'en connais. Pierre Mendès France est mon rempart contre ce modèle. Communiquer pour éclairer et non pour endoctriner. Souvent la communication interne est un credo, qu'il faut prendre en bloc et qui fait appel à l'adhésion plus qu'à la réflexion. La méthode Mendès France, expliquer les situations, dire ce que l'on fait, ne pas dissimuler, est cohérente avec l'idée d'avoir des salariés responsables et de faire appel à leur intelligence.

Le radicalisme

Lorsque je suis arrivé à l'âge politique, dans les années soixante, le radicalisme ne signifiait plus rien d'utile. C'est Pierre Mendès France qui m'a fait comprendre que cela signifiait tout simplement traiter les problèmes à la racine. C'est ce radicalisme là qui est à l'origine du soi-disant pessimisme de Mendès France et de l'habit de Cassandre dont on l'affublait. Je ne crois pas qu'il était pessimiste, non, il voyait les lumières aussi bien que les ombres. Mais il voulait, obstinément, éclairer les ombres. Les problèmes non réglés, les non-dit, les « laissons le temps au temps », ce n'était pas pour lui. Et s'il donnait l'impression d'être un prophète de malheur, c'est qu'en effet il était toujours insatisfait de voir une situation pourrir ou un problème en friche. Et il le disait, et le répétait, au point d'être lassant, parce que c'est bien sûr plus commode de vivre avec ses défauts que de se faire mettre le nez dessus.

Cet état d'esprit reste entièrement d'actualité, que ce soit en politique ou en entreprise. Ne jamais se contenter de l'à-peu-près, c'est d'une certaine façon la démarche de qualité totale ou de zéro défaut qui est aujourd'hui si à la mode. Je crois qu'il aurait aimé cette approche, tout en critiquant bien sûr la présomption d'une telle promesse...

Préparer l'avenir

Quand j'ai connu Pierre Mendès France, en 1966, il avait alors cinquante-neuf ans et, du haut de mes vingt-trois ans, il me semblait vieux : c'était l'âge de mon père. J'ai toujours été frappé du contraste entre son âge et cette passion de l'avenir qui l'animait. Le seul de ses livres auquel j'ai très vaguement participé, s'appelait d'ailleurs : *Pour préparer l'avenir*[2].

Cela le conduisait à faire des choses déroutantes. Sa passion des jeunes, par exemple, lui était inspirée, je crois, par la certitude qui était la sienne que ces jeunes parlaient de l'avenir et qu'en les écoutant, il cernerait mieux cet avenir. Il les voyait comme des dépositaires d'un secret qui le passionnait. De même ce réseau impressionnant d'amis étrangers qu'il interrogeait aussi sans relâche. Il est plus fréquent aujourd'hui qu'à son époque d'avoir des amis dans d'autres pays. Mais combien de nos hommes politiques, face à un problème, ont, sinon superficiellement, le réflexe qu'avait passionnément Pierre Mendès France : regarder ailleurs comment les choses se passent ?

Certes, le chef d'entreprise est davantage porté sur la comparaison. Mais combien d'entre nous y consacrent le temps suffisant ? Combien d'entre nous préparent l'avenir avec la même passion que Mendès France en interrogeant les exemples étrangers et en interrogeant les jeunes sur l'avenir de nos marchés ?

L'éthique

Dans la démocratie, Pierre Mendès France plaçait très haut l'éthique. Pas tant l'éthique personnelle, qui était peut-être un sujet moins sensible à l'époque où il agissait. De toute façon, cette éthique personnelle, lui l'avait clairement dans le sang. Je ne veux pas non plus décrire un naïf égaré dans la politique. Pierre Mendès France savait parfaitement que la politique est l'art du possible et il a montré, en 1954 et en 1955, son talent à trouver des compromis.

Non, ce qu'il a porté très haut, c'était le fait qu'il y avait des sujets sur lesquels on ne faisait pas de compromis. Qu'il y avait des lignes jaunes que l'on ne franchissait pas, quel qu'en soit le prix. Le débat de Bordeaux, celui du procès Papon sur la « part du feu », est un débat dans lequel il ne serait sûrement pas rentré. Les sujets sur lesquels il refusait tout compromis n'étaient pas minces. Par exemple, et alors même qu'il n'avait pas de doute sur l'utilité de son action, il préférait se démettre plutôt que se soumettre, lorsqu'il n'était pas suivi sur un point essentiel comme avec Pleven ou Guy Mollet. De même, alors qu'il ne pouvait que voir à quel point ce qu'il avait entrepris depuis qu'il était président du Conseil rencontrait l'adhésion d'une très large part de l'opinion, il a préféré sacrifier son gouvernement plutôt que de lui obtenir un sursis en se soumettant à quelque intérêt privé. Enfin, la conception qu'il avait de la démocratie était à ce point exigeante qu'elle le sépara, dès 1958, du général de Gaulle qu'il avait pourtant servi avec tant de bonheur pendant la guerre.

Les chefs d'entreprise aussi sont amenés à rencontrer des lignes jaunes et à se poser la question de savoir s'il faut la franchir pour continuer à avancer. Là aussi, l'exemple de Pierre Mendès France peut servir de modèle : être libre, être droit, ne pas faire de compromis avec la tentation, c'est une bonne règle de vie. Et pas seulement pour les chefs d'entreprise.

Une réforme à la lumière de ces leçons : France Télécom

Je voudrais pour conclure vous décrire rapidement la réforme de France Télécom pour éclairer, par cette histoire, quelques-uns de mes propos. Je ne cherche là aucun brevet de mendésisme – il n'en délivrait pas –, ni non plus à vous faire croire qu'il aurait approuvé cette réforme, je n'en sais rien. Je ne cherche qu'à illustrer de façon concrète quelques-unes de mes réflexions précédentes.

Tout y commence en 1990 par la réforme Quilès-Rocard, qui transforma en entreprise, la Poste d'une part et France Télécom de l'autre. Préparée par un long débat qui faisait appel à l'intelligence de chacun tout en lui fournissant toute l'information nécessaire, cette réforme n'est pas tournée vers la solution à chaud d'un problème critique, mais bel et bien vers l'avenir et destinée à le préparer. Puis, en 1993, au début du mois d'août, le gouvernement de l'époque se lance dans le changement de statut de France Télécom, sans dire grand-chose de l'avenir, et avec l'espoir que la période des vacances permettra de réussir l'opération. Début octobre, une grande grève le fait reculer. C'est l'échec d'une méthode qui ne respectait pas et n'expliquait pas, qui ne faisait pas appel à l'intelligence des hommes et des femmes de l'entreprise. Enfin, aujourd'hui France Télécom s'apprête à entrer en Bourse, son statut étant modifié et son climat social apaisé.

Comment a-t-on pu cette fois réussir ? Tout simplement en mettant en pratique quelques-unes des méthodes que je viens d'exposer. Une écoute attentive a permis de bien cerner les problèmes que posait cette évolution et d'y apporter des réponses favorables, en les traitant à la racine. Ainsi, aux principales questions que se posait le personnel – leur statut, leur retraite, l'avenir de leur entreprise –, la loi a répondu. Comment l'entreprise vivra-t-elle dans la concurrence ? une stratégie claire a été mise en place. Sur ces sujets et sur beaucoup d'autres, l'explication a été continue et aussi complète que possible. Elle a été relayée par une réorganisation très décentralisatrice de l'entreprise, de façon à miser davantage sur la responsabilité de chacun.

Je ne cherche pas à vous dire que tout va bien dans mon entreprise. Je voudrais tout simplement vous montrer comment, de mon point de vue, l'exemple de Pierre Mendès France peut modeler l'action dans une entreprise. Et comment il modèle la mienne.

---

1. Mendès France, P., *La vérité guidait leurs pas.* Paris, Gallimard, 1976. 262 p. [notes de D.F.]
2. Mendès France, P., *Pour préparer l'avenir. Propositions pour une action.* Paris, Denoël, 1968. 120 p.

Pierre Mendès France et la décision économique : utopie ou exemple ?

Elie Cohen *

« La science de l'économie doit s'accompagner du recours à la science de la communication. Le plus difficile c'est d'amener les hommes à se rendre compte que nul ne peut penser pour eux, qu'ils peuvent et qu'ils doivent exiger des informations complètes, constamment soumises au contrôle de l'opinion, et au débat public. » Cette phrase, remarquablement intéressante, et qu'a citée Michel Bon, est un parfait résumé de ce que j'appellerai une doctrine, ou une formalisation des fondements démocratiques de l'action économique.

Je voudrais vous montrer comment, en fait, Pierre Mendès France essaie de penser la relation entre les quatre pôles structurants de l'action économique lorsqu'elle est démocratiquement fondée. Ces quatre pôles sont, pour certains, connus : le pôle du gouvernement, et le pôle des citoyens – le gouvernement procède des citoyens. Mendès France y ajoute deux autres pôles plus inattendus : le pôle de la connaissance économique, ou si vous voulez le pôle de l'expertise, et le pôle de la communication, ou plus exactement le pôle de la médiation. Comment se forme une décision économique à travers ce circuit, à travers ces quatre pôles, qui vont du citoyen au gouvernement, en passant par le pôle de l'expertise et le pôle de la médiation ?

* Directeur de recherches au CNRS.

L'optimisme démesuré de Pierre Mendès France

Si vous réfléchissez à des relations terme à terme, ou deux à deux, il y a toute une série de réflexions qui émergent immédiatement et qui conduisent à nuancer considérablement le point de vue fondamentalement optimiste sur l'idéal démocratique, selon lequel l'implication du citoyen dans les affaires de la cité est spontané. Cette vision optimiste de la citoyenneté, on la trouve dans nombre d'écrits de Pierre Mendès France. S'agissant de la relation entre le pôle de l'expertise et le pôle de la médiation, on sait que Pierre Mendès France avait une grande passion pour la théorie économique qu'il avait appris à découvrir, qu'il avait étudiée, dont il avait contribué à la diffusion, et il pensait donc qu'il pouvait y avoir une bonne pédagogie de l'économie, et qu'au fond il suffisait de vouloir cette pédagogie pour pouvoir y arriver.

Quand on compare avec la situation actuelle, cela laisse rêveur : l'économie d'aujourd'hui, la théorie économique d'aujourd'hui est à peu près illisible, et elle a un rapport très lointain avec les problèmes économiques que se posent la plupart des gens. Un de mes collègues a l'habitude de dire qu'il y a en fait trois types de discours économiques. Un discours en lettres grecques : celui des formalisations mathématiques, ésotérique, très faiblement accessible, qui n'est compris que par un nombre très limité de personnes. Puis il y a l'autre extrême, compte tenu de la demande et de la pression du marché, une espèce de vulgate économique, où s'entrechoquent les idées toutes faites, qui sont d'autant plus péremptoires qu'elles ne sont pas fondées, c'est le bêtisier que vous lisez tous les jours dans les journaux, c'est-à-dire que le progrès technique tue l'emploi, que l'ouverture provoque le chômage, etc., toutes ces idées familières qui paraissent évidentes, que tout le monde partage, et qui sont bien entendu fausses, en tout cas qui feraient hurler les économistes académiques. Enfin, entre les deux, il y a l'économie intéressante, celle qui prend sa source dans la théorie économique et qui fait l'effort de l'explication, l'effort de la vulgarisation, l'effort de la pédagogie. J'ai lancé le mot : pédagogie. Et là il y a l'espoir qu'une forme de discours d'expertise peut accéder au grand public à travers ce pôle de la médiation que j'ai indiqué.

Je viens de parler de la relation entre deux pôles, celui de la connaissance et celui de la médiation, mais si l'on réfléchit à d'autres pôles, par exemple la relation entre le pôle du gouvernement et le pôle de la connaissance, comment cela se passe-t-il ? Il y a deux figures habituelles. D'une part, la figure de l'instrumentalisation : ce sont les experts prétextes, en fait ceux qu'on charge d'habiller un discours politique tout prêt – il se trouve toujours un certain nombre d'experts qui sont prêts à habiller le discours qui a été préparé. L'autre figure, c'est la soumission à l'expert, c'est lorsque le politique abandonne sa compétence, ses prérogatives à l'expert, et l'on se retrouve alors dans une situation classique qu'on appelle le pouvoir de la technocratie ou le discours de l'impuissance politique. Vous remarquerez que ce discours de l'impuissance politique fait des progrès ravageurs en ce moment, partout, dans tous les cercles. L'impuissance politique prend plusieurs figures, et une de ces figures, sympathiquement maléfique, c'est bien entendu l'Europe. Ce n'est pas totalement gratuit parce que, comme l'a souligné Michel Bon, il y a une forme de division du travail politique qui n'est pas bien assimilée, qui n'est pas bien entrée dans les mœurs, et nous n'avons pas eu encore le pendant de cette division du travail politique, c'est-à-dire la constitution d'un espace politique européen.

Je reviens à mon petit modèle en le résumant. Sur la relation entre le pôle du gouvernement et le pôle de la citoyenneté, aujourd'hui on a entendu beaucoup de choses graves, passionnantes, intéressantes, mais qui étaient nimbées d'un idéalisme, qui me séduit, certes. J'aurais voulu adhérer spontanément à tout ce qu'a dit Jean-Denis Bredin sur les effets du progrès de la connaissance, sur l'apparition d'un citoyen qui veut savoir, qui demande des comptes, qui s'investit dans la cité. J'aurais voulu célébrer l'apparition d'un citoyen plus éclairé. Je crains malheureusement que la réalité des choses soit quelque peu éloignée, et je dirai même que les théories qui se développent le plus aujourd'hui sont des théories qui vont exactement à rebours de cette vision optimiste des choses. Au fond, l'une des théories que l'on rencontre le plus souvent dans la science politique américaine, c'est une théorie utilitariste qui consiste à dire : mais pourquoi donc voulez-vous que le citoyen s'implique en politique ? Quel retour peut-il en espérer ? Il doit faire des arbitrages entre ses loisirs, son activité professionnelle, et son temps d'investissement civique. Qu'est-ce qui le pousse dans sa fonction de préférence individuelle à maximiser le temps d'intéressement civique ? Je sais que cela doit faire hurler tous ceux qui ont entendu les propos de la journée insistant sur le caractère quasiment religieux de l'engagement citoyen, et je savais bien qu'en prononçant ces mots, j'allais heurter ce sens-là. Mais, en tout cas, il n'est pas mauvais, si l'on veut réfléchir sur une certaine forme de tri de la citoyenneté, de poser le problème à l'envers, et de demander : qu'est-ce qui motive l'engagement citoyen ?

Chez Mendès France, cette relation entre le citoyen et le gouvernement avait une pureté canonique puisqu'il pensait, dans sa théorie, au contrat de législature, et qu'il voulait même appuyer le contrat de législature sur un plan. Avez-vous vu une campagne électorale aujourd'hui qui ait la précision des engagements que l'on pourrait mettre dans un plan ? En prenant les références les plus récentes, qui ne sont pas à mes yeux des références négatives – ne vous y trompez pas –, voyons par exemple la manière dont on a présenté l'arrêt des privatisations. Certains ont cru qu'arrêter les privatisations, cela voulait dire arrêter les privatisations. Non, il ne fallait pas entendre cela. Il fallait entendre autre chose parce que, bien entendu, dans le cas de France Télécom, il n'était pas question de privatiser. En reprenant l'ouverture du capital de France Télécom, on ne privatisait pas, c'était tout à fait clair, c'était évident. Mais c'est un exemple assez trivial, à la limite ce n'est pas très important.
Le plus important, ce sont les 35 heures, parce que, là, on touche au noyau dur du symbole, du message fort, du message reçu. Mais ce message était décodable à plusieurs niveaux. J'ai l'habitude de dire qu'il y avait la grande musique et la petite musique. La grande musique, celle que tout le monde entend, ce sont les 35 heures tout de suite, payées 39. Mais ce n'est pas ce qu'il fallait entendre : il fallait entendre 35 heures sans baisse de salaire, et dans le cadre de la législature. Sans être de grands économistes ou de grands mathématiciens, vous faites une petite division par cinq de onze, et vous trouvez, en fait, qu'avec un gel des salaires vous pouvez parfaitement faire cette mesure sans qu'elle ne coûte rien. Cela n'avait pas été dit ainsi, mais cela vous montre combien, par rapport à cette idée d'un contrat liant, d'un contrat de représentation, nous sommes à des années-lumière.
Nous sommes plutôt dans une situation où l'habileté consiste à dire des choses qui soient suffisamment engageantes pour être perçues comme fortes, tout en n'étant pas suffisamment liantes pour devoir être appliquées. Mais, encore une fois, ce n'est pas une critique.

Tout ceci devrait conduire à un certain nombre de réflexions désabusées. Au fond, la manière dont le gouvernement se fait en France a de quoi nous inquiéter. Quelques éléments pour mémoire, que tout le monde a présents à l'esprit. D'abord cette technique que nous avons de la réforme autoritaire, dont le plus bel exemple est celui de novembre-décembre 1995, c'est-à-dire ce système qui consiste à laisser pourrir longtemps les dossiers, à prendre ensuite une décision autoritaire, à provoquer ainsi des grèves violentes, et puis après à y renoncer. Ce mode de gestion de la réforme est aux antipodes de la démarche éclairée qui consisterait à parier sur des citoyens intelligents, et à parier sur le long terme pour développer une action. Cela, c'est la réforme autoritaire, avec sa conséquence immanquable qui n'a pas beaucoup été évoquée aujourd'hui, à savoir la fantastique obsolescence des gouvernements, ce « zapping électoral » frénétique, qui manifeste bien la difficulté que nous avons à être gouvernés dans la durée. Le revers de la liberté qui est prise avec les engagements, c'est le discours récurrent sur la trahison des engagements, discours qui a surtout suscité les précautions prises sur les engagements. Mendès aurait sans doute qualifié tout ceci de relâchement de la morale civique, il aurait sans doute diagnostiqué une malgouvernance générale, un manque de sens de l'avenir, un manque de prévisions.

J'ajoute que les évolutions que nous connaissons actuellement aggravent le mal, plus qu'elles ne contribuent à le traiter, notamment du fait de la méthode qui a été choisie pour réaliser l'intégration européenne : on a, pour forcer certaines évolutions intérieures, transféré des compétences au niveau européen, en faisant le pari que la contrainte extérieure que nous avons voulue serait moins dure à supporter que la réforme volontaire négociée avec les forces sociales. Cela a conduit à une espèce de système politique assez surréaliste, où vous avez une instance politique, à Bruxelles, qui n'est pas réellement une instance politique. C'est, en réalité, une instance déléguée gérant un certain nombre de compétences transférées. Cette instance n'a pas de contrepoids politique véritable, elle n'a pas d'instance devant laquelle rendre compte. De ce fait, on assiste à un processus de technicisation de tous les problèmes politiques. La monnaie, dont on nous avait appris à l'école que c'était un sujet de souveraineté par excellence, a été technicisée puisqu'elle relève

des prérogatives d'une banque centrale indépendante. Et maintenant, on va encore plus loin, en disant que cela doit être une banque centrale européenne indépendante qui prendra le relais.
Ainsi, nous arrivons au bout d'une logique, au bout d'une démarche, et le fossé démocratique ne cesse de se creuser.

L'efficacité de cet optimisme : l'exemple de la réforme des retraites

Si j'en restais là, mon propos paraîtrait excessivement pessimiste, excessivement critique, et je voudrais maintenant donner, un peu comme l'a fait Michel Bon, un témoignage, une expérience un peu personnelle qui montre que, malgré tout, même dans ce contexte-là, un certain nombre de principes que je viens de dépeindre comme excessivement idéalistes, utopistes, peuvent avoir encore une certaine efficacité.
Je voudrais parler d'une expérience à laquelle j'ai été associé, qui est la confection, avec Michel Rocard, du *Livre blanc sur les retraites*[1]. C'est une espèce de cas d'école de la méthode Mendès telle qu'elle peut être réalisée intelligemment sur la durée. Au départ, lorsque l'on a commencé à travailler sur cette question de la réforme des retraites, le sujet paraissait vraiment miné de toutes parts. Voilà un domaine qui était – le Premier ministre lui-même l'avait déclaré – une assurance-suicide garantie pour le Premier ministre qui l'ouvrirait, compte tenu des passions ambiantes – il a même dit que six ou sept gouvernements pourraient sauter sur cette question. Voilà un domaine où il y avait des intérêts puissants, fortement organisés. Voilà un domaine où la connaissance n'était pas assurée, mais un domaine où, pourtant, l'urgence commandait d'agir.
La manière qui a été trouvée illustre parfaitement la méthode Mendès de décision. Elle revient à distinguer trois étapes dans un processus de réforme, et je crois que ces étapes s'inspirent directement de l'exemple mendésiste. La première étape, c'est le pari de la lucidité. Que veut dire le pari de la lucidité ? C'est tenter malgré tout de constituer une base de connaissances suffisamment incontestables pour que toutes les parties puissent y adhérer dans un premier temps. En l'occurrence, nous avons réalisé un gros travail démographique, économique, en essayant d'être les

plus rigoureux possible sur ce qu'était une donnée sûre, sur ce qui était une donnée à fort degré de crédibilité, sur ce qui était une donnée moins sûre, qu'on encadrait à ce moment-là par des hypothèses différentes. L'idée était que, sur le diagnostic, il fallait qu'il ne puisse pas y avoir de contestation de l'ensemble des acteurs concernés par l'avenir du secteur. Quand on sait, encore une fois, ce qu'était l'état d'émotion dans ce secteur, un tel pari pouvait passer pour excessivement aventureux. L'idée était donc de faire un livre blanc, et ce livre blanc devait comporter une première partie de données relativement incontestables. La tâche fut assez facile, parce qu'en démographie tout est joué très longtemps à l'avance. S'agissant des projections économiques, les choses étaient moins sûres. On a fait des hypothèses sur l'évolution de la croissance, sur l'évolution du taux d'activité. Dans un troisième temps, pour canaliser les choix, on a bâti des scénarios. On disait en gros : il y a cinq ou six ingrédients d'une réforme. Chaque ingrédient est, en soi, désagréable. Il faut choisir entre une configuration d'ingrédients qui soit moins désagréable que l'autre. Ces ingrédients, vous les connaissez : allonger la durée de cotisation, dégrader les conditions de liquidation, réviser les clauses d'indexation, augmenter les cotisations, car compte tenu de la longévité, compte tenu de ce qu'est l'équilibre des régimes sociaux, on ne peut pas faire autrement que passer par ce type de combinatoire. On a donc établi un certain nombre de scénarios qui encadraient le dispositif, et, à ma grande surprise, lorsque ces scénarios ont été mis dans le débat public, la démarche a été validée, puisque après la confection du *Livre blanc sur les retraites,* nous avons organisé un débat public, car les acteurs sociaux conviés à discuter de ces scénarios ont demandé à en tester d'autres. Ils avaient donc accepté l'idée du scénario, ils avaient accepté l'idée de la combinatoire.

Donc, premièrement : le pari de la lucidité. Deuxièmement : le pari de l'intelligence. Troisièmement : au moment de la décision, celle-ci doit être inspirée, doit être colorée par les valeurs des gouvernants. Et, là, il s'agit d'affirmer fortement les valeurs qui orientent l'action. Le gouvernement n'est pas un organe technique, ce n'est pas une instance d'optimisation, son action est colorée par des valeurs. Dans le cas qui nous occupe, il y a eu affirmation claire de valeurs de solidarité, qu'on a essayé de résumer dans l'idée du contrat intergénérationnel, notion qui depuis a connu un certain bonheur. C'est d'ailleurs une de mes surprises : toutes ces choses, qui sont assez techniques – puisque même en essayant de faire très simple, on est obligé de parler de taux de dépendance, de taux de remplacement –, ont connu à travers la publication du *Livre blanc* en édition de poche un grand succès d'édition. Les Français ont acheté ce livre blanc.

Michel Rocard n'a pas eu le temps d'appliquer sa réforme, François Mitterrand lui a... – bon, vous connaissez l'histoire. Donc la réforme n'a pas été appliquée. Mais ce qui est singulier, c'est que, peu de temps après, lorsqu'il y eut l'alternance politique, Édouard Balladur, au cœur de l'été, a appliqué l'essentiel des dispositions qui concernaient le régime général : or, il n'y a pas eu de réaction, il n'y a pas eu de débat, il n'y a pas eu de protestation. Le travail de préparation avait été tel, l'évidence s'était tellement imposée, que finalement, au moment de l'application, cela n'a pas posé de problème. J'ajouterai, par coquetterie d'auteur, que Balladur n'est pas allé aussi loin que nous l'espérions, puisque nous avions eu le courage, dans notre *Livre blanc sur les retraites,* de parler des régimes spéciaux. Nous avions écrit une série de fiches sur les régimes spéciaux : quand vous montrez qu'il y a, disons, une centaine de cotisants et deux cent mille retraités, vous comprenez tout de suite où est le problème ; et quand, de plus, vous montrez que ce régime spécial est assurément plus avantageux que le régime général, parce qu'il verse cent pour cent du dernier salaire, il y avait là une espèce de pédagogie évidente à la simple lecture des camemberts – c'est le rare domaine où l'économie est totalement parlante, où la statistique a des effets politiques immédiats.
Mon premier regret est donc que le courage politique ne soit pas allé jusqu'à toucher aux régimes spéciaux ; mais, en même temps, cela permet de ne pas désespérer de la continuité de l'action politique. Le deuxième regret est que j'avais demandé à Michel Rocard si l'on pouvait prononcer des mots tabous – capitalisation, fonds de pension, etc. Eh bien ! nous les avions utilisés, et cela n'avait pas fait scandale à l'époque non plus. Peut-être les lecteurs n'ont-ils pas remarqué les quelques lignes qui leur étaient consacrées, mais quelque chose avait été semé, que d'autres peut-être reprendront.
Cet exemple du *Livre blanc* témoigne ainsi en faveur de la confiance que Pierre Mendès France plaçait à la fois dans les capacités de l'expertise et

dans celles de l'information du citoyen éclairé. L'évolution politique récente montre donc, d'un côté, ce qu'il peut y avoir d'optimiste dans la vision de PMF, et, de l'autre, que des réformes bien pensées, bien menées dans le temps, avec le souci du long terme, avec le souci de la négociation, avec le souci de la pédagogie, et en pariant sur l'intelligence, peuvent malgré tout aboutir.

1. *Livre blanc sur les retraites*. Préface de Michel Rocard, Premier ministre. Paris, La Documentation française, 1991. 238 p. [note de D.F.]

Pierre Mendès France à Grenoble

Table ronde

« Il y a quelques mois, lorsque des amis m'ont demandé d'être candidat à Grenoble, j'ai été très attiré. J'ai pensé qu'il serait exaltant de prendre place parmi des hommes qui réfléchissent et qui produisent et qui essaient aussi de voir la route devant eux. J'ai donc accepté cette invitation avec la ferme volonté de me rendre utile. »

Pierre Mendès France
(*Le Dauphiné libéré,* 5 novembre 1966.)

Pierre Mendès France à Grenoble

Table ronde

Bernard Pouyet *

Il est bien normal que les organisateurs, qui ont voulu ce colloque pour célébrer le trentième anniversaire de l'élection de Pierre Mendès France comme député de l'Isère, aient souhaité qu'une table ronde relate ce qu'a été sa présence à Grenoble.

Pour participer à ce débat, nous avons invité des personnes qui l'ont bien connu, qui ont participé à sa venue à Grenoble et qui ont travaillé avec lui : Raymond Espagnac, ancien sénateur, qui a été adjoint au maire de Grenoble – Hubert Dubedout – pendant les trois mandats que celui-ci a accomplis de 1965 à 1983 ; René Rizzardo, qui, lui, n'a été adjoint que dans deux des mandats d'Hubert Dubedout, donc après la période Mendès à Grenoble ; Jean Enkaoua, qui, comme journaliste au *Dauphiné libéré*, a été souvent en relation avec le président ; et Robert Troujman qui, avant d'être le trésorier de l'association de soutien à Mendès France, était un ami de sa famille. Abder Djellal, quant à lui, est conseiller municipal de Grenoble ; il a trente-trois ans, donc il n'a pas participé à l'action de Pierre Mendès France, mais il est là pour nous dire comment, aujourd'hui, un élu grenoblois, chargé de l'action envers les jeunes et de l'action sociale, intègre dans son action quotidienne les enseignements de Pierre Mendès France.

Pour introduire ce débat, je ferai quelques remarques. La première est relative à la brièveté du mandat législatif de Pierre Mendès France à Grenoble : élu le 14 mars 1967, il est battu par Jean-Marcel Jeanneney

---

* Ancien président de l'université Pierre-Mendès-France de Grenoble, directeur de l'Institut d'Urbanisme.

le 30 juin 1968[1]. Autrement dit, quinze mois de députation, de représentation de Grenoble à l'Assemblée nationale : c'est finalement à peine le double de la période où Pierre Mendès France a été au pouvoir comme président du Conseil. Dans un cas comme dans l'autre, il y a une sorte de contraste entre la brièveté de l'exercice du pouvoir, fût-il le pouvoir d'un député, et la trace, l'empreinte, la marque que laisse Pierre Mendès France dans les esprits et par son action. Mais, d'ailleurs, ce sera peut-être un des premiers apports de cette table ronde, que de nous dire que la présence de Pierre Mendès France, ou sa rencontre avec Grenoble, ne s'épuise pas dans la seule période de son mandat législatif. Il y a, à Grenoble, un avant Mendès France, et un après Mendès France.

Lorsque nous avions organisé, dans ce qui était l'« université des Sciences sociales » avant qu'elle ne prenne le nom d'« université Pierre-Mendès-France », un colloque sur Pierre Mendès France et la morale en politique[2], nous avions déjà tenu une table ronde sur sa présence à Grenoble, et les témoignages de Jean-Louis Quermonne, et, plus encore, de Jean Verlhac[3], avaient été très importants pour nous dire comment s'était nouée, petit à petit, avant 1967, sa relation à notre ville. Certes, il y avait déjà eu ce premier séjour consécutif à son évasion, en 1941, mais surtout, dans la période qui précéda son mandat législatif, il participa à toute une série de rencontres, de colloques notamment : celui sur la rénovation de l'université, le colloque de l'association pour la promotion de la recherche scientifique[4] ; les colloques sur la paix en Algérie, en particulier celui organisé par le bâtonnier René-William Thorp[5] ; les fameuses rencontres socialistes de Grenoble, tenues à l'initiative de Citoyens 60 et de Pierre Lavau[6], où Pierre Mendès France fut très présent. Toute une série de liens avaient donc été noués avec les milieux universitaires, avec les milieux scientifiques, avec les cadres, avec un peu ce que représentait Grenoble à l'époque.

Et puis, en 1966, ce n'est pas un hasard si les rencontres socialistes ont eu lieu à Grenoble : c'était un an après l'élection d'Hubert Dubedout et de son équipe à la mairie. Au-delà des rencontres socialistes, cette rencontre entre l'équipe emmenée par Hubert Dubedout – qui était une équipe GAM, Groupe d'Action Municipale[7], rassemblant PSU, SFIO et parti radical–, est « la rencontre de deux mythes » : le mythe de Grenoble et celui de Pierre Mendès France. Ce qui me frappe, c'est que la rencontre de Mendès France avec Grenoble apparaît éminemment naturelle, et je crois qu'il faudra que vous essayiez de montrer cet aspect dans vos témoignages, si vous êtes d'accord avec cette idée. Comme Jean Verlhac le rappelait, Pierre Mendès France avait la possibilité de choisir d'autres villes que Grenoble, puisque aussi bien il n'avait plus de mandat électif depuis 1958 et avait été battu par Jean de Broglie à Évreux en 1962, et vous imaginez bien qu'une personnalité comme la sienne était sollicitée par d'autres villes. Je ne sais pas si les Grenoblois en ont toujours eu conscience, et même je me suis souvent posé la question : le complexe de supériorité grenoblois n'est-il pas né, ou n'a-t-il pas été renforcé par le fait que, *naturellement,* Pierre Mendès France était venu à Grenoble ? Dans les années où la gauche était dans l'opposition municipale, on a souvent songé à aller chercher un homme, ou une femme, pour reconquérir la municipalité grenobloise – d'ailleurs, cette idée de l'homme providentiel pour sauver Grenoble est probablement quelque chose qu'aurait rejeté Pierre Mendès France. Ce que l'on doit voir, c'est que pour réaliser cette rencontre, encore aurait-il fallu que se trouvent réunies les conditions de 1966 et de 1967. Je vous demande donc de parler de ces conditions.

Dernière observation : de toutes les bonnes raisons qu'avait Pierre Mendès France de choisir Grenoble, il y a celle qu'il exprime dans son ouvrage manifeste, *La République moderne*[8], où il dit sa conception d'une démocratie globale. Au-delà de l'organisation du gouvernement de législature, de la politique nationale économique, de la place faite aux syndicats, l'essai se termine sur la région, sur la décentralisation, et comporte un dernier chapitre qui a ce très beau titre : « La part du citoyen. » Aujourd'hui, quinze ans après le déclenchement de la décentralisation, on peut oublier que, avant celle-ci, en 1965-1966, peu nombreux étaient les hommes politiques qui s'occupaient véritablement de la place qui pouvait être celle des collectivités locales et de la place du citoyen dans la collectivité locale, c'est-à-dire de l'aptitude qu'avaient ces citoyens à prendre leurs affaires en main. Or, dans *La République moderne,* on lit un vibrant plaidoyer pour la décentralisation, et ce plaidoyer justifie très largement que Mendès France soit venu à Grenoble, où la décentralisation était en marche, où il y avait l'idée de laboratoire, où se trouvait, comme l'exprime Claude Glayman dans son

livre *50 millions de Grenoblois*[9], l'idée d'expérimenter quelque chose pour l'ensemble de la France. C'est véritablement dans de nouvelles pratiques de l'organisation locale, de la conduite de la politique, que la décentralisation se réalise.
Je donne la parole d'abord à Raymond Espagnac pour qu'il nous raconte sa première rencontre avec Pierre Mendès France. Je vous rappelle qu'à l'époque Raymond Espagnac était adjoint au maire, chargé notamment de la jeunesse et des sports.

Raymond Espagnac[*]

Je connaissais le président comme beaucoup de personnes, ceci vient d'être rappelé par le président Pouyet, mais je n'avais jamais eu l'occasion d'être en face de lui, et de converser avec lui. J'ai été très surpris par cet homme d'État qui s'adressait à un militant de base.
Je ne suis pas universitaire mais j'ai milité dans la famille socialiste, SFIO, Action socialiste révolutionnaire, PS, depuis 1944[10]. Ce qui veut dire que c'est loin tout ça. Mais pour moi c'est très proche, car j'ai le souvenir de tous les gens qui se sont battus pour faire passer nos idées, pour défendre les valeurs du socialisme.
Et j'ai rencontré le président comme cela, comme j'aurais rencontré Rizzardo. Pareil. Il m'a mis à l'aise. C'est la première fois qu'un homme d'État avec qui je conversais m'a mis vraiment à l'aise pour parler de choses importantes pour Grenoble.
J'étais à l'époque artisan électricien auto, et le président s'était installé début 1967 au Parc Hôtel, un lieu que je ne fréquentais pas : je passais devant en vélo… Le président m'a dit : « Mais vous savez Espagnac, je vais vous appeler, vous viendrez comme vous êtes », parce que je lui avais dit : « Écoutez, vous savez, je suis en bleu, je suis souvent en dépannage. » Il m'a dit : « Vous venez comme vous êtes ! » Alors j'arrivais d'un dépannage, on me disait : « Le président Mendès France t'a appelé » ; je me lavais les mains et je filais en bleu de suite, car le président m'attendait. On me voyait entrer en bleu dans le hall du Parc Hôtel ; à l'accueil il y avait des jeunes filles, des jeunes gens, qui commençaient à faire les gros yeux : je leur disais de ne pas s'inquiéter, que j'avais rendez-vous avec le président Mendès France.

---

* Ancien sénateur de l'Isère, ancien adjoint d'Hubert Dubedout.

Nous nous sommes assis dans des fauteuils encore mieux que ceux-ci, ils étaient encore plus larges. Le président commence et me dit qu'il voulait me rencontrer pour parler de Grenoble, pour me poser quelques questions sur le sport, sur l'artisanat, le commerce, et puis le social, car quand le président est venu à Grenoble j'étais conseiller délégué au social, avec comme adjointe Denise Belot[11].
Ce qui me fait rire, c'est que, chaque fois, on dit : « Tiens, on a mis Espagnac aux jupes de Denise pour la surveiller. » Mais pas du tout ! j'ai travaillé avec Denise comme avec René [Rizzardo] et d'autres. Au contraire, elle a amené un sang nouveau dans la politique grenobloise, je crois qu'elle venait de la JOC. Moi, j'étais loin de la JOC – puisque j'étais aux JS –, mais nous avons bien travaillé ensemble. D'ailleurs, beaucoup d'équipements sociaux sont de ce temps-là : c'est Denise, qui était très active, qui avait pensé tout cela. Moi, je travaillais à ses côtés, elle m'avait délégué déjà – car je viens d'y retourner – aux HLM de la ville, à l'Office public HLM. Et là, on devait reloger des personnes âgées du secteur de la gare que l'on voulait démolir, et qui l'a été.
C'est vous dire que le contact avec le président a été très bénéfique, je pense, pour nous deux. Le président voulait savoir. Grenoble, comme l'a dit le président Pouyet, il connaissait, mais pas au niveau de la gestion municipale et ainsi de suite. On discutait pendant une heure et puis, de fil en aiguille, nous sommes arrivés au moment de la désignation du suppléant. Il n'était pas désigné. Il devait être fourni – je m'excuse du terme – par la SFIO, la vieille SFIO qui était appelée à disparaître, mais qui a tenu la route pendant un certain temps, puisqu'on a eu de grands maires, comme Paul Mistral[12], Léon Martin[13] – et le président Pierre Mendès France s'est retrouvé avec Hussel[14], député maire de Vienne, et ils se sont retrouvés dans les quatre-vingts qui ont voté contre les pleins pouvoirs à Pétain, le 10 juillet 1940, donc les trois députés socialistes de l'Isère[15], Martin, Hussel, et le député maire de Rives, Monsieur Buisset[16].

Bernard Pouyet

Raymond, revenons-en à la désignation du suppléant.

Raymond Espagnac

Ah ! la désignation du suppléant, j'y arrive. Je m'excuse. Vous voyez, c'est là où je manque de formation : j'ai un brevet industriel et un CAP d'ajusteur, alors avec ça ! Mais on se débrouille quand même dans la vie.

Bernard Pouyet

Manque de formation ? Au contraire, tu en as beaucoup trop !

Raymond Espagnac

J'en reviens au suppléant. La SFIO présente quatre militants : Laurent Plot[17], Gilbert Desseux[18], Guy Nevache[19] et moi-même. Entretiens, toujours très longs, très solides, avec le président. Certains ne sont pas rappelés. Nous restons deux à la fin : Guy Nevache et moi. Alors le président me dit, lorsqu'il a fait son choix : « Écoutez, Espagnac, ne soyez pas meurtri, mais j'ai choisi Guy Nevache parce que si je suis élu, j'aurai besoin d'être en contact direct avec ce qui se passe au conseil municipal de Grenoble », qui était donc socialiste, et Guy Nevache était directeur de cabinet d'Hubert Dubedout, alors évidemment... Il m'a dit : « Je regrette, parce que au niveau de l'électorat Guy Nevache ne m'apporte pas grand-chose, c'est à peu près le même électorat que le mien, tandis que vous, sport, artisanat, c'était autre chose. » Je lui ai dit : « Ne vous en faites pas, président, de toute manière je m'engage à fond dans votre campagne », et c'est ce que j'ai fait.
Vous savez, la vie politique nocturne dans le temps était très dure. Aujourd'hui, les choses ont changé : on voit des militants qui collent des affiches en plein jour, avec le sourire. Bon, c'est bien ! Dans le temps, on commençait à 22 heures et on terminait à 7 heures du matin, et sachez qu'à Grenoble, comme aujourd'hui d'ailleurs, la droite est toujours présente, et très présente. Et si elle n'a pas les moyens locaux pour tenir la route, elle fait monter des gens du SAC par exemple, de Marseille. J'avais donc la responsabilité de contacter les milieux sportifs, artisans et commerçants, et en plus je m'étais engagé – comme, à l'époque, j'étais un peu plus jeune qu'aujourd'hui – à former une grosse équipe de sportifs, de jeunes artisans, pour le

collage des affiches, et j'aime mieux vous dire que les nuits n'étaient pas toujours roses parce qu'on avait affaire à des sacrés lascars ! Passons.
Nous avons mené avec le président une très bonne campagne. Je me rappelle du meeting de la patinoire[20] qui a été très dur, où on s'est fait cracher dessus, on s'est fait tout dire ; de Pompidou, suivi par des mafieux, dont Mattei d'ailleurs, qui a été assassiné quelque temps après – mais c'était un règlement de compte chez eux, bon, nous on ne s'en est pas mêlé[21]. À la sortie, moi j'ai dit : « Ça y est, c'est gagné ! » À la sortie de la patinoire, boulevard Clemenceau, le président revenait à la mairie où il était attendu par les journalistes. Et quelle sortie ! On aurait dit Mitterrand arrivé devant le Panthéon, pareil ! Accompagné par tous ceux qui avaient participé activement à la campagne. C'était présidentiel, c'était formidable ! Et j'ai dit : « Ben, le président a gagné », et en effet, en 1967, il a gagné le mandat.

Bernard Pouyet

Merci, Raymond Espagnac, pour ce témoignage. C'est important d'être venu tout de suite à ce moment fort de la campagne électorale. Jean Enkaoua, vous avez suivi cette confrontation à la petite patinoire, entre Georges Pompidou et Pierre Mendès France, qui était le grand débat de la campagne, au sens de campagne nationale.

Jean Enkaoua[*]

Oui, je crois que ça a été un des grands moments de l'épopée de Mendès à Grenoble. Car pour moi, c'est une épopée. Nous avons vécu des moments, en tant que journalistes, que plus jamais on ne revivra : même la campagne présidentielle n'atteindra pas le niveau de tension que la campagne de1967 a eu ici[22].
Je me souviens : en 1967, lorsqu'il y a eu ce débat, vous savez que c'est Georges Pompidou qui vient soutenir la candidature de Vanier[23], et Pierre Mendès France le défie. Alors il y a une discussion pour préparer ce meeting, et on parvient à un accord 50-50 % de gens favorables à la gauche et de gens favorables à la droite pour composer le public. En fait, cette répartition ne sera pas du tout respectée[24].

* Rédacteur en chef adjoint du *Dauphiné libéré*.

Moi, j'arrive très tôt à la patinoire, et je vois arriver des cars entiers immatriculés à Marseille, dans le Var – déjà ! J'étais avec un ami policier, qui est aujourd'hui commissaire divisionnaire, et il me dit : « Tu vois, celui-là je l'ai arrêté en telle année, celui-là je l'ai arrêté pour tel délit. » Et on voit tous ces gens rentrer, et arrive Pierre Mendès France. Je vais au-devant de lui et je lui dis : « Vous allez avoir une salle épouvantable, parce qu'ils ont fait la salle. » C'est vrai qu'il devait y avoir à peu près quinze cents membres du SAC environ[25]. Le président rentre et, ô surprise divine, toute la Montagne – les gradins – se lève et scande : Mendès ! Mendès ! On était surpris, agréablement.
Il avance et un type lui crache dessus, mais heureusement il est atteint à la chaussure. Il y avait, pour le protéger, le garde du corps de Charles de Gaulle. De Gaulle avait prêté à Pompidou pour l'occasion ce garde du corps, qui était Comiti[26], et Comiti a mis ce jour-là KO ce partisan du SAC un peu trop zélé. Le meeting a commencé. Il y a eu des bagarres, un photographe qui s'appelait Robert Bruyère a pris en photo des « Sénégalais » qui étaient venus de Marseille et qui étaient armés de pistolets et de matraques. Il a pris la photo montrant le pistolet, et il a été assommé : on l'a retrouvé le soir à l'hôpital. Il y avait une ambiance extraordinaire, je crois que jamais je n'ai vécu un tel événement.
Je voudrais revenir un peu sur le moment où Pierre Mendès France est venu à Grenoble la première fois. C'était en 1961-1962, on était monté à Saint-Hilaire-du-Touvet. À l'époque j'étais membre du PSA, parti socialiste autonome. Il y avait avec nous – vous comprendrez après pourquoi je les cite – Georges Cazeneuve qui était au *Dauphiné libéré,* Alix Berthet qui était actionnaire du *Dauphiné libéré*[27], ancien député socialiste. Nous nous sommes retrouvés en 1966 aux rencontres socialistes. Pour la petite histoire, Pierre Mendès France me présente à un monsieur, je n'entends pas bien son nom, et ce monsieur me prend après à part et me dit : « Je m'appelle Rocard, mais je suis ici sous le nom de Servet », car comme il était inspecteur des Finances, il n'avait pas le droit d'être présent à ce colloque. Donc à ce moment-là, on en parle avec Hubert Dubedout, qui avait un petit sourire en coin ; je lui demande : « Est-ce que Pierre Mendès France va se présenter à Grenoble ? » Il me répond : « Je ne pense pas. » Et là on a fait un petit écho dans le journal pour dire que Pierre Mendès France se présenterait

peut-être à Grenoble, et je crois que j'étais peut-être le premier à l'annoncer, avant que ce ne soit vrai d'ailleurs.

Bernard Pouyet

Quelle est la relation de votre journal avec Mendès France dans la période où il est à Grenoble ? Que ce soit pendant son mandat ou après.

Jean Enkaoua

Cela a été un peu chaotique parce qu'il y a eu deux camps au *Dauphiné libéré.* Il y a eu un camp avec la direction générale, qui émanait quand même du patronat grenoblois. Et il y avait un autre camp qui était un camp d'actionnaires minoritaires, qui était plutôt de gauche – puisqu'il ne faut pas oublier que le *Dauphiné libéré* est une émanation de la Résistance –, où il y avait donc deux personnes que j'ai citées, Georges Cazeneuve et Alix Berthet qui, eux, faisaient vraiment contrepoids à, disons, ce camp de droite. L'arbitre a été un avocat, maître Auzimour[28], qui abondait plutôt dans le sens de Mendès à ce moment-là.
Donc Pierre Mendès France vient au journal, a des contacts avec les gens du journal et on lui promet une chose, pratiquement de le soutenir, en 1967. J'étais très mendésiste – en 1954, j'étais étudiant à Paris –, et l'affection que j'avais pour Mendès, que je connaissais très peu en fait, s'était reportée sur Hubert Dubedout, car pour moi il y avait une sorte de filiation. Donc j'étais très heureux que Mendès se présente à Grenoble, et disons que nos rapports ont commencé à ce moment-là par un désaccord, qui demeure : Pierre Mendès France a demandé à la direction du *Dauphiné libéré* de faire des pages de publicité électorale, et moi je suis contre. Il y a eu plusieurs pages de publicité électorale[29], à égalité d'ailleurs entre la droite et la gauche, et je me souviens de cette époque où, au marbre du *Dauphiné libéré,* on voyait un journaliste qui est un excellent confrère, Claude Magnan, monter les pages de Pierre Mendès France, et à côté il y avait un jeune candidat qui s'appelait Georges Fillioud qui, lui, montait ses pages de Romans – puisqu'il s'y présentait[30]. Ça a donc commencé par ce désaccord. Heureusement que l'on a eu, au sein de cette maison, Georges Cazeneuve qui a été très vigilant.

La campagne de 1967 s'est très bien passée. Celle de 1968 s'est beaucoup moins bien passée, puisque la direction a pris peur : Charléty[31], le déferlement des maoïstes, des gauchistes, etc., ont fait très peur, ce qui a provoqué un blocage à cette époque à l'égard de Pierre Mendès France.

Bernard Pouyet

Merci, Jean Enkaoua, sur cette venue de Pierre Mendès France à Grenoble.

Robert Troujman[*]

Je voudrais simplement revenir sur le problème qu'évoquait mon ami Espagnac à propos du suppléant. Je regrette aujourd'hui le choix qui a été fait, compte tenu de ce qui s'est passé après. On aurait eu au moins un suppléant qui était un honnête homme.
Ce que je peux dire, c'est que moi j'ai connu Pierre Mendès France à Paris bien avant 1966, tout simplement par des relations communes qu'avaient ma famille et la sienne. Mais c'est à partir de 1966, quand il est venu à Grenoble et lorsqu'il s'est présenté, que je l'ai bien connu.
Comment ça s'est passé à Grenoble ? Le siège de la campagne s'est tenu dans un appartement de la rue Victor-Hugo qui a été prêté par un antiquaire, et il y a eu autour de Pierre Mendès France un noyau de gens qui travaillaient pour lui : ses collaborateurs directs, des gens extrêmement dévoués, dont je voudrais saluer le travail. Je veux parler de Richard Dartigues, de Paul Martinet et de sa secrétaire Nicole Constant[32]. Ce sont des gens qui ont été d'un dévouement extraordinaire pour Pierre Mendès France et d'une efficacité exemplaire, que l'on doit aujourd'hui souligner – malheureusement, Richard Dartigues a disparu au mois de décembre, l'année dernière, et je salue ici sa mémoire.
Autour de ce noyau qui était formé des collaborateurs directs, sont venus s'agglomérer, bien sûr, des Grenoblois : des universitaires, des enseignants, des syndicalistes et ce qu'on peut appeler la société civile, qui ont travaillé, chacun dans son domaine, à la préparation de la campagne électorale de 1967. Il y a eu aussi des représentants des partis politiques, et des représentants de la municipalité[33]. Mais j'ai l'impression que

---

* Ancien trésorier de l'association de soutien à Pierre Mendès France.

Pierre Mendès France était très vigilant sur le fait qu'il souhaitait ne pas être l'otage – le mot est peut-être un peu fort – de partis politiques de gauche, même s'ils avaient bien sûr sa préférence, et de loin. Il voulait rassembler bien plus, au-delà, sur la société civile, sur les entrepreneurs, sur les artisans, sur l'université grenobloise.
Pour mener cette campagne électorale, on a eu tout de même un candidat qui avait des qualités exceptionnelles. Je dis bien exceptionnelles ! Et je vais vous dire ce qui m'a frappé le plus chez lui. D'abord il avait une capacité d'écoute extraordinaire. C'est un homme qui écoutait les autres, leurs problèmes, et ce n'était pas une écoute d'une oreille distraite, c'est-à-dire qu'au besoin, il faisait préciser tel ou tel point. Ensuite, dans ses interventions, dans ses réunions, dans ses explications, on oublie le grand sens pédagogique qu'avait le président Pierre Mendès France. Il aurait été un professeur extraordinaire. Il avait des explications d'une limpidité fantastique. Je l'ai entendu un jour tenir une conférence sur le système monétaire international. Ce n'est pas quelque chose de très facile ! Eh bien je vous garantis que les gens qui ont écouté cette conférence, je ne dis pas qu'ils ont tous été d'accord avec les suggestions qu'il pouvait faire, mais en tout cas ils ont tous compris les problèmes évoqués. En un mot, je dirais qu'il avait le don de rendre les gens intelligents.
Et puis, je l'ai vu dans des réunions assez larges, plus intimes, voire privées, avec des universitaires, avec des enseignants, avec des artisans, avec des ouvriers, et je dois avouer que son attitude, quels que soient l'auditoire ou les personnalités qui lui faisaient face, était exactement la même : une très grande courtoisie, une très grande délicatesse. Et je terminerai en disant qu'il était extrêmement exigeant pour lui-même, qu'il avait une très grande capacité de travail. C'est vrai que ceux qui ont travaillé avec lui pour la campagne de 1967 s'en souviennent – la campagne de 1968 est un peu différente vu sa brièveté et les circonstances –, et je vais vous livrer une petite anecdote. Il y avait souvent des journées extrêmement chargées, et le soir ses collaborateurs, qui étaient tout de même fatigués, disaient : « Monsieur le président, est-ce que, éventuellement, vous souhaitez que l'on reste un petit peu si vous avez besoin de nous pour faire quelque chose ? », et il répondait : « Ne me tentez pas ! »

Bernard Pouyet

Nous reviendrons sur ses qualités d'écoute et ses qualités pédagogiques, et René Rizzardo nous dira comment la pédagogie propre de Pierre Mendès France a pu croiser celle des GAM, que l'on appelait à l'époque la pédagogie ascendante. Mais peut-être quelqu'un dans la salle veut-il intervenir, à ce moment du débat, sur ce qu'a été le choix de Pierre Mendès France, ce choix de venir à Grenoble ?

Une auditrice

Question un peu plus actuelle, au vu de la lecture du combat de Pierre Mendès France et de la gauche pour l'accession à la gestion de la ville de Grenoble. J'habite dans le Sud, dans une région qui fait un petit peu l'actualité : j'habite à Carpentras. J'ai vécu à Grenoble entre 1976 et 1979, au meilleur moment, un peu effervescent, de la ville, et ma question est : pourquoi le Sud est-il abandonné à la droite et au Front national ?

René Rizzardo *

Je crois que cette question est tout à fait d'actualité, au regard de ce qu'a été le témoignage exceptionnel de la pensée et de l'action de Pierre Mendès France. Hier matin, les orateurs, et en particulier Robert Badinter, ont rappelé que la politique avait totalement changé, à la fois dans ses rapports au citoyen, dans ses rapports aux médias, dans ses rapports au pouvoir. Aujourd'hui, il est indiscutable, dans l'exemple du Sud que vous citez, qu'il n'y a pas d'abandon. Mais je crois qu'il faut réinventer un autre rapport au citoyen. Cela est dit, écrit et rappelé en permanence. Et le citoyen, à ce moment, comprendra peut-être mieux notamment la différence entre la droite et la gauche. C'est davantage ce retour à l'éthique qui est attendu, que les contenus qui, certes, illustrent aussi les différences entre les courants politiques. C'est dans la pratique quotidienne qu'il faut évidemment revoir le rapport entre la politique et les citoyens. C'est mon point de vue en tous les cas.

---

* Directeur de l'Observatoire des Politiques culturelles, ancien adjoint d'Hubert Dubedout.

Pierre Sicard

Je reviens au débat concernant la campagne électorale de Pierre Mendès France. Je pourrais apporter un témoignage : c'est qu'il était facile à l'époque, étant donné son prestige, d'organiser des réunions autour de lui.
J'en ai eu l'expérience en invitant un certain nombre de confrères architectes à le rencontrer chez nous, et j'en ai eu plus qu'il n'était presque possible d'en recevoir, et qui n'étaient pas des gens *a priori* orientés vers des idées de gauche. Et ils ont été subjugués par la réunion avec Mendès qui avait été, comme toujours, un homme simple, qui écoutait plus qu'il ne parlait, qui prenait des notes, qui avait d'ailleurs fait une suggestion intéressante ce jour-là : créer – et les architectes présents étaient d'accord – des incompatibilités entre cette profession et certains mandats politiques, parce que cela les mettait dans des positions éthiques très difficiles.
Je dois dire qu'il m'arrive de rencontrer de temps à autre, plus de trente après maintenant, des confrères qui étaient à cette réunion, qui ont suivi des parcours très différents les uns des autres, et qui tous me disent que ce fut une des journées les plus exceptionnelles qu'ils aient connues dans leur vie.

Bernard Pouyet

Donc toujours cette capacité d'écoute : écoute des artisans, écoute des architectes, écoute des universitaires, cette capacité à prendre des notes. On parlait tout à l'heure de *La République moderne.* Elle est précédée d'une sorte de tour de France de Mendès France, de novembre 1961 à juin 1962 – d'ailleurs la visite à Grenoble est en novembre 1961[34] –, et c'est effectivement cette rencontre avec les hommes.

René Rizzardo

Pour situer le sens de mon témoignage, qui est assez différent de ceux qui viennent de vous être délivrés, je précise qu'en 1967, je ne suis pas impliqué directement dans la vie locale de Grenoble. Je suis alors

conseiller municipal dans une commune de la banlieue de Grenoble, et adhérent au PSU depuis 1965. Mon premier stage d'élu local a lieu à Paris. L'intervenant principal est Michel Rocard, inspecteur des Finances à l'époque – il se fait alors appeler Georges Servet –, et il nous parle beaucoup pendant ce stage de la planification et de Pierre Mendès France, de Pierre Massé[35], de l'ensemble des responsables politiques qui, à l'époque, croient profondément à un changement de la conception que l'on a du pays et du rapport aux citoyens et au territoire.
Pierre Mendès France à Grenoble : l'image qui domine pour moi, c'est celle d'un homme d'État qui croit au local. Pour lui, le local n'est pas le marchepied d'une carrière nationale, ce qui a souvent été le cas par la suite. C'est un homme qui puise sa vision de la politique, de l'économie, de la gestion, dans l'expérience des hommes et des femmes de terrain – cela correspond d'ailleurs tout à fait à une autre image de Pierre Mendès France qui nous a été donnée par Robert Badinter : Mendès puisait son rejet de l'injustice dans le rapport qu'il avait avec ses clients modestes en tant qu'avocat.
Sa présence à Grenoble, il me semble qu'il l'a lui-même parfaitement bien expliquée, en tant qu'homme d'État complètement impliqué dans cette expérience :

> *Lorsqu'il y a quelques mois des amis m'ont demandé d'être candidat à Grenoble, j'ai été très attiré. J'ai pensé qu'il serait exaltant de prendre place parmi des hommes qui réfléchissent et qui produisent et qui essaient de toujours voir la route devant eux. [...] J'ai beaucoup étudié [...] les problèmes de la planification industrielle, de la régionalisation, de la vie économique, de la démocratie dans la ville et dans la région, le rôle des syndicats, leurs relations avec les employeurs et avec l'État. Contribuer à traduire ici, dans la vie, des idées que j'ai toujours défendues, c'est une tâche à laquelle je vais m'atteler de toute ma volonté*[36].

Il est cité ainsi par Jean Verlhac, à l'occasion du colloque de 1989. Je crois que pour Grenoble c'est évidemment une démarche extrêmement importante. Hubert Dubedout, Jean Verlhac, d'autres, ont rappelé que

non seulement Pierre Mendès France est venu « puiser dans le local », mais qu'il a aussi beaucoup apporté à Grenoble, à sa manière.
C'est aussi une autre image : c'est le symbole politique, c'est la référence qu'est Pierre Mendès France à l'époque pour une génération, qui était trop jeune en 1954 pour comprendre l'importance de cette courte expérience de l'homme d'État – référence qui, en particulier, concerne la décolonisation. En 1960-1962, nous sommes un peu plus âgés pour pouvoir nous impliquer directement, à Grenoble notamment, dans les questions liées à la guerre d'Algérie. Et là, évidemment, le symbole de Pierre Mendès France qui a montré que l'on pouvait décoloniser sans bain de sang est très fort, et reste pour nous un modèle tout à fait essentiel. Au fond, c'est un symbole politique qui se rapproche de la réalité.
Il est à Grenoble, et je n'ai pour ma part qu'une rencontre avec Pierre Mendès France : nous sommes une douzaine réunis pour parler des questions de la jeunesse. J'étais président d'une association, d'une Maison de Jeunes à l'époque, et je peux redire à quel point il écoutait. Sur cette politique de la jeunesse, je crois qu'il faut vraiment insister sur sa vision prémonitoire. Ce n'était pas une politique *pour* la jeunesse : pour lui, il s'agissait *d'impliquer* la jeunesse. Je ne résiste pas à citer une deuxième intervention de Pierre Mendès France. C'est dans un moment d'ailleurs assez tragique d'une certaine manière : le débat avec Jean-Marcel Jeanneney, qui lui reproche d'avoir été à Charléty ; il l'accuse d'avoir au fond prêté la main à ceux qui voulaient déstabiliser le pays. Et Mendès dit qu'il ne regrette pas Charléty :

> *Toute ma vie j'ai été attaché aux forces de renouveau, toute ma vie j'ai cru que c'est à la jeunesse qu'il fallait faire confiance pour assurer une politique de mouvement et de progrès. Je ne regrette pas d'avoir assisté au meeting de Charléty, bien que je ne sois pas d'accord avec tout ce qui s'y est dit*[37].

C'est donc sa conception de la place de la jeunesse dans la vie, dans la politique, qui domine sa pensée. Pour des gens qui à l'époque s'interrogeaient déjà, comme vous tous sans doute, militants, sur la manière d'aborder les questions de jeunesse, ses textes – car il avait écrit sur la jeunesse – étaient évidemment tout à fait fondamentaux.

Mais, pour moi, Pierre Mendès France à Grenoble, c'est également autre chose. C'est la rencontre avec un homme, Hubert Dubedout, et son équipe. Hubert Dubedout, Jean Verlhac, Raymond Espagnac, Bernard Gilman[38], ont eu une influence décisive sur ma façon de penser, sur ma façon d'agir. Je n'étais, en 1971, quand je suis entré dans cette municipalité, qu'un militant associatif imprécis, imparfait – à bien des égards je le suis toujours d'ailleurs –, et cette rencontre avec Dubedout, la présence de ces deux hommes à Grenoble, sont fondamentales pour moi. Ils avaient beaucoup de choses en commun. Leur attitude vis-à-vis de la jeunesse : sans revenir sur ce que pensait Pierre Mendès France, il est évident qu'Hubert Dubedout n'a pas cessé de s'inquiéter de ce que devenaient les jeunes à Grenoble, d'être en contact avec eux. Mais aussi le refus de ce qui est inacceptable : n'oublions pas qu'Hubert Dubedout a démissionné de la marine au moment de l'affaire de Suez[39], car il ne pouvait pas supporter, dans la position où il se trouvait, un acte qu'il réprouvait totalement ; le parallèle avec Pierre Mendès France est tout à fait évident. Également le pragmatisme à l'égard des partis politiques : monsieur Nakayama nous a rappelé – bravo pour le travail de ce chercheur japonais ! – quel était le rapport de Pierre Mendès France avec les partis politiques ; Hubert Dubedout a eu, lui aussi, des rapports très particuliers avec eux, d'ailleurs de méfiance un peu réciproque[40]. Il croyait plus au parti comme instrument du changement que comme marchepied du pouvoir, il faut le dire. Ils n'ont eu ni l'un ni l'autre avec les appareils des partis des aventures très faciles. Je ne peux m'empêcher de rappeler que le parti communiste grenoblois rejetait Hubert Dubedout comme il rejetait Pierre Mendès France. L'expérience des GAM, la vision de la politique de Pierre Mendès France, n'étaient pas la tasse de thé du parti communiste, et Hubert Dubedout en a pâti, lui aussi, même s'il le paya moins cher que Pierre Mendès France. Les deux hommes ont encore en commun le respect de la parole donnée : lorsqu'il y a eu un accord national d'union de la gauche pour les municipales, en 1977, Hubert Dubedout l'a assumé, malgré ses réticences, et avec un grand respect pour ses partenaires. Et puis, ils partagent l'exigence de démocratie et de dialogue. Je reprends ici une autre citation de Jean Verlhac à propos de la présence de Pierre Mendès France à Grenoble :

> *Aussi lance-t-il l'idée d'États généraux de l'agglomération grenobloise sur l'avenir économique et l'emploi. Il rencontre les représentants des syndicats et du patronat ainsi que de nombreux universitaires et des responsables du Comité d'expansion. Il se heurte aux atermoiements de la CGT qui souhaite avoir l'initiative d'une telle rencontre. En fait l'opposition est politique et témoigne de la défiance persistante à l'encontre de Pierre Mendès France et de Hubert Dubedout du côté communiste. Pierre Mendès France renouvelle cependant sa suggestion en l'élargissant aux unions de quartier, au syndicat intercommunal qui vient de se constituer et de se doter d'une agence d'urbanisme. Les travaux préparatoires sont entrepris pour réunir ces États généraux, mais les événements de mai-juin 1968 en décident autrement*[41].

On voit à quel point Pierre Mendès France avait déjà une vision prémonitoire des questions d'agglomération, mais aussi du rapport aux forces vives, du rapport aux citoyens. On pourrait dire la même chose en ce qui concerne les deux hommes, de leur croyance en la planification. Hubert Dubedout a eu – Jean-Louis Quermonne le rappelle fréquemment –, ses premiers contacts avec les acteurs et les décideurs grenoblois dans le cadre de groupes de travail de préparation du Cinquième Plan, et, vous connaissez évidemment les positions de Pierre Mendès France sur la planification.
Pour terminer, je voudrais rappeler une question que l'on s'est posée lors du colloque de 1989. Est-ce qu'il y a vraiment filiation entre l'expérience grenobloise et Pierre Mendès France ? Avec le recul, je pense qu'il y a au moins deux éléments indiscutables. Le premier, c'est la volonté commune de toujours privilégier l'intérêt général, et dans tous les sens du terme. C'est une constante qui doit être rappelée. Le deuxième élément de filiation, c'est cette volonté d'une vision à long terme. Pierre Mendès France refusait de se limiter au court terme ; Hubert Dubedout et les principaux animateurs de l'expérience grenobloise, dès 1965, ont aussi cette vision à long terme.
Si l'on revient au titre de ce colloque *Éthique et démocratie,* on voit qu'il s'agit là d'une exigence qui explique pourquoi Pierre Mendès France est

toujours autant d'actualité, comme l'a montré Jean-Denis Bredin. Pierre Mendès France et Hubert Dubedout ont toujours su tenir le cap, toujours refuser les mauvais compromis. Si l'on parle encore d'eux aujourd'hui, si l'on a toujours envie de se référer à leurs expériences, c'est parce qu'ils avaient un rapport au citoyen différent de celui auquel nous a habitué la politique aujourd'hui, un rapport dont on a absolument besoin – pour en revenir à la question concernant le Front national.

Bernard Pouyet

Je crois qu'il faudrait essayer de poursuivre sur cette « filiation », cette relation qui a existé entre Pierre Mendès France et l'équipe municipale de Grenoble, cette sorte d'imprégnation réciproque entre Pierre Mendès France et Hubert Dubedout. Lucien Ratel, dans son ouvrage consacré à Hubert Dubedout[42], rapporte qu'en 1969, alors que certains lui disaient que, pour des raisons électorales, il faudrait peut-être calmer le rythme des chantiers et se préoccuper notamment de la montée de la pression fiscale, il répliqua : « Nous ne sommes pas là pour faire de l'électoralisme, mais pour travailler dans le cadre d'un plan et d'une politique financière précise. » Si l'on ne dit pas que c'est Hubert Dubedout qui parle, si l'on dit que c'est Mendès France, on retrouve des propos empreints de la même tonalité. Pouvez-vous dire ce qu'a été cet apport réciproque, cette rencontre entre les deux hommes ?

*Georges Boulloud**

J'étais ouvrier chez Neyrpic depuis 1945 – à l'école Neyrpic – jusqu'en 1977. J'étais syndicaliste, responsable des ouvriers de la CGT à Neyrpic. C'est en partant du syndicalisme que j'ai adhéré au PSU, en 1960 – et, avant, à l'UGS[43]. J'étais secrétaire fédéral du PSU en 1964, et je me rappelle très bien que, depuis un an, on discutait avec le PC et la SFIO pour constituer une liste commune à Grenoble, pour battre Michallon[44] et la droite. On a mis de l'énergie pour gagner les élections municipales en 1965.

Il faut dire que Pierre Mendès France, c'était un homme d'État, c'est sûr, mais c'était un caractère, je vous le dis ! Pour l'amener à Grenoble, il a

* Ancien adjoint d'Hubert Dubedout.

fallu passer du temps ! Et je revois devant mes yeux Dubedout et Verlhac – on était encore à l'ancienne mairie – qui téléphonaient à Pierre Mendès France, et celui-ci ne faisait pas ce qu'on lui disait ! Il faisait ce qu'il voulait ! Il avait un caractère – d'ailleurs, il me l'a dit un jour : « Pour être un homme d'État, il faut avoir du caractère. » Heureusement qu'on appelait de la mairie, comme je l'ai dit un jour à Hubert Dubedout et Jean Verlhac, parce que si on avait payé les notes de téléphone entre Grenoble et Paris avant que Mendès soit député de Grenoble, je vous assure qu'elles étaient salées ! Vous voyez, c'est très concret.
Mendès m'a demandé, la première fois, d'aller avec lui à la préfecture et ensuite à Alpexpo, et j'étais quand même étonné. Je connaissais le mythe Mendès, j'avais entendu – en 1954, j'étais jeune, c'est vrai – Mendès parler à la radio, et il m'avait intéressé, bien que je pensais, à cette époque, que c'était un type de droite. On va à la préfecture. Les policiers se mettent au garde-à-vous. Alors moi, j'étais plutôt surpris, je me retourne vers Mendès France, et il me dit : « Oui, vous comprenez, j'ai eu des responsabilités, c'est un signe de respect. » Je lui réponds : « Moi, ils me tapaient dessus jusqu'à présent ! » Ils nous tapaient dessus, parce que je rappelle qu'il y a eu un conflit à Grenoble, qui a marqué la ville, et qui a fait tourner Grenoble à gauche : c'est le conflit de Neyrpic en 1962, l'absorption de Neyrpic, qui avait un patronat local, par une firme, l'Alsthom. Je me rappelle très bien, le 2 décembre 1962, Glasser[45], le patron, qui devenait président de Neyrpic, mais qui était aussi président de l'Alsthom, expliquer au comité d'entreprise dont j'étais membre : « Je ne connais pas deux solutions pour rendre rentable une entreprise, c'est de réduire le nombre de personnes au travail, et d'augmenter la production. » Ça au moins, ça avait le mérite de la clarté, et je vous assure qu'il a tenu parole ! Parce que maintenant, ils sont six cents à Neyrpic ; on était quatre mille à l'époque.
Entre Dubedout et Mendès France, c'était la main dans la main. Dubedout ne pouvait pas raisonner autrement que par Mendès. Il avait les mêmes qualités que Mendès. Je vous cite un exemple. On faisait des réunions d'appartement pendant la campagne électorale de Mendès et, un jour, on était dans l'arrière-salle d'un bistrot rue de l'Abbé-Grégoire à Grenoble. Mendès avait l'habitude de quitter sa montre et de la poser sur la table, parce qu'il respectait son temps de parole. Dans la montre,

il y avait une effigie, et comme j'étais assis à côté de lui, j'ai regardé ; il a vu que je regardais, et il m'a dit : « Vous êtes surpris, hein, par ma montre ! » Oui, parce que c'est quand même rare de voir une photo dans une montre. Il m'a dit : « Vous savez qui me l'a donnée ? C'est Hô Chi Minh. » Il y avait la photo de Hô Chi Minh à Genève en 1954, à la table des négociations. C'était Hô Chi Minh qui lui avait donné la montre. Cela avait quand même une grande signification.

Un auditeur

Je suis français d'origine africaine – sénégalaise. D'une part, je voudrais quelques précisions sur les « Sénégalais » venus au meeting de la patinoire, dont Jean Enkaoua a parlé. D'autre part, je souhaite exprimer un regret : l'absence d'intervenant venu d'Afrique noire dans ce colloque ; il est dommage qu'aucun Africain n'apporte son témoignage sur la loi-cadre, la loi Defferre, sur les indépendances et le rôle que Mendès a joué.

Jean Enkaoua

Il aurait fallu pouvoir mettre des guillemets à « Sénégalais ». On avait titré à l'époque : « Face-à-face Pompidou-Mendès : match nul, sauf pour les " Sénégalais " », mis entre guillemets, et on disait, car c'était établi :

> *Au poulailler précisément se trouvaient des Africains qui ne venaient ni de Saint-Martin-d'Hères ni de Saint-Martin-le-Vinoux. Ce sont des équipes de durs que connaissent bien tous les habitués des voyages présidentiels, pour les avoir comme nous, souvent rencontrés aux étapes du général de Gaulle. Curieuse brigade des applaudissements, qui mêle sa voix aux Marseillaises du libérateur, et qui occasionnellement, font le coup de poing. Ces « Sénégalais » pour la plupart sont principalement recrutés à Marseille et à Toulon. Comiti, l'un des gorilles du général de Gaulle, n'était pas tellement satisfait de la tournure prise par les événements. Au début de la réunion, il nous le dit lui-même, il se souvenait sans doute de la manifestation de 48, dans cette même ville de Grenoble : le sang*

> *avait coulé, un homme était mort. Comiti alla lui-même calmer les « Sénégalais ». Son intervention personnelle mit fin aux brutalités, et l'on vit trois Noirs quitter la patinoire en bougonnant.*

Et l'on a les photos des « Sénégalais » qui matraquent les gens.

Bernard Pouyet

Je voudrais que l'on ne se bloque pas sur la campagne électorale, même si elle a été un moment très fort. Pendant les quinze mois où Mendès France a été député de Grenoble, ce qui est frappant c'est qu'il y a eu des événements très importants pour Grenoble : les jeux Olympiques qui, à l'époque, étaient un véritable défi pour l'équipe Dubedout – ce n'est pas lui qui avait obtenu les JO, c'était le maire précédent[46]. Le défi était de tenir, d'avoir les équipements, de réussir la manifestation. Les Grenoblois savent bien que la plupart des grands équipements de la ville en infrastructures remontent à cette époque.
Or ce qu'il faut bien voir, c'est que ce défi est un défi réussi, que les jeux Olympiques sont un formidable succès, salué par la presse nationale et internationale, et que Mendès France va y jouer un rôle. Évidemment, par exemple, sa rencontre avec de Gaulle au moment de la cérémonie d'inauguration, car c'est la dernière fois qu'il le rencontre. Mais, plus que cela, Mendès France va, en quelque sorte, avec Hubert Dubedout, se préoccuper des *suites* des jeux Olympiques. C'est-à-dire : comment sort-on d'un grand chantier de cette importance, et quelles en sont les conséquences pour le développement économique ?
Donc une présence très forte. Ajoutez à cela les événements de 68 – et là nos différents témoins peuvent intervenir aussi. Pendant ces événements de 68, Mendès France est à Paris, mais aussi à Grenoble. Est-ce qu'il est plus à Paris, ou plus à Grenoble ? Est-ce que c'est la vision parisienne des choses qui lui fait prendre les positions qui sont les siennes ? Ce sont des questions auxquelles vous pouvez peut-être répondre.

Jean Enkaoua

Je voulais dire d'abord qu'il y avait un *rendez-vous* qui était fixé entre Grenoble et Pierre Mendès France. Car vous rappelez très justement que Michallon obtient les jeux Olympiques, qu'en 1965 on pensait qu'il serait réélu, et, ô surprise, la gauche bat la liste conduite par l'UNR[47]. À ce moment-là tous les médias s'intéressent à Grenoble, et l'on parle de la nouvelle gauche. Donc le rendez-vous était pratiquement pris à ce moment-là, et je crois très honnêtement – c'était au moins mon cas – qu'on avait élu Pierre Mendès France à la députation de l'Isère, non pas comme une assistante sociale, mais comme un leader politique. Et l'on trouvait que Grenoble gommait une injustice qui lui avait été faite lorsqu'il avait été battu aux législatives. Donc il est élu député de Grenoble, et c'est vrai qu'il s'intéresse beaucoup, sur le plan local, à l'après-jeux Olympiques. Cela revient comme un *leitmotiv* dans toutes ses interventions.
Je dirai pour terminer que si je dois lui faire un reproche, c'est peut-être qu'au mois de mai 68, il ne soit pas venu à Grenoble, ou pas plus souvent venu à Grenoble[48].

Bernard Pouyet

Il était quand même en contact assez étroit avec ses amis grenoblois.

Jean Enkaoua

Oui, mais il a été quand même coupé de la réalité. Et je me souviens que lorsqu'il est revenu à Grenoble, il m'a téléphoné, et m'a demandé de venir le voir. Je suis allé dans son appartement qu'il occupait dans l'immeuble en S, et je lui ai raconté comment on avait vécu mai 68, comment les Grenoblois avaient vécu mai 68, et je crois qu'il a été un petit peu surpris. Et là il m'a raconté comment lui avait vécu mai 68, ce qui se passait à Paris. Il me disait que dans les états-majors politiques de la droite c'était la fuite éperdue, qu'il ne cessait d'avoir des appels téléphoniques de députés de la majorité de l'époque, il m'a même confié à ce moment-là que François Mitterrand avait avancé son nom

comme Premier ministre sans même le consulter[49]. On a discuté, et il a quand même été surpris de voir qu'il y avait un décalage entre Paris et la province.
Et l'on a vu le résultat. À ce propos, je veux conforter ce que disait tout à l'heure René Rizzardo : Mendès France a été battu, bien sûr par l'électorat de droite, bien sûr par tout ce qui a été dit autour de Charléty, mais il a été battu par le parti communiste. Il suffit d'examiner le transfert des voix dans les fiefs communistes, on a tout de suite compris ce qui s'était passé[50].

Bernard Pouyet

Ceci dit, signalons qu'au plus fort des événements de 68, le GAM de Grenoble lance un appel à Pierre Mendès France pour qu'il forme un gouvernement de transition. Cela veut bien dire tout de même que du côté grenoblois existait vraiment cette aspiration.

Raymond Espagnac

Le président Pierre Mendès France, en 67, est donc arrivé à Grenoble, a gagné les élections. Mais pour les jeux Olympiques, les choses étaient déjà bien emboîtées, car, pour revenir là-dessus, comme l'a dit Jean Enkaoua, c'est le docteur Michallon qui a obtenu les jeux Olympiques, à Innsbruck. Et nous gagnons l'élection, ô surprise... pour certains, puisque nous-mêmes, à la SFIO, nous devions fournir deux élus importants : celui des Finances, et celui des Travaux. Il a fallu vite réunir les responsables qui s'occupaient de l'élection municipale, et désigner deux collègues qui, d'ailleurs, ont très bien répondu à leur mandat, c'est Albert Royer, en tant qu'adjoint aux Finances, et Émile Poultrinez, aujourd'hui décédé, comme adjoint aux Travaux.
Les premières réunions du conseil municipal élu, la question était posée : fait-on lesjeux Olympiques, ou ne les fait-on pas ? Alors ça a été l'objet de trois ou quatre réunions du conseil municipal, et on a décidé de faire les jeux Olympiques, en changeant déjà l'architecture du stade de Glace qui ne nous convenait pas, et, d'après les architectes que nous avions contactés, ne correspondait pas techniquement non plus. Les Jeux :

Hubert Dubedout, à l'époque, montait à Paris tirer des sonnettes, en voiture ; c'était très fatigant. Le conseil municipal se réunissait à la demande, trois à quatre fois par mois, car il fallait prendre des décisions, et, comme le disaient Jean Enkaoua et Bernard Pouyet, nous avions prévu la suite des jeux Olympiques. C'est comme ceci que le centre de presse est devenu un quartier de logements sociaux, le village olympique, qui logeait les athlètes, est devenu une cité HLM, un quartier qui était le meilleur quartier de la ville pendant une vingtaine d'années – première expérience de la non-circulation entre les bâtiments –, et la gare a été refaite, la Maison de la Culture, un bout d'autoroute de 12 km, la voie express... Bref, on prévoyait la suite, car on se posait de nombreuses questions, à juste titre : qu'allons-nous faire d'abord de ceux qui ont travaillé à la construction de tous ces équipements ? Je ne voudrais pas oublier la mairie, car les fondations étaient en place – mais la suite n'était pas en cours. Tout ceci a été décidé à l'ancienne mairie (au Jardin de ville). Alors, qu'allaient devenir tous ces équipements : patinoire, anneau de vitesse, palais des sports qui était le Palais de Glace – qui a été transformé en palais des sports ? Voilà, c'étaient des moments très chauds au conseil municipal, car il a fallu acquérir les terrains, penser l'urbanisme, respecter les délais...

Bernard Pouyet

Raymond, je t'interromps parce que je voudrais qu'Abder Djellal prenne la parole, et que Robert Troujman nous dise un mot pour terminer sur les raisons pour lesquelles Pierre Mendès France ne s'est pas représenté aux élections législatives de 1973. Monsieur Djellal, votre témoignage est important parce que vous n'avez pas connu Pierre Mendès France, mais qu'aujourd'hui, dans vos fonctions électives, vous êtes en situation de mettre en œuvre son enseignement.

*Abder Djellal**

J'avais trois ans quand Pierre Mendès France a été élu à Grenoble, donc je ne témoignerai pas de ce qu'il a été et de ce qu'il a pu apporter à la ville de Grenoble. C'est pourquoi aussi, quand on m'a sollicité pour

* Conseiller municipal de Grenoble.

intervenir sur Pierre Mendès France, j'ai d'abord été flatté, puis surpris qu'on me demande de parler d'un personnage de sa trempe.
Je crois, d'un point de vue anecdotique, que l'action de Pierre Mendès France m'a peut-être permis d'être présent ici aujourd'hui. Je m'explique : mon père a fait la guerre d'Indochine, et quand j'en parle avec lui – les rares fois où je peux en parler –, cela a été une campagne très dure, très rude. Ce qui fait que, quand Pierre Mendès France a fait cesser la guerre en Indochine, il a permis aussi à mon père de revenir, et puis d'autre part que je puisse exister. C'est dire comment l'action de l'homme d'État qu'il était a pu avoir aussi des effets sur la vie des simples citoyens.
Deuxième chose : comment aujourd'hui des jeunes comme moi peuvent-ils percevoir son action, sachant que l'on parle depuis des années surtout de personnages comme de Gaulle ou François Mitterrand, et que l'on nous parle peu ou pas du tout de Pierre Mendès France ? À partir de ce qu'il a fait, après avoir entendu ces deux journées de colloque, je regrette de ne pas avoir connu cet homme-là. Je me dis qu'il a fait évoluer le pays de telle manière que je me retrouve pleinement aujourd'hui dans sa façon de penser, sa façon d'agir. Je reprends ce qu'il a dit dans la déclaration finale du colloque socialiste de Grenoble, le 1er mai 1966, quand il parlait de l'union de la gauche : il disait qu'elle ne serait réelle et durable que si elle s'appuyait « sur un programme cohérent de transformation sociale » :

> *Elle a prouvé qu'il était possible d'aller au fond des problèmes les plus délicats à condition de les aborder avec réalisme, sans dogmatisme et en dehors des préoccupations tactiques immédiates. «L'esprit de Grenoble», c'est d'aborder franchement les problèmes difficiles pour leur apporter des solutions au lieu de les esquiver ou de s'en tenir à des compromis fragiles*[51].

Je crois que c'est plus que jamais d'actualité aujourd'hui. Et il écrivait cela en 1966, il y a plus de trente ans !
Il est arrivé aussi à une époque où Hubert Dubedout constituait une équipe municipale plurielle, un peu en marge des partis, en s'appuyant sur les forces vives du pays. Aujourd'hui on tend à faire de même. À Grenoble

l'exemple est flagrant : on a constitué, autour du député maire de la ville, une équipe plurielle qui s'est aussi appuyée sur les forces vives, pour tenir compte de personnes qui, comme moi, n'étaient pas dans un parti, mais plutôt militants associatifs. Je ne nie pas l'importance des partis, et leur apport pour la démocratie dans ce pays, mais je crois qu'il est important aussi que les forces vives puissent être associées à un gouvernement ou à une collectivité locale.

Bernard Pouyet

Merci de ce propos qui fait le lien entre 1967 et 1997. Pour conclure, je vais demander un mot à Robert Troujman. Mendès France, après 68, garde des contacts à Grenoble, continue de venir, et de la même façon que sa candidature était naturelle en 1967, elle était tout aussi naturelle en 1973. Pourtant, il ne va pas se présenter pour des raisons de santé. Vous allez dire, Robert Troujman, dans quelles conditions il le fait. Et les propos, qui sont ceux de Mendès France, ont une forte portée par rapport à la question fondamentale de la maladie et de la politique.

Robert Troujman

En 68, Mendès est battu d'une poignée de cerises, par le parti communiste en particulier. Il continue de venir à Grenoble, parce qu'il souhaite se représenter en mars 1973. Il vient assez régulièrement. Il y a une association qui est constituée à Grenoble, qui s'appelle « République moderne et Socialisme », sous l'égide du doyen Maillet[52] qui a eu un rôle tout à fait dévoué et efficace auprès de Mendès. Jusqu'en octobre 1972, les courriers que j'ai pu recevoir, les entretiens que j'ai pu avoir avec lui, démontrent qu'il est toujours question qu'il se représente en mars 1973. Je me permets de vous lire une partie du courrier que j'ai reçu, daté du 11 décembre 1972, et vous comprendrez le grand sens de la moralité et de l'éthique en politique qu'avait Pierre Mendès France pour écrire ces lignes :

> *Reste l'autre question dont je voulais vous parler et je ne le fais pas sans un certain crève-cœur.*

> *Lorsque je vous ai écrit la dernière fois, j'espérais encore pouvoir être candidat à Grenoble. [...] Depuis j'ai dû faire très franchement un bilan, consulter les médecins qui m'ont soigné et tenir compte de toute une série d'éléments nouveaux. Bien que ma convalescence se déroule au total bien, et que mon rétablissement se confirme régulièrement, ils sont tout de même beaucoup plus lents que prévu et je ne pense pas qu'il me sera possible, à courte échéance, de prendre la responsabilité d'une candidature avec les fatigues qui en résultent et de l'activité parlementaire qui la suivrait. C'est pourquoi, j'ai finalement décidé –non sans un réel chagrin– de ne pas rester candidat. [...] Mais vous savez que je n'ai pas l'habitude de faire les choses à moitié. [...] C'est donc par sentiment du devoir qui est le mien, que j'ai pris finalement une décision qui me coûte beaucoup*[53].

Je voudrais simplement, pour terminer, vous dire que ces quelques lignes prouvent la grande morale et le grand sens de l'éthique qu'avait Mendès. Pour moi, il reste le dernier des justes.

---

1. Élu le 14 mars 1967 avec 34 167 voix (54,2% des suffrages exprimés), contre 28 879 à l'UNR Jean Vanier, député sortant ; battu le 30 juin 1968, avec 30 927 voix (49,9 % des suffrages exprimés), contre 31 059 à Jean-Marcel Jeanneney, à la suite de la vague de peur qui submergea le pays après mai 68 [notes de D. F.].
2. *Pierre Mendès France. La morale en politique.* Presses Universitaires de Grenoble, 1990. 316 p.
3. *Ibid.*, pp. 269-289. En 1967, J.-L. Quermonne était directeur de l'Institut d'Etudes politiques de Grenoble. Jean Verlhac (1923-1995), quasiment ignoré par les historiens du socialisme, joua pourtant un rôle important à gauche. Ancien résistant, auteur d'un excellent mémoire édité récemment, *La formation de l'unité socialiste (1898-1905)* (Paris, L'Harmattan, 1997), professeur agrégé d'histoire, il fut nommé au lycée Champollion de Grenoble en 1964. Il avait milité à l'Union des Chrétiens progressistes, puis dans le Mouvement Uni de la Nouvelle Gauche (résultat de la fusion, en 1954, de l'Union des Chrétiens progressiste avec une partie de Jeune République et le Centre d'Action des Gauches Indépendantes), puis dans l'Union de la Gauche Socialiste (résultat de la fusion, en 1957, du Mouvement Uni de la Nouvelle Gauche, de groupes d'Action Socialiste et d'Unité Socialiste, de la majorité de Jeune République et du Mouvement de Libération du Peuple ; l'UGS fusionna à son tour avec le PSA et Tribune du Communisme pour former le PSU en 1960). Membre du bureau du PSU, il avait été gravement blessé à coups de matraque lors de la manifestation de Charonne en 1962, ce qui explique qu'il ait quitté la région parisienne pour Grenoble, afin de se rétablir. Il fut chargé de la politique d'urbanisme pendant les trois mandats d'Hubert Dubedout et dirigea l'Institut d'Urbanisme et d'Aménagement de Grenoble entre 1969 et 1978. Ayant rejoint le Parti socialiste en 1974, il présida le groupe socialiste dans la minorité municipale de 1983 à 1989.

4. « Les relations entre l'Université et l'industrie dans le cadre de la recherche », organisé par les Amis de l'université de Grenoble, dans le prolongement du grand colloque organisé par les *Cahiers de la République* à Caen l'année précédente. Il se déroula du 3 au 5 octobre 1957 sous le patronage du Comité permanent pour l'Expansion de la Recherche scientifique et avec le concours du Conseil supérieur de la Recherche scientifique, de l'Association française pour l'Accroissement de la Productivité, et de l'Association nationale de la Recherche technique.
5. Colloque qui se déroula les 3 et 4 mars 1961 (et non pas en 1956, comme indiqué à tort dans *Pierre Mendès France. La morale en politique*, p. 270), organisé par l'Association pour la Sauvegarde des Institutions judiciaires et la Défense des Libertés individuelles, après ceux de Royaumont et d'Aix-en-Provence. L'ensemble de la gauche – y compris les communistes – était représentée à ces colloques.
6. Il s'agit de la « rencontre socialiste » de Grenoble, organisée à l'initiative du club Citoyens 60 de Pierre Lavau. Elle eut lieu dans la salle du théâtre de Grenoble les 30 avril et 1er mai 1966. Elle réunit, sous l'autorité morale de Pierre Mendès France, des dirigeants, anciens dirigeants et animateurs du PSU (Claude Bourdet, Serge Mallet, Gilles Martinet, Michel Rocard – sous le pseudonyme de Georges Servet), de la CFDT (René Bonety, Gonin, Detraz), de FO (Robert Cottave), du CNJA (Bernard Lambert), de l'UNEF, ainsi que des socialistes SFIO (Gérard Jaquet) et non affiliés (Alain Savary), « quelques renégats » (Jean Chaintron, André Salomon) du Parti communiste – selon les termes de *L'Humanité* (2 mai 1966) –, des gaullistes et des chrétiens de gauche (Pierre Le Brun, André Philip, Bernard Lambert), des membres du groupe d'extrême gauche Jean Dru, des clubs (Union des clubs pour le renouveau de la gauche, Cercle Tocqueville, Technique et Démocratie, la partie du Club Jean Moulin n'ayant pas adhéré à la FGDS), des revues (*Esprit, Témoignage chrétien, Le Nouvel Observateur*) et des intellectuels (Maurice Duverger, Alfred Sauvy). Pour la presse locale et nationale, cette rencontre marqua la rentrée politique de Mendès France. Elle amorça l'élaboration du programme d'une gauche moderniste autre que l'union de la gauche proposée par François Mitterrand autour de la FGDS. Bien que Pierre Mendès France eût rendu hommage à François Mitterrand pendant la rencontre de Grenoble, le journal *Combat* reprocha à la « rencontre socialiste » d'avoir « encore un peu plus divisé la gauche » (numéro du 2 mai 1966). Pour sa part, François Mitterrand déclara à PMF, malgré les adjurations de celui-ci, « qu'il n'y avait plus lieu à négociation avec les hommes de Grenoble » (lettres de PMF à L. Soudet, 26 mai, et à C. Hernu, 2 juin 1966, *in : Œuvres complètes*, tome V, pp. 190-192).
7. Le Groupe d'Action Municipale de Grenoble avait été créé en décembre 1964 en vue des municipales de mars 1965. C'était une structure politique quasiment unique à l'époque, qui élargissait la mouvance socialiste. Présidé par Hubert Dubedout, le GAM groupait des syndicalistes, des responsables d'associations et d'autres citoyens désireux d'une nouvelle manière de faire de la politique, plus proche de la vie quotidienne des Grenoblois (en mobilisant, en particulier, sur le thème de l'approvisionnement en eau, qui demeurait problématique à Grenoble) ; il représentait une « nouvelle gauche », car si le PSU l'influençait profondément (de nombreux membres du GAM appartenaient aussi au PSU, d'où leur surnom de « bigames ») et s'il s'était allié avec la SFIO et le parti radical, il se démarquait néanmoins de ces partis. La liste élue en 1965 à la mairie de Grenoble était une « liste d'Union socialiste et d'Action municipale » (comprenant, 17 SFIO, 10 PSU, 8 GAM, 1 radical-socialiste), officiellement menée par Georges Martin, qui devint premier adjoint.
8. Mendès France, P., *La République moderne*. Paris, Gallimard, nouvelle éd. augmentée, 1966. 313p.
9. Glayman, C., *50 millions de Grenoblois*. Paris, Laffont, 1967. 207 p.
10. Venu des Jeunesses socialistes, Raymond Espagnac quitta la SFIO pour y revenir après un détour d'une année chez les trotskistes.
11. Denise Belot, en 1967 conseiller municipal de l'équipe Dubedout, chargé du sanitaire et du social.
12. Paul Mistral (1872-1932), SFIO, député de l'Isère de 1910 à sa mort, maire de Grenoble de 1919 à sa mort, conseiller général de 1901 à 1907 et de 1919 à sa mort. De tendance guesdiste à l'origine, il fut extrêmement populaire auprès de ses administrés (voir : Maitron, J., Pennetier, C. [dir.], *Dictionnaire biographique du mouvement ouvrier français*). Son fils, lui aussi prénommé Paul (1904-

1981), fut maire de La Morte, conseiller général et sénateur de l'Isère de 1955 à 1981 (*ibid.*).
13. Léon Martin (1873-1967), SFIO, docteur en médecine et en pharmacie, conseiller général de 1922 à 1940, député de l'Isère de 1936 à 1940, maire de Grenoble de 1932 à 1935 puis de 1945 à 1959. Successeur de Paul Mistral à la mairie, il fut un des fondateurs du réseau « Franc-Tireur » ; arrêté par les Italiens en 1943, il s'évada la même année. Après la guerre, il ne revint à la politique que sous la pression des militants, et se limita à l'action municipale (Maitron, J., Pennetier, C. [dir.], *op. cit.*). Son fils Georges, lui aussi médecin, fut premier adjoint d'Hubert Dubedout et conseiller général.
14. Lucien Hussel (1889-1967), SFIO, secrétaire de la fédération socialiste de l'Isère, conseiller général de 1929 à 1940 et de 1945 à sa mort, député de l'Isère de 1932 à 1940 et de 1945 à 1951, fut maire de Vienne de 1931 à 1940 et de 1945 à 1959. Il accomplit à Vienne une œuvre exemplaire d'urbanisme et de mise en valeur du patrimoine, et son soutien aux victimes de la crise des années trente fut si ardent qu'on le dessaisit de ses pouvoirs de police en 1932. Destitué par Vichy, il rejoignit la Résistance, ce qui lui valut d'être pourchassé par la Gestapo et la Milice. Cet ami de Léon Blum fut un des reconstructeurs du Parti socialiste clandestin, avec Daniel Meyer. Président du conseil général de l'Isère de 1945 à sa mort, il présida aussi la société d'aménagement de l'Isère et siégea au conseil de l'Université de Grenoble. Il reçut un vibrant hommage de la foule lors de ses funérailles, le 30 mars 1967 (Maitron, J., Pennetier, C. [dir.], *op. cit.*).
15. Ce sont les députés Lucien Hussel, Léon Martin et Séraphin Buisset qui ont figuré parmi les quatre-vingts parlementaires ayant voté contre les pleins pouvoirs (deux autres des cinq députés SFIO de l'Isère, Justin Arnol et Johannes Ravanat, votèrent « oui »). Pour sa part, Pierre Mendès France est un des vingt-sept députés ayant quitté la France à bord du *Massilia* le 21 juin, avec, entre autres, César Campinchi, Edouard Daladier, Yvon Delbos, André Le Trocquer, Georges Mandel, Pierre Viénot, Alexandre Wiltzer, Jean Zay. Les passagers du *Massilia*, présentés comme des traîtres par la presse de Vichy – alors qu'ils sont les premiers résistants – furent retenus contre leur gré à Alger au moment du vote (voir : Miquel, P., *Les quatre-vingts*. Paris, Fayard, 1995. 323 p.) De plus, PMF était à bord du *Massilia* pour rejoindre son affectation de combattant à la base aérienne de Rabat, où il fut arrêté le 31 août sur ordre du régime de Vichy.
16. Séraphin Buisset (1870-1949), conseiller général depuis 1907, député de l'Isère depuis 1914, maire de Rives depuis 1919, fut révoqué de ses mandats par Vichy (Maitron, J., Pennetier, C. [dir.], *op. cit.*).
17. À l'époque cadre administratif, directeur de Grenoble Accueil.
18. Conseiller municipal, employé à la Sécurité sociale.
19. Le jeune avocat Guy Nevache était directeur du cabinet d'Hubert Dubedout à cette époque.
20. Le meeting de la patinoire (parfois dite « petite patinoire », par opposition à la patinoire olympique) opposa Pierre Mendès France à Georges Pompidou, venu soutenir Jean Vanier, le 27 février 1967 au soir.
21. D'après *L'Humanité* (20 juin 1968), Mathieu Mattei, « tenancier de bar, plusieurs fois "interrogé par la police comme témoin dans des affaires de proxénétisme" », était membre du SAC. Il avait été le chauffeur de G. Pompidou à Grenoble au moment du débat du 27 février 1967. On le retrouva assassiné en juin 1968. *Le Canard enchaîné* ironisa en établissant un parallèle entre Mattei et « Giemgi », c'est-à-dire Jean-Marcel Jeanneney, qui se faisait « appeler JMJ, pour singer PMF » (et le *Canard* d'ajouter : « Jésus, Marie, Joseph ») ; le volatile prédit à « Giemgi » : « Comme à Mattei, notre bonne ville lui portera malheur et les électeurs grenoblois lui régleront son compte… » (« Un drame de trottoir », *Le Canard enchaîné*, numéro spécial, juin 1968).
22. Rappelons que la campagne électorale de Grenoble donna lieu à une mobilisation dépassant largement les frontières du Dauphinois. Les prix Nobel François Jacob, Alfred Kastler, André Lwoff et Jacques Monod apportèrent leur soutien à PMF, ainsi que Jacques Brel, Serge Reggiani (tous deux venus donner un récital à Grenoble, en compagnie de l'actrice Marie Dubois et de Jacques Martin, le 23 février), Jean Vilar, Jean Rostand, Laurent Schwartz, Daniel Mayer, Alfred Sauvy… *Le Nouvel Observateur* réalisa une édition iséroise pendant la durée de la campagne. *L'Année politique 1967* (p.

5) écrit que le débat Mendès - Pompidou du 27 février fut le « clou » des élections de 1967.
23. Jean Vanier, candidat de droite, député sortant UNR. Il avait été question que Jean-Marcel Jeanneney, ancien doyen, de 1947 à 1951, de la faculté de Droit de Grenoble – où il avait travaillé une quinzaine d'années – et ministre des Affaires sociales du général de Gaulle en 1967 (écarté du gouvernement par Georges Pompidou lors du remaniement du 31 mai 1968, il devait redevenir ministre de Maurice Couve de Murville en juillet), se présente contre Mendès, mais il ne le fit que l'année suivante. Le nom de François Missoffe, ministre de la Jeunesse et des Sports, fut aussi évoqué.
24. Pour une salle de 7 000 sièges, officiellement, Mendès avait obtenu 500 cartes, et le candidat communiste, Jean Giard, 50. En fait, d'autres cartes d'invitation furent données aux opposants de Jean Vanier, mais celui-ci avantagea ses partisans. Certains prétendirent que de fausses cartes avaient été imprimées.
25. Parmi les « gros bras » de la droite, Pierre Mendès France reconnut un homme qui avait tenté de l'assassiner à Rabat en 1956 (*cf.* : Lacouture, J., *Pierre Mendès France* [Paris, Le Seuil, 1981], p. 468). Un des responsables de la bruyante « claque » gaulliste était le jeune Alain Carignon, qui militait alors à l'UJP.
26. Comiti était « le gorille » du général de Gaulle. Des mesures de sécurité exceptionnelles avaient été prises, car on se souvenait des affrontements qui avaient fait un mort et plusieurs blessés lors d'une réunion du RPF tenue à Grenoble en 1948.
27. Alix Berthet dirigeait en outre un journal régional du PSU, *Espoir socialiste*.
28. Maître Renée Auzimour.
29. À la demande de Pierre Mendès France, le directeur du *Dauphiné libéré*, Louis Richerot, avait donné son accord pour des textes de publicité électorale payante, à condition qu'ils ne comportent ni attaques personnelles ou tendancieuses, ni appels de personnalités, et qu'ils ne soient publiés que dans l'édition de la circonscription concernée. Cette initiative fit un certain bruit dans les médias car elle posait à la fois le problème du coût des campagnes électorales et celui de l'indépendance des journaux.
30. Georges Fillioud battit le député-maire de Romans et fut élu député de la Drôme en 1967.
31. Le 27 mai 1968 se tint un meeting de 30 000 étudiants et syndicalistes au stade Charléty de Paris. Craignant une violente répression – après des déclarations très menaçantes du Premier ministre, Georges Pompidou –, PMF se rendit au meeting, par solidarité et dans l'espoir que sa présence éviterait que la police enfreigne les consignes de modération du préfet Maurice Grimaud. Mais, bien qu'il n'ait pas pris la parole au cours du meeting, la présence de Mendès France fut interprétée comme son ralliement aux « gauchistes », aussi bien à droite que chez certains socialistes et au Parti communiste (où l'on ne pardonna pas les « Séguy démission ! » criés par les jeunes contre le secrétaire général de la CGT, « les gesticulations des exaltés du Stade Charlety, conspuant la Confédération générale du travail » [*le travailleur alpin*, 8 juin 1968]). Ce thème du « carnaval de Charléty » fut largement exploité par Jean-Marcel Jeanneney et ses partisans au cours d'une campagne électorale qui se joua sur la peur ; dans sa lettre de candidature, Jean-Marcel Jeanneney écrivait en ce sens : « En justifiant les désordres de la rue parisienne, en assistant avec les syndicats d'émeutiers à la réunion du stade Charlety, Monsieur Pierre Mendès France s'est disqualifié à mes yeux comme homme politique et comme démocrate. » ; dans un tract à destination des commerçants, il enfonçait le clou : « Voyez ce que Grenoble a perdu par la faute d'une minorité irresponsable, qui a paralysé le pays et suscité la peur pour mieux faire régner l'anarchie : une saison touristique compromise, les grands congrès annulés [...], l'industrie hôtelière en difficulté, tant d'autres activités touchées. C'est cette folie destructrice que Pierre Mendès France a cautionnée en ralliant au Stade Charléty un mouvement qui hissait le drapeau noir et le drapeau rouge. Il s'est fait l'otage d'une minorité qui veut semer la terreur dans notre pays, ravager la liberté du travail, détruire la République. Quel spectacle nous promet-il dans la France de demain ! Celui que nous proposent tant de pays de l'Est soumis à une tutelle policière oppressante, privée de toutes libertés, accablés par une dictature qui ne reconnaît ni la propriété privée ni l'initiative individuelle. » Un des tracts de l'association de soutien à PMF répliqua : « De Gaulle a toujours raison. Il a vidé Jeanneney. Faites comme lui. »

32. Il convient de mentionner en outre Pierre Beregovoy, Georges Kiejman, ainsi que Gérard Constant, arrivé le premier à Grenoble.
33. Chaque parti était représenté à l'état-major de campagne de PMF (Jean Verlhac pour le PSU, Maurice Gleizes et F. Cochet pour la SFIO, Louis Camporopoulos pour le GAM), qui réunissait, le lundi en général, « Parisiens » et « Grenoblois ». Les 24 cartonniers d'archives relatives à Grenoble, que possède l'Institut Pierre-Mendès-France, montrent avec quel soin fut menée la campagne de 1967, pensée – de façon explicite dans certaines notes – sur le modèle d'une campagne présidentielle.
34. Pierre Mendès France accomplit un « tour de France » pendant le dernier trimestre de 1961 et le premier trimestre de 1962. À la fin du mois d'octobre 1961, il séjourna à Grenoble, où il multiplia les rencontres avec des personnalités venues de divers horizons.
35. Pierre Massé, polytechnicien, grand commis d'EDF, fut commissaire au Plan de 1959 à 1966, date à laquelle il fut remplacé par François-Xavier Ortoli. Il a raconté son expérience professionnelle dans *Aléas et progrès* (Paris, Economica, 1984. IX-355 p.).
36. Mendès France, P., « Pourquoi être candidat à Grenoble », *Œuvres complètes,* tome V, pp. 197-198.
37. Débat Mendès France - Jeanneney sur *Radio Monte Carlo,* 13 juin 1968, extrait reproduit dans *Le Monde* du 14, cité par Jean Lacouture, *op. cit.,* p. 491. Il s'agit en fait d'un résumé des propos de PMF. La citation exacte est : « Il est vrai que j'ai assisté à la réunion de Charléty, et je ne le regrette pas ! Cela ne veut pas dire – qu'il n'y ait pas de malentendu –, cela ne veut pas dire que je sois d'accord avec tout ce qui a été dit à Charléty. Cela ne veut pas dire, d'ailleurs, que tous les hommes et toutes les femmes qui étaient à Charléty – il y en avait des dizaines et des dizaines de milliers – aient été tous d'accord entre eux [...]. Seulement, ma présence à Charléty – et le professeur que vous êtes ne peut pas ne pas comprendre cela – résultait d'un sentiment qui est très profond chez moi. Toute ma vie, toute ma vie, j'ai pensé qu'une politique de progrès, qu'une politique de mouvement, qu'une politique recherchant l'amélioration de l'avenir du pays et des réformes de structures en rapport avec son avenir, toute ma vie j'ai pensé que cela n'était pas possible autrement qu'en contact avec la jeunesse. Et lorsqu'un mouvement se produit avec une telle ampleur, une telle spontanéité, une telle profondeur que celui auquel nous avons assisté au cours des deux derniers mois, on ne peut pas y être insensible. Tant qu'il y aura des jeunes qui se sentiront malheureux – et il y en a qui se sentent en effet malheureux aujourd'hui –, qui chercheront une meilleure voie pour leur avenir, même s'ils se trompent ici ou là – et je ne me gênerai pas pour le leur dire –, je serai de cœur près d'eux, et je serai contre la Garde mobile, les CRS, le matraquage, car ce n'est pas par la matraque que l'on s'explique avec des jeunes, ce n'est pas par la matraque que l'on met fin à leurs aspirations et à leurs espoirs [...] je sais, parce que, en effet, j'en ai eu la preuve dans mes contacts avec ces jeunes, et entre autres à Charléty, mais je sais qu'il y a une jeunesse qui cherche une voie, une voie dans le sens du progrès, dans le sens de la démocratie, dans le sens de l'émancipation, et je ne peux pas ne pas être profondément sensible à cette aspiration et à ce besoin, et je ne regrette pas, dans cette période, d'avoir été à côté des jeunes, et quoi qu'il arrive, et quelque reproche que l'on me fasse, c'est toujours de leur côté que je serai » (archives de l'Institut PMF, cassette audio 41).
38. En 1967, conseiller municipal, membre du GAM, chargé de la Culture.
39. Hubert Dubedout (1922-1986), ancien élève de « Navale », licencié ès sciences, était officier de marine. Au moment de l'expédition de Suez, il était officier au Quartier général du Haut-Commandement franco-britannique à Chypres. Il ne démissionna pas, mais, après une année passée à l'Ecole de Guerre navale, convaincu que les militaires allaient répéter en Algérie les mêmes erreurs qu'en Indochine, il décida de tourner la page et obtint son détachement. C'est ce qui amena ce Béarnais à Grenoble, où il travailla – d'abord en position de détachement, puis comme salarié à compter de 1962 – au Centre d'Etudes nucléaires que dirigeait Louis Néel. Les anciens de la marine y étaient d'ailleurs si nombreux que l'on surnommait le CENG « le croiseur ».
40. Y compris avec les socialistes « au moins jusqu'au jour où ils parvinrent à récupérer l'expérience pour leur propre compte » (Ratel, L., *Hubert Dubedout. Le bâtisseur,* p. 61).
41. Propos de Jean Verlhac, *in : Pierre Mendès France. La morale en politique, op. cit.,* pp. 283-284.

42. Ratel, L., *Hubert Dubedout. Le bâtisseur.* Grenoble, Editions de Belledonne, 1996. 247 p. Citation p. 80.
43. Union de la Gauche socialiste (voir note 3, *supra*).
44. Le docteur Albert Michallon, ancien maire UNR de Grenoble.
45. Georges Glasser, un « patron de combat », qui avait remplacé Henri Dagallier, jugé trop progressiste (Ratel, L., *op. cit.*, p. 29). En janvier 1963, des milliers de manifestants scandèrent : « Glasser, à l'Isère ! » Le conflit, qui entraîna une mobilisation des ouvriers, mais aussi des cadres, puis un mouvement de solidarité de l'université et de certains milieux catholiques, dura presque deux ans.
46. Grenoble avait été désignée comme ville organisatrice des jeux Olympiques d'hiver le 28 janvier 1964. C'était un formidable pari, car la ville était alors très sous-équipée, et sa candidature aux JO avait été déposée sans l'accord du gouvernement. En février 1967, une compétition pré-olympique organisée à Chamrousse comme répétition des JO démontra la plus totale impréparation (les skieurs étrangers quittèrent la compétition pour manifester leur mécontentement, et « l'affaire de Chamrousse » fit scandale à l'étranger).
47. La surprise ne fut pas si grande pour tout le monde : en 1964, l'élection du socialiste Georges Martin comme conseiller général de Grenoble-Sud avait traduit la progression de la gauche, favorisée par le conflit Neyrpic. Sentant le danger d'une victoire de la gauche, voire du Parti communiste, le préfet avait tenté de rapprocher Hubert Dubedout et Albert Michallon.
48. Pierre Mendès France, appelé le 3 mai par sa future épouse Marie-Claire qui lui décrivit la marée humaine des étudiants, rentra de Grenoble à Paris le lendemain. Il repartit pour Grenoble où il arriva le 11 au matin, mais Michel Rocard et Georges Kiejman lui demandèrent de revenir après la nuit d'émeute qui venait de se produire à Paris. Il regagna donc la capitale le 12, où il passa tout le reste du mois.
49. Quelques heures après le meeting du stade Charléty, le 28 au matin, François Mitterrand tint une conférence de presse au cours de laquelle il appela Mendès France à prendre la tête d'un « gouvernement provisoire de gestion » – tout en posant sa propre candidature à la présidence de la République. PMF a toujours affirmé ne pas avoir été averti de la démarche de François Mitterrand.
50. PMF fut battu de 132 voix. Or, dans les trois cantons « rouges » de Saint-Martin-d'Hères, Echirolles, Les Abattoirs, le report des voix sur Mendès se fit très mal ; comme l'écrivait le journaliste René Backmann dans *Le Nouvel Observateur* du 3 juillet 1968, « à Saint-Martin-d'Hères et à Echirolles, 160 voix communistes au moins ont manqué à l'appel. Cela a suffi. » (cité par Jean Lacouture, *op. cit.*, p. 494). Jean Giard, le candidat communiste, s'était pourtant officiellement désisté en faveur de Mendès.
51. Il s'agit en fait d'un extrait du texte de la motion adoptée au terme de la « rencontre de Grenoble », qui fut lue par Pierre Mendès France (voir : *Le Dauphiné libéré*, 2 mai 1966 ; *Le Monde*, 3 mai 1966).
52. Jean Maillet, doyen de la faculté de Droit. Il fut aussi le président d'honneur du Club « la Bastille », club d'étudiants grenoblois soutenant PMF pendant la campagne de 1967. L'association République moderne et Socialisme fut constituée en novembre 1968, dans le prolongement de l'association de soutien à PMF, qui avait été dissoute après les élections de 1967 parce que la FGDS et le PSU de Grenoble voyaient en elle une concurrence aux partis politiques traditionnels.
53. Lettre de Pierre Mendès France à Robert Troujman, 11 décembre 1972 (archives de l'Institut Pierre-Mendès-France, Correspondance). Au début de l'été précédent, Pierre Mendès France avait été victime d'un accident neurologique. Il était alors contraint au repos. On trouvera une « Déclaration » au contenu semblable, datée du 13 décembre 1972, dans ses *Œuvres complètes*, tome V, p. 557.

Clôture du colloque

« C'est en tenant les engagements pris, en respectant la volonté du peuple, que le régime démontre sa vigueur, sa capacité de réalisation, sa santé. Sans doute, les problèmes sont difficiles, on peut comprendre les hommes politiques qui se sont succédé depuis un certain nombre d'années ; leur tâche n'était pas facile. Mais si la tâche était au-dessus de leurs forces, ils pouvaient y renoncer ! Personne ne vous oblige à être ministre ou président du Conseil. »

Pierre Mendès France
(*Discours* au Centre de formation civique
des jeunes Électeurs, 29 janvier 1958.)

Intervention de Monsieur Dominique Strauss-Kahn

ministre de l'Économie, des Finances et de l'Industrie

Pierre Mendès France a, pendant longtemps, déchaîné les passions, l'engouement et l'admiration des uns le disputant au rejet et à la haine des autres. Il semble, aujourd'hui, susciter un consensus. Tous ceux qui l'ont admiré doivent s'en réjouir : tel est bien évidemment mon cas. Mais, parce que je regretterais que ce consensus se construise autour d'une vision si simplificatrice qu'elle en devient caricaturale et, au bout du compte, erronée, je voudrais contribuer, à ma manière et autour du thème qui est le mien – l'économie – à rendre à Pierre Mendès France sa complexité et sa diversité.

Quelle définition peut-on donner de Pierre Mendès France ?
Un esprit descriptif se contentera d'égrener ses mandats et fonctions – maire, député, ministre, président du Conseil –, de rappeler qu'il fut un résistant, de souligner qu'il fut un homme d'État dont l'action déterminée permit de mettre un terme au conflit indochinois.
Un esprit analogique dira que Pierre Mendès France fut un symbole : Cassandre ; une vertu : l'honnêteté ; une image : le lait aux enfants des écoles ; une passion : convaincre ; un média : la radio ; une spécialité : l'économie ; un camp : la gauche.

Un esprit partisan le qualifiera, s'il est socialiste, de cousin germain, voire de frère ; s'il est communiste, de petit cousin, voire de faux frère ; s'il est gaulliste, tout à la fois d'allié fidèle et d'adversaire féroce.
Un esprit paradoxal enfin, mettra en exergue l'écart, sur le plan politique, entre la fugacité de l'exercice du pouvoir de Pierre Mendès France et la longévité du mendésisme et, sur le plan économique, le fossé entre la profondeur de sa compétence et la minceur – au moins relative – de ses réalisations, y compris pendant l'exercice du pouvoir.

Aucun de ces portraits, trop rapidement brossés, n'est foncièrement faux. Pris séparément, ils retracent chacun une facette de Pierre Mendès France. Mais pris ensemble, et même s'ils étaient exhaustifs, ils ne parviendraient pas à saisir ce que fut réellement Pierre Mendès France. Et ce, je le crois, parce qu'il ne s'agit pas de reconstituer, pièce après pièce, un puzzle mais d'examiner, globalement, une œuvre.
Ainsi, s'agissant du thème qu'il me revient de traiter, deux images paraissent s'imposer d'emblée. Pierre Mendès France fut un économiste. Pierre Mendès France fut un rigoriste. Ni l'une ni l'autre de ces deux images ne peut, bien évidemment, être contestée. Pierre Mendès France fut l'un et l'autre. Mais ne fut-il que cela ? Et fut-il même d'abord cela ? L'homme de rigueur fut aussi un précurseur. L'économiste fut d'abord un politique. C'est sur ces dimensions diverses, qui se complètent davantage qu'elles ne s'opposent, que je voudrais m'arrêter maintenant.

Un rigoureux précurseur

Tout commence ou, plutôt, tout se révèle autour d'un débat, d'un conflit même, sur la politique économique à suivre à la Libération, dans ces derniers mois de l'année 1944 et ces premières semaines de l'année 1945. Ce conflit se nouait autour de deux hommes, de deux mots, de deux choix.
Les deux hommes ? En apparence, Pierre Mendès France, ministre de l'Économie et René Pleven, ministre des Finances. En réalité, Pierre Mendès France et Charles de Gaulle. Les deux mots ? Pour Mendès : la rigueur d'un côté, la facilité de l'autre. Pour Pleven : le dogmatisme d'un

côté, le réalisme de l'autre. Les deux choix ? Pour Mendès, la nécessité, pour bien préparer la reconstruction, de restreindre la consommation, de freiner les augmentations des salaires et des prix, de bloquer les comptes bancaires et, surtout, pour ce faire de procéder à un échange des billets en circulation pour contracter la masse monétaire. Pour Pleven, la conviction que l'épreuve économique ne pouvait pas succéder à l'épreuve de la guerre. Un compromis impossible ; un arbitrage, par de Gaulle, en faveur de Pleven ; un caractère affirmé ; tout cela aboutit, rapidement, pour Pierre Mendès France, à une démission du gouvernement et, pour longtemps, à une image de rigueur[1].
Cette image, cristallisée à la Libération, ne correspond pas à une posture éphémère mais à une série de convictions profondes, durables et continues. Les faits, les chiffres, le réel doivent être connus et respectés et non, sauf à se venger cruellement, négligés ou méprisés. Dans la France de la troisième et de la quatrième Républiques, cette rigueur n'est pas commune. Elle est même, pour la gauche, à l'époque, exceptionnelle.

Pierre Mendès France, pourtant, ne fut pas seulement un homme de rigueur. Il fut, aussi, un précurseur et c'est l'alliage, l'alliance de ces deux dimensions qui font sa marque.
Précurseur, pourquoi ? Pour trois exemples, qui constituent autant de raisons.
Le premier exemple, c'est qu'il accordait le primat à l'économie sur la finance et ce dès ses premières interventions. Nous sommes en 1932, à Toulouse, au congrès du parti radical. Quelques mois auparavant, Pierre Mendès France a été élu, à vingt-cinq ans, député, et le parti radical a emporté les élections. Mais, au nom de ceux que l'on a appelés les Jeunes Turcs, Pierre Mendès France dresse un réquisitoire contre la politique économique du gouvernement Herriot[2]. Avec ténacité, il dénonce l'obstination du gouvernement à faire de l'équilibre budgétaire l'alpha et l'oméga de sa politique économique. Avec vigueur, il affirme qu'il ne faut pas prendre des mesures financières dont le seul effet est d'affaiblir le pays économiquement. L'idée selon laquelle il est des périodes – comme aujourd'hui – où l'équilibre est une condition du développement et d'autres – comme en 1932 – où ce peut être un obstacle au développement est alors non conformiste.

Le deuxième exemple, c'est qu'il portait une exigence de justice, dès sa première intervention à la Chambre des députés, sur l'agriculture, en 1932 et, surtout, à l'occasion de son premier grand discours, sur la réforme de la fiscalité, en 1934[3]. Que fustige-t-il en effet ? Une réforme dont l'objet et l'effet seront d'alléger les impôts directs et d'alourdir les impôts indirects, notamment sur la consommation, alors même que l'impôt sur le revenu occupe alors – occupe déjà ! – une place plus modeste dans notre pays que chez nos voisins. Le ministre l'interrompt, la droite le conspue ; Léon Blum le soutient, la gauche l'applaudit. Il ne représente plus une minorité du parti radical. Il devient l'un des porte-parole de toute la gauche.
Le troisième exemple, c'est qu'il développait une conscience aiguë de la dimension internationale de l'économie. Ses fonctions à Bretton Woods et au FMI, son amitié avec Keynes, son ouverture naturelle aux autres, pays anglo-saxons comme pays sous-développés, tout le portait à intégrer une vision du monde dans sa vision de la France. Cela était, une nouvelle fois, peu commun à l'époque.
En réalité, ce qui résume peut-être le mieux Pierre Mendès France, c'est un double non-conformisme : contrairement à la droite, il défendait une vision dynamique et non statique de l'économie, mettant l'accent sur le flux et le mouvement, davantage que sur la stabilité et l'équilibre ; contrairement à une certaine gauche traditionaliste, il ne se souciait pas seulement de la répartition mais accordait toute son attention et toute son énergie à la production des richesses.

Un politique économiste

Économiste, Pierre Mendès France l'a été totalement, de son premier discours à la Chambre des députés – je l'ai déjà évoqué – jusqu'à son dernier écrit sur la planification, que la mort ne lui a pas permis d'achever.
Comme l'écrit Jean Lacouture : « À vingt et un ans, il publie une réfutation de la prestigieuse stratégie stabilisatrice de Poincaré. À vingt-trois ans, il consacre un livre aux échanges financiers internationaux. À vingt-sept ans, il malmène la réforme fiscale de son ancien professeur, Germain-Martin. À trente et un ans, il signe, avec Boris, le premier projet de planification

française. À trente-huit ans enfin, il est chargé par Charles de Gaulle de réinventer l'économie française arrachée aux occupants. »

Quel responsable politique, dans l'histoire de ce siècle, s'est consacré aussi rapidement, aussi complètement, aussi définitivement à l'économie que Pierre Mendès France ? Personne ! Et il est une anecdote qui vaut sans doute à elle seule démonstration. Nous sommes à Genève, le 18 juin 1954. Pierre Mendès France est président du Conseil. Il négocie la paix en Indochine. Le délai, qu'il s'est lui-même fixé, pour signer un accord de paix, expire deux jours plus tard. Les difficultés sont bien évidemment immenses, les contradictions terribles, la tension extrême. Or, que fait ce jour précis Pierre Mendès France ? Il rédige une note à l'un de ses ministres. Une note adressée à Edgar Faure, ministre de l'Économie, sur la reconversion, avec l'aide de l'État, des dépenses passives vers les dépenses productives. Les réalisations se limiteront à une aide à la construction, et notamment aux HLM, du fait de la prudence d'Edgar Faure. Mais la rédaction de cette note ce jour-là n'en demeure pas moins éminemment révélatrice de la présence bien ancrée d'un chromosome économique chez Pierre Mendès France.

Et pourtant, là encore, qui peut défendre l'idée que Pierre Mendès France fut seulement, et même d'abord, un économiste ? Il ne fut pas un économiste qui faisait de la politique. Il fut un politique qui connaissait l'économie et qui, au travers de l'économie, défendait une certaine conception de la politique.

D'ailleurs, ce n'est pas non plus un hasard si, parmi les raisons qui ont amené Léon Blum à le choisir pour occuper les fonctions de sous-secrétaire d'État au Trésor en 1938, avec la tutelle sur la direction des Douanes, figurait l'engagement de Pierre Mendès France en faveur de l'Espagne républicaine, qui vit alors imperceptiblement mais significativement la doctrine de la non-intervention se relâcher.

Un politique économiste, pourquoi ? Parce que, pour lui, l'économie s'inscrit dans un système théorique, dans un système démocratique, dans un système de valeurs.

D'abord, l'économie doit s'inscrire dans un système théorique. C'est parce que tel était le cas que les libéraux ont réussi à asseoir leur domination. C'est parce qu'il constate, comme il l'écrit dans l'introduction de son livre *Science économique et lucidité politique*[4], la « supériorité de ceux qui possè-

dent un système réfléchi sur ceux qui se contentent du vague sentiment que des réformes sont nécessaires, sans avoir une idée nette de la construction qui doit se substituer à l'édifice abandonné », qu'il veut que sa pensée ne soit pas une idéologie figée mais possède une cohérence globale.
Ensuite, l'économie doit être en résonance avec le système politique dans lequel elle évolue et c'est là sans doute un des apports les plus originaux de Pierre Mendès France et notamment de *La République moderne.* Au cœur de *La République moderne*[5], on trouve l'idée de la « planification démocratique », qui doit à la fois permettre l'élaboration collective des grands choix économiques et leur contrôle démocratique, au travers d'un gouvernement de législature qui propose au peuple un contrat.
Enfin, l'économie, ou plutôt la conception de l'économie de Pierre Mendès France met en pleine lumière davantage encore : un système de valeurs. C'est ce que l'on a appelé « la méthode Mendès », une méthode fondée sur la concertation, sur la pédagogie, sur le courage, sur l'intérêt général, une méthode pas si éloignée de la « méthode Jospin ».
Au-delà de ces raisons cependant, on ne peut manquer d'être frappé par ceci : en 1953, Pierre Mendès France échoue de fort peu, à la surprise générale, lors d'un vote d'investiture. Il en conclut qu'il doit se préoccuper moins d'économie et davantage de politique. En 1954, devenu président du Conseil, il laisse, selon la formule de François Bloch-Lainé, « l'économie en sous-traitance[6] ». Ainsi, de manière paradoxale, l'essor de Pierre Mendès France trouve son origine dans sa compétence économique et la naissance du mendésisme dans la mise en retrait de l'économie et la mise en avant d'un comportement politique.

Plusieurs questions méritent, je crois, d'être soulevées au moment de conclure.
La première question est la plus éternelle : quelle est la part respective, en politique, du souhaitable et du possible ?
À trois reprises, à trois moments importants, Pierre Mendès France a plaidé pour des thèses sur lesquelles il n'a pas été suivi. Il avait indiqué la bonne voie. Les choix n'ont pas été faits. En 1936, il défend la dévaluation immédiate, considérant qu'elle est économiquement nécessaire. Le Front populaire s'est engagé sur le slogan « ni dévaluation, ni déflation ». Pierre Mendès France est battu. La dévaluation est, non pas écar-

tée, mais retardée. En 1944, on l'a vu, il défend la rigueur contre René Pleven. Mais de Gaulle considère que les Français ne peuvent supporter une nouvelle rigueur. Pierre Mendès France est à nouveau battu. En 1954, alors qu'il est président du Conseil, on l'a vu également, il défend la reconversion volontaire et rapide des dépenses improductives vers les dépenses productives. L'inertie d'Edgar Faure – considérant que la France a d'autres préoccupations avec l'Indochine, la CED, la Tunisie et l'Algérie – et la chute de son gouvernement ne lui laissent pas la possibilité de mener à bien son projet.

Dans ces trois cas, les mêmes questions se posent : a-t-il eu tort ou raison ? A-t-il eu économiquement raison et politiquement tort ? Peut-on privilégier, toujours, ses convictions ? Doit-on savoir, parfois, opérer un repli tactique ? À ces questions éternelles de la politique, Pierre Mendès France a continûment apporté une même réponse en privilégiant ce qu'il considérait être souhaitable pour notre pays. Cette raideur a été un des signes de sa grandeur et sans doute de sa faiblesse.

La deuxième question est la plus actuelle : que pouvons-nous retirer aujourd'hui de l'exemple de Pierre Mendès France ?

Sur bien des points, la mutation accélérée de l'état des techniques et de la situation géopolitique a fait perdre à sa doctrine de son acuité. Je demeure pourtant convaincu que sa méthode et son éthique conservent toute leur force et toute leur pertinence. Qu'est-ce qui pourrait mieux l'illustrer que les quelques mots clés qui ont irrigué et structuré tout l'itinéraire de Pierre Mendès France ?

Le premier de ces mots clés, c'est la vérité. « Le pays peut supporter la vérité », affirmait Pierre Mendès France. Et aucun domaine – ni économique, ni financier, ni international, ni politique, ni institutionnel –, aucun moment – ni les conflits, ni les épreuves, ni les tempêtes – ne l'ont empêché de dire sa vérité. On peut dire, en paraphrasant le titre de l'un de ses propres ouvrages, que *La vérité guidait ses pas*. Nous avons, nous aussi, aujourd'hui, un devoir de vérité. La vérité, c'est d'accepter le débat, au gouvernement, au Parlement, avec les partenaires sociaux, avec le pays. C'est discuter clairement des orientations. C'est justifier ses choix, pas en assenant une vérité révélée mais en expliquant les enjeux, les contraintes, les alternatives et les perspectives. C'est respecter les Français en les considérant comme des citoyens. Le pays peut supporter la vérité.

Le deuxième de ces mots clés, c'est la démocratie. Pierre Mendès France, tout au long de sa vie, là encore, a combattu pour la démocratie. Pour la stabilité sous la quatrième République. Contre le pouvoir personnel sous la cinquième République. Pour la réforme des institutions toujours. Nous avons, nous aussi, aujourd'hui, une exigence de démocratie à satisfaire. Nous devons redonner confiance en la chose publique. Montrer que le pouvoir peut être ni vain ni sale. Prouver que la démocratie peut se revivifier, que le Parlement peut redevenir un lieu de confrontation et d'élaboration collectives, que l'indépendance de la justice peut être strictement garantie, que le cumul des mandats peut être drastiquement limité. La démocratie est quelque chose qui vit toujours et qui doit revivre.

Le troisième de ces mots clés, c'est la jeunesse. La jeunesse dont Pierre Mendès France fit toute sa vie une priorité et, en novembre 1954, à Lille, le thème de l'un de ses plus mémorables discours, affirmant notamment :

> *Un régime n'existe, un régime ne mérite d'exister et de durer, que s'il est capable de construire l'avenir, que s'il sait s'orienter dans le sens du progrès [...], que s'il répond aux besoins des générations qui montent. [...] La question des rapports entre la jeunesse et l'État n'est pas, pour l'homme qui a une responsabilité politique, une question parmi d'autres – j'oserai dire que c'est la question, presque la seule, en tout cas, la plus grave, la plus décisive, car elle comprend toutes les autres*[7].

Nous devons, nous aussi, aujourd'hui, accorder une priorité absolue à la jeunesse. C'est-à-dire accorder la priorité à l'éducation et à la recherche, à la culture et au logement. C'est-à-dire lancer les emplois pour les jeunes dans le secteur public et associatif. C'est-à-dire réduire les déficits et donc la charge qui pèsera sur les générations futures. C'est-à-dire permettre l'inscription automatique des jeunes sur les listes électorales. Vous vous souvenez sans doute du mot d'ordre du parti socialiste pendant la récente campagne électorale : « Changeons d'avenir. » C'est pour la jeunesse que nous devons le faire entrer dans les faits.

Devoir de vérité, exigence de démocratie, priorité à la jeunesse, ce sont trois idées qui témoignent de l'actualité éclatante de l'œuvre de Pierre Mendès France. Ce sont ces mêmes idées que nous devons aujourd'hui défendre. Telle est sans doute la meilleure façon de lui demeurer fidèle.

---

1. Pierre Mendès France envoya sa lettre de démission le 18 janvier 1945 (publiée par de Gaulle dans ses *Mémoires de guerre*). Le général lui demanda de surseoir à sa démission qui, confirmée le 2 avril, devint effective le 5. Voir : *Œuvres complètes,* II, pp. 115-125 et 147. [notes de D.F.]
2. Voir : « Justice fiscale et lutte contre la vie chère », *Œuvres complètes,* I, pp. 177-185.
3. Voir : « Défense des petits agriculteurs », *Œuvres complètes,* I, pp. 185-188, et « La réforme fiscale de 1934 », *ibid.,* pp. 221-225.
4. Mendès France, P., Ardant, G., *Science économique et lucidité politique.* Paris, Gallimard, 1973. 381 p.
5. Mendès France, P., *La République moderne.* Paris, Gallimard, nouvelle éd. augmentée, 1966. 313 p.
6. Cité *in :* Lacouture, J., *Pierre Mendès France* (Paris, Le Seuil, 1981), p. 321.
7. Mendès France, P., « Une politique de la jeunesse », *Œuvres complètes,* III, citation p. 433.

Intervention de Madame Élisabeth Guigou

ministre de la Justice, garde des Sceaux

Le colloque qui s'achève est d'abord un rappel, trente ans après, de la présence de Pierre Mendès France à Grenoble. Nous étions alors au milieu des années soixante, dans ce climat de croissance, de quasi plein emploi au sein duquel la ville de Grenoble, portée par son environnement universitaire et scientifique, a voulu et su tenter sa chance. Elle s'est dotée en 1965 d'une jeune et brillante équipe municipale conduite par Hubert Dubedout. Cette équipe a représenté pendant longtemps ce que l'on fait de mieux en matière de démocratie locale, de développement économique, d'animation culturelle, de rénovation urbaine. Je suis heureuse de saluer aujourd'hui en Michel Destot celui qui entend rendre à Grenoble ce que l'histoire lui a ainsi donné et qu'un passé récent lui a confisqué : la probité publique, le respect des procédures démocratiques et des réalisations municipales conformes à l'intérêt général.
Lorsque se sont approchées les élections législatives de 1967, la ville de Grenoble, en plein essor et s'apprêtant à fêter les jeux Olympiques d'hiver, a pressenti qu'il lui fallait être représentée au Parlement par un homme capable d'incarner son dynamisme et sa confiance en l'avenir. C'est alors que Jean Verlhac eut l'idée de solliciter Pierre Mendès France.
Pourquoi Pierre Mendès France ? *A priori,* l'idée pouvait paraître étrange.

Il n'avait pas d'attache personnelle à Grenoble et on le savait résolument hostile aux institutions de la cinquième République, du moins telles que de Gaulle les interprétait. Mais il avait consacré toute sa vie politique à fonder une République moderne, à plaider pour la recherche scientifique, pour la place de la jeunesse dans la cité, pour la participation des citoyens aux affaires les concernant. Or voici qu'une équipe municipale avait pour projet de réaliser au plan local ce que Pierre Mendès France souhaitait pour son pays au plan national. Il y avait donc une profonde affinité entre cette ville et cet homme, et les électeurs de Grenoble l'ont compris en le choisissant comme député à une large majorité.
Telle est, me semble-t-il, l'explication logique du succès de Pierre Mendès France à Grenoble. Mais je voudrais en ajouter une autre, moins rationnelle, peut-être, mais plus importante à mes yeux. Cette explication ne vous étonnera pas : si Pierre Mendès France a été élu à Grenoble comme il l'aurait été dans de nombreuses autres villes de notre pays, c'est *parce qu'il était l'homme le plus respecté de France.*

Les grandes étapes

Ne soyons cependant pas les complices naïfs d'une tradition contestable qui enveloppe les personnalités disparues d'un voile consensuel. Car ce serait oublier qu'avant d'être respecté, Pierre Mendès France a été un des hommes les plus attaqués, les plus haïs, les plus calomniés de toute sa génération.
Pourquoi ? Parce qu'il était courageux, qu'il n'hésitait pas à dire les vérités en face, parce qu'il faisait prévaloir l'intérêt général sur les intérêts particuliers, parce qu'il voulait mettre fin à la colonisation en tant que système profondément inégalitaire de domination d'un peuple sur un autre peuple. Et puis aussi, ne l'oublions jamais, parce qu'il était juif.
Par qui était-il calomnié ? Principalement par l'extrême droite qui, à toute époque et en toute circonstance, a toujours eu pour objectif d'abattre la République en flattant les plus détestables. Déjà, à la fin du siècle dernier, l'extrême droite a joué de l'antisémitisme pour salir le capitaine Dreyfus ; dans les années trente, elle a joué de l'antiparlementarisme pour tenter de suivre en France les chemins de Mussolini et de Hitler ; parvenue au pouvoir avec Vichy, elle a recouvert la France du

manteau de la nuit des camps et du brouillard de la collaboration ; aujourd'hui à nouveau, distillant les vieux poisons de la haine, du racisme, de la xénophobie, de la répression culturelle, l'extrême droite refait surface, comme si l'histoire vécue de nos parents et des générations qui les ont précédés ne nous avait pas définitivement appris que l'extrême droite ne porte toujours en elle qu'un seul destin : le malheur.
Souvenons-nous également que les attaques contre Pierre Mendès France ne vinrent pas seulement de ses adversaires politiques. Certains milieux économiques furent aussi très actifs. Ils défendaient des intérêts bien particuliers, tels que ceux de l'empire colonial ou ceux de la production d'alcool, que l'action du président du Conseil mettait en péril. À chaque fois, ces milieux économiques tentèrent de draper de soi-disant intérêts économiques nationaux pour protéger en réalité leurs intérêts particuliers. La recette, là encore, n'a pas été perdue…

Malgré ces oppositions et ces attaques, Pierre Mendès France a laissé dans l'histoire de notre pays une empreinte très forte.
Pour moi qui ai accompli toute la première partie de ma vie professionnelle au service du ministère de l'Économie et des Finances, Pierre Mendès France a d'abord été celui qui a réconcilié la gauche et l'économie. Avant lui, la gauche ne connaissait que le social. Il a su montrer, démontrer inlassablement, que l'économique ne pouvait se passer du social mais qu'à l'inverse, des conquêtes sociales qui ne tiendraient pas compte des réalités économiques seraient vouées à l'échec. Je suis persuadée que si, pour la première fois depuis la naissance de la République, la gauche a connu à partir de 1981 plusieurs longues périodes d'exercice de responsabilités gouvernementales, ce n'est pas dû seulement à la nature des institutions de la cinquième République, mais aussi à la leçon reçue de Pierre Mendès France de construire un bon compromis entre l'économique et le social.
En second lieu, bien sûr, Pierre Mendès France, ce fut l'homme de la paix. La paix retrouvée en Indochine, la paix préservée en Tunisie et sur la fin de sa vie, la paix préparée, espérée, hélas ! jamais atteinte en terre d'Israël et de Palestine.
Je voudrais m'arrêter un instant sur l'épisode indochinois. Le souvenir de ce que fut la première guerre d'Indochine, celle des Français, s'est estompé,

encore que quelques beaux films récents sont venus remuer la nostalgie de cette région et les cendres de la séparation. À l'époque, c'est-à-dire au début des années cinquante, une grande majorité de Français et de leurs représentants n'imaginaient pas un instant que cette terre pourtant lointaine puisse un jour ne plus leur appartenir. Or, à partir de 1950, et dans un total isolement politique au sein du Parlement, Pierre Mendès France déclare que le maintien de la présence française en cet endroit du monde est tout simplement impossible. Impossible politiquement car ce peuple qui s'est libéré de l'occupation japonaise veut vivre libre ; impossible financièrement parce que la France n'a pas les moyens d'entretenir une longue guerre à douze mille kilomètres de ses frontières. Ce n'est que quatre ans plus tard, après que près de cent mille jeunes hommes seront tombés sous les couleurs françaises et sans doute beaucoup plus sous le drapeau viêt-minh, que Pierre Mendès France sera enfin entendu et que seront signés à Genève les accords de paix.
Il me semble que plusieurs enseignements importants ressortent de ce trop bref rappel historique. Ils sont autant de méditations sur l'héritage laissé par Pierre Mendès France.

Les enseignements pour aujourd'hui

Respecter la réalité des faits

Lorsque Pierre Mendès France affirme que la France n'a pas les moyens de financer une longue guerre en Indochine, il ne tient pas un propos idéologique ; il constate la réalité des faits. Or le premier devoir du responsable politique est de ne pas se tromper dans les données du problème à résoudre.

Dire la vérité

Une fois la réalité appréhendée, il faut la dire au pays et la dire telle qu'elle est. Le devoir de vérité auquel Pierre Mendès France était si attaché n'était pas seulement – bien que ce soit déjà beaucoup – un devoir moral ; c'était aussi chez lui et peut-être d'abord un principe politique. On retrouve ici Montesquieu pour qui la vertu était le fondement de la République. En effet, dans toutes les formes de régime où le pouvoir ne s'exerce pas au nom du peuple ni avec lui, la vérité du discours politique n'a guère d'importance puisque le peuple ne participe pas à la décision. En revanche, en République, le fondement même du système est l'étroite association du peuple aux décisions de la cité. Dès lors, comment prendre de bonnes décisions si ceux qui décident n'ont pas été loyalement informés des données du problème ?

Définir des objectifs clairs

Mais dire la vérité ne suffit pas. On voit bien, en effet, qu'une politique peut être honnête et, en même temps immobile ou inefficace. Pour avancer, il faut aussi se fixer des objectifs clairs. Mon propos vous paraît peut-être sorti de la bouche de Monsieur de La Palice ! Puis-je cependant attirer votre attention sur l'extraordinaire complexité de la plupart des débats qui se déroulent sur la scène politique contemporaine. Or si je veux bien admettre que certaines questions ne peuvent pas être traitées en termes simples, en revanche, j'affirme que la complexité est aussi un moyen utilisé par la classe politique ou les spécialistes de tel ou tel secteur pour protéger leur domaine et interdire aux citoyens de venir y jeter un regard critique.

Pour que la démocratie ait un sens, il faut que le débat public, que les choix publics, s'ordonnent autour de quelques objectifs bien définis. Dès lors que la clarté règne dans les objectifs, les citoyens peuvent mandater leurs représentants pour mener la politique la mieux à même de les atteindre. Dans un second temps, ils sont en mesure d'évaluer le travail accompli et de renouveler ou de retirer leur confiance à ceux qu'ils avaient mandatés. C'est cela le bon fonctionnement de la démocratie.

Affirmer une forte volonté politique

Les qualités politiques que je viens d'évoquer en référence à Pierre Mendès France – le réalisme, la vérité, la clarté – sont en quelque sorte les préalables à la décision. Une fois que celle-ci est prise, d'autres qualités entrent en jeu dont Pierre Mendès France a également donné d'admirables illustrations. La première d'entre elles est incontestablement la volonté politique.

Je n'ai pas eu la chance de connaître le président Mendès France ; mais tous les témoignages que j'ai entendus me donnent à penser que lorsqu'au nom du pays et avec son appui, il avait décidé de mener à bien une

réforme ou une négociation internationale, alors il y mettait une énergie extraordinaire à laquelle il est très difficile de résister. N'est-ce pas le secrétaire d'État américain John Foster Dulles, qui ne faisait pas partie de ses amis et qui n'avait pas la réputation d'être un tendre, qui a dit de lui un jour : « *This guy is terrific !* »
Sans cette volonté, la paix en Indochine aurait attendu quelques années de plus et les destructions humaines et matérielles se seraient poursuivies vainement. Ne voit-on pas aujourd'hui même à travers le monde de dramatiques exemples d'indécision, d'absence de volonté qui constituent la cause première de désastre humain, notamment en Afrique, mais aussi, il n'y a pas si longtemps, beaucoup plus près de nous lorsque la Bosnie fut déchirée par l'intolérable idéologie dite de purification ethnique ?
La volonté d'agir, la volonté de transformer la société dans le sens pour lequel le suffrage universel s'est exprimé, tel est donc certainement un enseignement majeur de Pierre Mendès France. Et si au terme de ce colloque à connotation historique, vous me permettez une brève incursion dans l'actualité politique française, je voudrais vous dire que j'ai le sentiment de servir sous l'autorité d'un Premier ministre qui possède cette volonté, cette détermination à aller au bout de ce qu'il a dit qu'il ferait. Il est convaincu que telle est la condition d'un retour de la confiance du peuple dans les institutions démocratiques et que tel est par la suite le meilleur rempart contre les tentations extrémistes. Il a commencé d'en faire la démonstration et, j'en suis sûre, il continuera sur cette voie.

Engager sa responsabilité

Enfin, et je terminerai par là cette trop brève liste des enseignements reçus de Pierre Mendès France, il reste un dernier temps à l'action politique qui est celui du bilan, c'est-à-dire au sens le plus fort du mot, celui de l'engagement de la responsabilité.
Pierre Mendès France aimait à répéter qu'un homme politique n'est rien en lui-même. Il est un représentant du peuple. C'est par délégation du peuple qu'il exerce son autorité et c'est à lui qu'il doit rendre compte. Lorsqu'en 1954 lui fut confiée la charge de président du Conseil, Pierre Mendès France poussa très loin cette exigence de responsabilité. Le jour de son investiture, il déclara devant une Assemblée nationale stupéfaite qu'il ne se fixait qu'un seul objectif, la paix en Indochine, et que si dans

un mois jour pour jour, il n'avait pas abouti, il remettrait sa démission. Un mois plus tard, la paix était signée.
Les circonstances ne sont, heureusement, pas toujours aussi tragiques. Mais les principes demeurent valables. Pour que la démocratie soit le gouvernement du peuple, par le peuple, pour le peuple, selon la formule de Franklin Roosevelt, il faut que ceux qui exercent un mandat en son nom soient pleinement responsables et qu'aucun cumul de mandats, ni aucun mode de scrutin, ni aucun artifice de procédure, ne donnent le sentiment que la démocratie est confisquée par quelques-uns.
L'exercice de la responsabilité est, au fond, très lié au respect de la parole donnée. Et ce respect comporte deux dimensions. La première est que des engagements précis aient été pris par les gouvernants car un système politique dans lequel aucun contrat ne lie le pouvoir au citoyen n'est pas un système représentatif. C'est un système plébiscitaire ou césariste dans lequel les citoyens ont remis leur liberté de choix entre les mains d'un chef. La seconde dimension du mécanisme de la responsabilité, c'est que les engagements pris soient raisonnables de telle sorte qu'ils puissent être tenus. On aperçoit là toute la différence, je devrais dire le gouffre, entre une conception responsable de la démocratie et sa version démagogique.
Il n'y avait peut-être rien qui faisait plus horreur à Pierre Mendès France que la démagogie. Elle était pour lui l'antithèse de la démocratie dans la mesure où elle est le vecteur du mépris du peuple, de la mise à l'écart du citoyen. Pour lui, un gouvernement responsable doit proposer des réformes et, à ce titre, prend des risques, mais il ne doit jamais aller au-delà de ce qui est raisonnablement possible car ce serait tromper l'opinion et transgresser le code moral qui est le fondement de la démocratie.

De la morale en politique

Je viens de prononcer l'expression de code moral. Certains d'entre vous pensent peut-être que mon propos aurait pu commencer par là tant on a souvent dit, à juste titre, que Pierre Mendès France a incarné la morale en politique. Je préfère aujourd'hui conclure sur ce thème afin que, si vous le voulez bien, ce soit lui qui demeure le plus présent dans nos esprits.

En effet, je suis extrêmement frappée, aussi bien en tant qu'élue d'une grande ville de Provence qu'en tant que ministre de la Justice, par la dégradation du climat moral de notre pays au cours de ces dernières années. Il faudrait bien sûr procéder à une analyse approfondie pour dresser un tableau exact des causes de cette situation. Nous n'en avons pas le temps ce matin. Aussi je voudrais m'arrêter ici à un seul aspect de la question qui est celui de la responsabilité des hommes politiques dans ce processus. Mon point de vue est très simple : *tout homme politique doit être moralement irréprochable dans tous les aspects de sa vie publique.*
Je m'explique sur chacun de ces termes : quand je dis « tout » homme politique, je veux dire non seulement, cela va de soi, les plus hauts responsables de l'État, mais aussi les plus modestes représentants d'une commune, voire les militants de base d'un parti politique. Car chacun d'eux à son niveau représente le peuple, s'exprime en son nom et, par conséquent, chacun d'eux suivant qu'il a une conduite morale ou immorale, honore la confiance du peuple ou la trahit.
Quand je dis d'autre part que l'exigence morale concerne « tous les aspects » de la vie publique des hommes politiques, je veux souligner qu'il ne s'agit pas seulement, même si c'est essentiel, de la séparation absolue entre les finances publiques et les finances personnelles. Il s'agit également, et l'on retrouve notre propos précédent, de respecter sa parole, d'être fidèle à sa parole.
Il y a en effet deux périls mortels pour la démocratie. L'un est de s'entendre dire que ses représentants sont « tous pourris », selon l'expression véhiculée par l'extrême droite, l'autre est de s'entendre dire « tous des bonimenteurs ». Car dans les deux cas, c'est la confiance des citoyens envers le principe même de la démocratie qui est ébranlée. À partir de ce moment-là, comme l'a montré l'exemple tragique des années trente, les solutions autoritaires menacent d'emporter les libertés.
C'est pourquoi il est heureux de se retrouver aujourd'hui autour de la mémoire de Pierre Mendès France, dont toute la vie a été un plaidoyer pour la morale politique. Certains s'étonnent parfois de ce qu'un homme qui a exercé le pouvoir si peu de temps ait laissé une empreinte si profonde dans l'histoire de son pays. L'explication réside tout entière dans ce principe moral que j'ai voulu rappeler à sa suite. Personne ne soutient qu'il ne s'est jamais trompé ; mais personne ne pourrait soutenir qu'il a un instant trahi la confiance qu'il avait reçue du peuple.

L'exemple de Pierre Mendès France

C'était un juste, a-t-on dit lors de sa disparition, il y a déjà quinze ans. Oui, un juste. J'aime ce mot parce qu'il me guide dans mes fonctions actuelles. Mais aussi parce qu'il est au cœur de la conception de la République que Pierre Mendès France nous a enseignée.

Table

Ouverture du colloque

Démocratie et morale en politique

Éthique et démocratie en politique étrangère

Éthique et démocratie dans l'action économique selon Pierre Mendès France

Pierre Mendès France à Grenoble, table ronde

Clôture du colloque

DANS LA COLLECTION « DOCUMENTS »
au cherche midi éditeur

GEOFFROY D'AUMALE,
JEAN-PIERRE FAURE,
Guide de l'espionnage et du contre-espionnage. Histoire et techniques.

JEAN BERNARD,
La médecine du futur.

ISABELLE BRICARD,
Dictionnaire de la mort des grands hommes.

MICHEL BÜHRER,
Rwanda, mémoire d'un génocide.
Textes et photographies.

LAURENT CHABRUN,
FRANCK HÉRIOT,
Cocaïne
Quand des policiers piègent d'autres policiers : l'affaire Féval.

JOSEPH GOURAND,
Les cendres mêlées.

LUIGI LUCHENI,
Mémoires de l'assassin de Sissi.
Édition établie et présentée par Santo Cappon.

MARTIN MONESTIER,
Peines de mort,
Histoire et techniques des exécutions capitales des origines à nos jours.

Suicides,
Histoire, techniques et bizarreries des origines à nos jours.

Les animaux-soldats,
Histoire militaire des animaux des origines à nos jours.

Histoire et bizarrerie sociales des excréments, des origines à nos jours.

Les enfants esclaves, l'enfer quotidien de 300 millions d'enfants.

THÉODORE MONOD,
Le chercheur d'absolu
suivi de *Textes de combat.*

GILLES PLAZY,
Gustave Courbet, un peintre en liberté.

MAURICE RAJSFUS,
Drancy, un camp de concentration très ordinaire, 1941-1944.

La Police de Vichy, les forces de l'ordre françaises au service de la Gestapo, 1940-1944.

La Police hors la loi. Des milliers de bavures sans ordonnances, depuis 1968.

Les Français de la débâcle, juin-septembre 1940, un si bel été.

Mai 68
sous les pavés, la répression juin 1968 - mars 1974.

JACQUES ROSSI,
Manuel du goulag.

CATHERINE DE SILGUY
Histoire des hommes et de leurs ordures, du Moyen Age à nos jours,
préface d'Éric Guillon.

CHRISTEL TRINQUIER
Femmes en prison.

Composition réalisée par New Age Productions

Imprimé en France par la Société Nouvelle Firmin-Didot
Dépôt légal : septembre 1998
N° d'édition : 613 - N° d'impression : 44164
ISBN : 2-86274-613-4